FSC
www.fsc.org
MIX
Papier aus ver-
antwortungsvollen
Quellen
Paper from
responsible sources
FSC® C105338

IMPRESSUM

Auflage III: 18.06.2018

ISBN 978-3-7460-9158-7

Autor u. Fotos:
Dr. med. Thomas Schmidt, Bocholt, 2009 - 2018

Herstellung und Verlag: BoD - Books on Demand, Norderstedt

Der Autor

Dr. med. Thomas Schmidt,

aufgewachsen in Herne, lebt in Bocholt an der niederländischen Grenze, wo er seit 1993 als Kinder- und Jugendarzt niedergelassen ist.

Santiago ruft

Emotionale Momente auf dem Camino Francés,
dem Caminho Português, der Vía de la Plata und
dem Camino Inglés

Si al final del camino,no encuentras lo, que estabas buscando, localiza un nuevo porque la respuesta que esperas
no se ha movido de su sito.

Wenn du am Ende des Caminos nicht gefunden hast, was du
suchtest, mache einen neuen Camino aus, denn die Antwort,
die du erhoffst, hat sich nicht von der Stelle bewegt.

Camino Weisheit

Für meinen Bruder Marcus,

dem ich für seine kreativen Anregungen und Korrekturvorschläge danke

Inhaltsverzeichnis

Buch 1

Prolog		12
Kapitel	1	Bocholt – Santander 16
Kapitel	2	León 17
Kapitel	3	Astorga 19
Kapitel	4	Rabanal del Camino 22
Kapitel	5	Molinaseca 24
Kapitel	6	Villafranca del Bierzo 28
Kapitel	7	La Faba 31
Kapitel	8	Tricastella 35
Kapitel	9	Sarria 38
Kapitel	10	Gonzar 41
Kapitel	11	Palas de Rei 44
Kapitel	12	Ribadiso 46
Kapitel	13	Pedrouzo 47
Kapitel	14	Santiago 48
Nachtrag		51

Buch 2

Vorwort		55
Kapitel	1	Bocholt - Weeze - Porto 57
Kapitel	2	Porto - Rates 58
Kapitel	3	Rates - Portela de Tamel 61
Kapitel	4	Portela de Tamel - Ponte da Lima 64
Kapitel	5	Ponte da Lima - Valenca 67
Kapitel	6	Valenca - Caminha - Porto - Weeze 70
		Daheim im Alltag 71
Kapitel	7	Bocholt – Weeze - Porto 75
Kapitel	8	Porto – O Porrino 76
Kapitel	9	O Porrino - Pontevedra 78
Kapitel	10	Pontevedra – Caldas de Reis 81
Kapitel	11	Caldas de Reis - Padròn 83
Kapitel	12	Padrón – Santiago de Compostela 85
Lucas Nachwort		89
Der Geist v. Santiago		90

Buch 3

Kapitel	1	Ein neuer Weg 93
Kapitel	2	Bocholt – Madrid – Cáceres 97
Kapitel	3	Cáceres – Embalse de Alcántara 99
Kapitel	4	Embalse de Alcántara – Grimaldo 104
Kapitel	5	Grimaldo - Carcaboso 107
Kapitel	6	Carcaboso – Plasencia 109
Kapitel	7	Plasencia – Oliva de Plasencia 111
Kapitel	8	Oliva de Plasencia – Aldeanueva del Camino 115
Kapitel	9	Aldeanueva del Camino – Calzada de Bejár 118
Kapitel	10	Calzada de Bejár – Salamanca 120

Buch 4

Prolog		126
Kapitel	1	Bocholt – Madrid – Salamanca 127
Kapitel	2	Salamanca – Calzada de Bejár – Fuenterroble de Salvatierra 128
Kapitel	3	Fuenterroble de Salvateirra – San Pedro de Rozados 132
Kapitel	4	San Pedro de Rozados - Salamanca 134
Kapitel	5	Salamanca 137
Kapitel	6	Salamanca – El Cubo de la Tierra del Vino 138
Kapitel	7	El Cubo de la Tierra del Vino - Zamora 141
Kapitel	8	Zamora - Montamarta 144
Kapitel	9	Monta Marta – Granja de Moruela - Tábara 146
Kapitel	10	Tábara – Santa Croya de Tera 151
Kapitel	11	Santa Croya de Tera – Rionegro del Puente 156
Kapitel	12	Rionegro del Puente – Puebla de Sanabria 159
Kapitel	13	Puebla de Sanabria – Madrid - Bocholt 161
Carlos' Betrachtungen 162		

Buch 5

Kapitel	1	Bocholt – Madrid 166
Kapitel	2	Madrid – Puebla de Sanabria – Requejo 168
Kapitel	3	Requejo – Lubián 170
Kapitel	4	Lubián – A Gudina 174
Kapitel	5	A Gudina – Campobecerros 176
Kapitel	6	Campobecerros – Laza 178
Kapitel	7	Laza – Xunqueira de Ambía 180
Kapitel	8	Xunqueira de Ambía – Ourense 183

2. Teil

Kapitel	9	Köln – Santiago de Compostela 187
Kapitel	10	Santiago – Ourense - Cea 188
Kapitel	11	Cea – Castro Dozón 191
Kapitel	12	Castro Dozón - Silleda 193
Kapitel	13	Silleda – Ponte Ulla 195
Kapitel	14	Ponte Ulla - Santiago 197
Kapitel	15	Santiago de Compostela 198
Laras Eindrücke		200

Buch 6

Prolog		203
Kapitel	1	Frankfurt Hahn – Santiago 204
Kapitel	2	Santiago – A Coruña – Ferrol – Xubia de Neda 206
Kapitel	3	Xubia de Neda – Pontedeume 208
Kapitel	4	Pontedeume – Betanzos 210
Kapitel	5	Betanzos – Hospital de Bruma 214
Kapitel	6	Hospital de Bruma - Sigüeiro 217
Kapitel	7	Sigüeiro – Santiago 219
Kapitel	8	Santiago de Compostela 221
Stefans Eindrücke		222

Prolog

Zugegeben: wie bei vielen Pilgerfreunden fing die Inspiration auch bei mir mit Hape Kerkeling an. Sein Buch kam zum richtigen Zeitpunkt. Als ich es verschlungen hatte, wurde mir klar, dass auch ich bald auf dem Camino sein würde. Schon seit einiger Zeit suchte ich beharrlich nach einem Weg aus der Krise.

Am Cruz de Ferro habe ich meinen Kummerstein abgelegt. Der Wunsch von damals ließ sich nicht erfüllen. Was ich aber zu jenem Zeitpunkt noch nicht ahnen konnte – stattdessen ist etwas Neues Wunderbares entstanden. „Wenn sich eine Tür verschließt, öffnet sich eine andere", schreibt der französische Nobelpreisträger für Literatur Andre Gidé. Jedoch was nutzt es mir, wenn ich nicht erkenne, dass die Tür offen ist.

Der Jakobsweg hat mir die Augen für einiges Unverstandene geöffnet. Er hat meine Achtsamkeit geschärft. Der Camino hat mir vieles abverlangt, mich immer wieder herausgefordert, sowohl mental, wie auch physisch, sodass ich mich manches Mal gefragt habe: Warum tue ich mir das an? Wenn ich es mir dann angetan habe, hat er mich zuversichtlich gemacht. Ja noch mehr: Er hat mir neuen Mut verliehen. Ohne diesen wäre mein weiterer Lebensweg so nicht entstanden.

Etliche Pilger haben deutlich mehr geleistet, als ich. Sie sind über 800 km am Stück gelaufen, manche noch viel mehr. Ihre Tagesetappen waren wesentlich länger. Ihre Last war sehr viel größer. Es soll sogar Pilger geben, die den Camino barfuß gehen.

Ich habe einen anderen Modus gewählt. Um weiterhin meiner beruflichen Tätigkeit nachzugehen, bin ich immer wieder für ein oder zwei Wochen nach Spanien geflogen, um einen Camino zu laufen. Meine Begeisterung war offensichtlich so authentisch, dass es mir nicht schwer fiel, meine drei Kinder zu überzeugen, jeweils ein Stück des Weges mit mir zurück zu legen. Eine Form der Reflektion und Selbstbesinnung haben sie hier erfahren – das, was uns bei der täglichen Reizüberflutung oft nicht möglich erscheint.

Nicht nur der Bestseller Hape Kerkelings, auch die Bücher und Blogs unbekannter Autoren nährten meine Sucht nach einem neuen Camino.
Jeder, der ihn gepilgert ist, weiß, dass neben der Meditation die Begegnungen mit anderen Menschen in den Herbergen oder unterwegs einen erheblichen Teil der Faszination Jakobsweg ausmachen.

Ich denke an Verena vom Camino Francés 2009, die mir Bilder von Kindern aus Peru schickte, wo die ehemalige Polizistin nach dem Jakobsweg als Kunsttherapeutin in einem Kinderheim arbeitete.

Ich denke an Nina aus Solingen, die ich mehrfach auf dem Caminho Português traf und die mir überraschend in der Adventszeit ein großes Paket mit selbstgebackenem Spritzgebäck in die Praxis sandte.

Ich denke an Hans Ulrich aus Chur, mit dem ich einige Etappen gemeinsam auf der Vía de la Plata pilgerte und der mir im letzten Jahr Bilder von seiner Hochzeit mit der Südamerikanerin Mariza schickte, die er zuvor auf dem Camino kennengelernt hatte.

Die witzigste Geschichte erlebte ich mit dem Australier John, den ich 2016 erstmalig zwischen Requejo und Lubián traf und der mich bis Ourense begleitete: Im März 2017 schickte ich ihm mein gerade fertig gewordenes Buch von der Vía de la Plata. Ich schrieb ihm, dass, falls er zufällig in den nächsten Tagen „one of the most beautiful girls from Germany" in Melbourne träfe, es sich wahrscheinlich um meine 25-jährige Mitarbeiterin Mandy handeln würde, die sich gerade mit ihrer Schwester auf einem vier Monate langen Trip durch Australien befände. „Du kennst meine E-Mail", antwortete John mir knapp und trocken in seiner typischen Art – wahrscheinlich mit einem schalkhaften Grinsen im Gesicht. Mandy kontaktierte ihn, als sie in Melbourne angekommen war und am nächsten Morgen hatte ich bereits Bilder über WhatsApp, die sie und ihre Schwester in ausgelassener Stimmung bei John und seiner Frau Joan zeigten. Sie blieben einige Tage und hatten offensichtlich nicht die schlechtesten Reiseführer in der australischen Metropole. „Two nice girls in Melbourne, they gave a credit to their parents and their country", schrieb mir John via E-Mail zurück. Inzwischen war er bereits mitten in den Vorbereitungen für seinen nächsten Camino, den mozarabischen Weg von Grenada nach Mérida.

Eine nachdenklich stimmende und bis heute nicht erklärliche Wendung nahm der Kontakt mit Jean-Michel, meinem Caminobegleiter auf der Vía de La Plata. Nachdem wir mehrfach E-Mails ausgetauscht und uns noch gegenseitig die besten Wünsche zum Neuen Jahr übermittelt hatten, schickte ich ihm mein Buch von unserem gemeinsamen Wegabschnitt. „Ich komme gerade von einer Südamerikareise zurück und finde Dein Buch im Briefkasten. Jetzt muss ich es nur noch lesen. Vielen Dank, ich freue mich sehr darauf", schrieb er zurück. Danach habe ich nie mehr etwas von ihm gehört. Alle weiteren E-Mails blieben unbeantwortet. Bin ich ihm vielleicht zu nahe getreten oder gab es einen anderen Grund für den Abbruch des Kontaktes?

Atemberaubende, abwechslungsreiche Landschaften, zuweilen aber auch sehr einsame, öde Landstriche durfte ich durch die Jakobswege kennenlernen. Ich bin eingetaucht in die Geschichte Spaniens und Portugals, die mir aus Schulzeiten nur rudimentär bekannt war und habe in den Dörfern das andere Spanien jenseits von Barcelona und Mallorca erfahren. Gerade das Ankommen und Leben in den kleineren Ortschaften Spaniens und Portugals mit ihren archaischen Strukturen war sehr prägend und hat zur Ruhe und Gelassenheit beigetragen, die mir (zumindest vorrübergehend) zu Teil wurde.

Zurückgekehrt von meinen Jakobswegen nach Deutschland, habe ich meine Notizen und Fotos jeweils in einem kleinen Bildband zusammengefasst und veröffentlicht. Aus der Zusammenfassung dieser Erinnerungen entstand dieses Buch, das ich um meine Erfahrungen und Erlebnisse vom Camino Inglés im September 2017 ergänzt habe.

Buch 1

Von León nach Santiago

Begegnungen auf dem Camino Francés

Für Luca, Lara und Carlo

Kapitel 1
Bocholt – Santander
Donnerstag, 20. August 2009

Seit Tagen steht mein Rucksack fertig gepackt im Anbau. Ich habe es tatsächlich geschafft, mich auf acht Kilogramm zu beschränken. Heute ist endlich Abreisetag. Ich schütte noch einmal alles aus und packe das Gleiche wieder ein. Etwas nervös bin ich schon, nachdem ich Monate auf diesen Tag gewartet habe. Ich hefte noch die Jakobsmuschel an den Rucksack, dann kann´s losgehen.

Hinsichtlich der Muschel als Symbol für den Jakobsweg sind mir zwei Versionen bekannt. Die eine sagt, dass ein Pilger zur Reinigung am Ende des Weges in Fisterra ins Meer geworfen wurde und mit Muscheln bedeckt wieder herauskam und die andere, dass die Pilger im Mittelalter mangels Tellern große Muscheln für ihre Mahlzeiten benutzten.

Ach ja, etwas ganz Wichtiges habe ich noch vergessen: Mein Tagebuch. Die Kinder haben es mir zum Geburtstag, mit einem netten Eintrag versehen, geschenkt. Ich klebe noch ein Bild von der Familie ein, mit der ich mittels SMS in Kontakt bleiben möchte. Telefonieren würde mich auf meinem Weg zu sehr ablenken. In den letzten Jahren habe ich die Kommunikation über SMS als Bereicherung schätzen gelernt. Anders als beim Telefonieren kommt es seltener zu missverständlichen Wahrnehmungen, soweit man die SMS an den richtigen Adressaten schickt.

Mein Freund Klaus fährt mich zum Flughafen nach Weeze, etwa 45 km entfernt. Es ist ein heißer Tag in Bocholt, deutlich über 30 Grad. Als ich den Flughafen betrete, sehe ich überall bewaffnete Sicherheitskräfte. Das wäre jetzt aber wirklich nicht notwendig gewesen! Ich gehe um die Ecke und finde des Rätsels Lösung. Auf einem Plakat lese ich: Wir begrüßen Frau Dr. Angela Merkel. Es ist Wahlkampf und da findet sogar die Bundeskanzlerin den Weg in die tiefste niederrheinische Provinz.

Zum ersten Mal fliege ich mit Ryanair. Was hat man nicht alles für Geschichten von dieser Fluggesellschaft gehört. Sogar für den Toilettenbesuch im Flugzeug soll man jetzt schon Eintritt bezahlen. Meine Erwartungen werden übertroffen. Es ist alles perfekt organisiert. Auf die Minute pünktlich lande ich um 19.40 Uhr in Santander. Vor dem Flughafengebäude tritt Ernüchterung ein: Temperatursturz auf 18 Grad Celsius, Nieselregen, grauer Himmel, auf der Fahrt zur Innenstadt triste Häuserfronten. Am Busbahnhof hellt sich die Stimmung auf, als ich erfahre, dass es morgen am Freitag, dem einzigen Tag in der Woche eine direkte Verbindung nach León gibt.

Meine Unterkunft bei Hotel.de für über 50 Euro gebucht, gleicht eher einer Absteige. Immerhin liegt es im Zentrum. So bin ich morgen früh schnell an der Estación de Buses.

Ich laufe noch eine halbe Stunde durch die Stadt, trinke in einer Bar ein, zwei Gläser Vino tinto und lege mich ins Bett. Zum ersten Mal auf dieser Reise hole ich meinen MP3-Player heraus, um dem Hörbuch zu lauschen, das mir Luca freundlicherweise überspielt hat. Das Buch heißt „Außer Dienst" und ist von Altbundeskanzler Helmut Schmidt. Monika hatte es mir zu Weihnachten geschenkt. Es ist weder eine typische Autobiographie, noch ein politisches Buch, sondern es sind eher philosophische Betrachtungen eines alten, weisen, aber hellwachen Mannes, den ich immer schon sehr geschätzt habe.

Den Kommentaren im Internet über das gebuchte Hotel, dass es sehr hellhörig sei, kann ich nur beipflichten. Auch der Altbundeskanzler kann es nicht verhindern, dass ich einer intensiven partnerschaftlichen Begegnung akustisch beiwohne. Trotz alledem schlafe ich rasch ein und durch bis zum nächsten Morgen um halb sieben.

Kapitel 2
León
Freitag, 21. August 2009

Ich erreiche morgens pünktlich die Busstation und besteige um halb neun den Bus, nachdem ich mir den ersten von zig in den nächsten Tagen folgenden Café con Leche gegönnt habe. Der Bus der Gesellschaft Ansa ist bequem, gut klimatisiert und enthält ausreichend Platz, um die Beine auszustrecken, und das alles für 13 Euro. Immerhin sind es bis León 300 km. Scheinbar ist das spanische Bussystem gut verbreitet und organisiert. Ich bin erst einmal froh, dass ich im Bus sitze und meinem Ziel wieder ein Stückchen näher komme.

Nach zweieinhalb Stunden sind wir in den Cantabrischen Bergen, die sich über 2500 Meter Höhe erstrecken. Der Himmel reißt auf, die Sonne kommt heraus und wird mich in den nächsten 15 Tagen nicht mehr im Stich lassen. Die kurvenreiche Fahrt bietet traumhafte Kulissen. Als der Bus eine staatlich verordnete Pause macht, kriege ich eine solche Lust aufs Wandern, dass ich am liebsten sofort loslaufen möchte. Dabei hab ich überhaupt keine Erfahrung mit dem Wandern. Bisher dachte ich immer, es sei langweilig. Ich weiß somit auch gar nicht, ob ich den Belastungen standhalte. Wie man mir sagte, hat es mit Joggen nicht viel zu tun. Aber zumindest die Kondition müsste von meinem regelmäßigen Jogging und gelegentlichen Mountainbike - Training her vorhanden sein.

Um 14 Uhr erreiche ich die wunderschöne Stadt León. Dieses Mal habe ich mehr Glück. Das ebenfalls über Internet gebuchte Hotel de Paris ist sein Geld wert und liegt mitten auf der Calle Ansa, 50 Meter von der Kathedrale entfernt. Ich mache mich etwas frisch und besichtige diese lebendige, harmonisch gestaltete und mit prächtigen Gebäuden und Plätzen ausgestattete Stadt. An der Kirche San Isodoro finde ich ein Café mit dem Namen Legio VII, das auf den Ursprung des Namens León hindeutet. Etwa 50 Jahre nach Christus haben die Römer die Stadt als Lager der VII. Legion gegründet. In jedem Reiseführer steht, dass es ein absolutes Muss ist, den Pantheon der Könige neben der Kirche San Isodoro zu besichtigen. Ich folge der Aufforderung, muss aber feststellen, dass mein kulturhistorisches Verständnis zu dünn ausfällt, als dass ich die Schätze, bestehend aus Mosaiken, Särgen und besonderem Schmuck ausreichend würdigen könnte. Schon eher beeindruckt bin ich von den azurblauen Glasfenstern der Kathedrale, auf denen die Jungfrau Maria mit dem Jesuskind, sowie Propheten und Heilige dargestellt werden und die sich bei dem durch die Sonne einfallendem Licht zauberhaft präsentieren.

Zwischendurch suche ich immer mal wieder eine Bar auf, in der ich mich mit einem Bier – immerhin haben wir 30 Grad Celsius – erfrische. Ich lerne eine gastronomische Besonderheit der Spanier schätzen, die in dieser Form wohl einzigartig in der Welt ist. Bei jeder Bestellung reichen sie unaufgefordert Tapas, das heißt kleine leckere Häppchen, meist Brote, die mit unterschiedlichen Köstlichkeiten belegt sind. So werde ich automatisch satt, ohne noch ein zusätzliches Essen bestellen zu müssen. So, wie ich es gerade darstelle, könnte es auf einen überdurchschnittlichen Bierkonsum hindeuten, es lag aber wohl eher an meinem unterdurchschnittlichen Hunger.

Abends sitze ich bei einem Glas Rioja auf der Plaza Mayor. Gerne würde ich jetzt diese besondere Atmosphäre in Gesellschaft genießen. An meinem Nebentisch nimmt eine Familie aus Deutschland mit einem etwa vierjährigem Mädchen Platz. Die Eltern beschäftigen das Kind mit Malen und Puzzeln. Ich fühle, wie in mir eine melancholische Stimmung aufkommt. Was waren das für erfüllende, glückliche Zeiten, als unsere Kinder so klein waren.
Tempora mutantur et nos mutamur in illis!

Im Laufe des Abends spüre ich meine Ungeduld, möchte endlich loslaufen und überlege mir, ob ich schon ab León gehe und nicht wie vorgesehen ab Hospital de Orbigo, ca 30 km von León entfernt. Ich spüre, wie ich mich dadurch unter Zeitdruck setze und genau das will ich mir ja eigentlich abgewöhnen. Und so schlafe ich mit der Entscheidung, bei meinem alten Plan zu bleiben, zufrieden und erwartungsvoll ein.

Kapitel 3
Astorga
Samstag, 22. August 2009

Ich fahre also (wie ursprünglich geplant) morgens mit dem Bus von León nach Hospital de Órbigo. Am Busbahnhof sehe ich schon die ersten Fußkranken, eine etwa 50-jährige Frau, die mit ihren völlig kaputten Knien ihrem Mann, der weiterhin zu Fuß pilgert, per Bus nachreist. Im Bus sitzt neben mir Julia, eine 35-jährige Engländerin aus Stoke on Trent, die ihren Job als Bankerin geschmissen hat und jetzt Psychologie studiert.

Hospital de Orbigo erreiche ich gegen zehn Uhr. Als erstes steht natürlich die Besichtigung der Ponte de Orbigo, immerhin die längste Brücke des gesamten Camino, auf dem Plan. Mein Führer klärt mich auf, dass hier alljährlich mittelalterliche Spektakel im Andenken an den Adeligen Don Suero de Quinone aufgeführt werden. Basis der Feierlichkeiten ist der Sage nach ein Gelübde des ehrwürdigen Herrn Suero de Quinone, der 1434 in Liebe entbrannt zu einem Rittersfräulein zu deren Ehre gelobte, ein eisernes Halsband zu tragen. Da sich die Dame wohl als recht spröde erwies und Don Suero sich von seinem Gelübde wieder befreien wollte, verkündigte er, mit jedem Ritter, der in den Wochen um den 25. Juli (Geburtstag des Apostel Jakobus) die Brücke überqueren wollte, einen Zweikampf auszutragen. Sage und schreibe 300 Gegner mussten sich Don Suero geschlagen geben, um das Gelübde aufzuheben. Anschließend pilgerte er nach Santiago.

Von der Brücke kommend vernehme ich italienische Stimmen. Euphorisiert von den vertrauten Klängen folge ich der Gruppe. Als ich höre, dass die Leute aus Bologna, meiner zwischenzeitlichen italienischen Heimat, sind, hüpft mein erregtes Herz noch schneller. Leider haben sie jedoch keine Ahnung, wo es zum Camino geht und so setze ich mich ab und mache mich allein auf den Weg.

Schon immer bin ich gerne allein gereist. Man fühlt sich autark, aber nicht auf dem

Egotrip. Außerdem trifft man wesentlich eher auf interessante Menschen als in der Gruppe, denn als soziales Wesen will ich nicht ständig allein sein und zwinge mich so eher auf Menschen zuzugehen. Zugegeben, bevor es losgeht, bin ich angespannt und von gewissen Ängsten geplagt. Habe ich mich aber erst einmal überwunden, läuft es meistens leichter als gedacht. Viele Erlebnisse wären mir sicherlich verwehrt geblieben, wäre ich nicht allein gereist.

Als Student trampte ich durch Kalifornien und traf dabei auf ein französisches Pärchen, das ebenfalls dort Urlaub machte. Die beiden luden mich ein, sie am Ende meines Trips in ihrer Wohnung in New York – Soho zu besuchen. Als Mitarbeiter der UNO schleusten sie mich an einem Morgen in das Gebäude ein. Wann hat man schon mal die Möglichkeit, einer offiziellen Sitzung der UNO beiwohnen zu dürfen? Hans Dietrich Genscher, unser Rekordaußenminister mit dem gelben Pullover (damals noch ohne) hielt eine Rede. Die Gelegenheit ließ ich mir nicht entgehen.

Dass ich allein reisen kann, liegt aber auch an Monikas positiver Einstellung. So wie vor sechzehn Jahren, als ich meine letzte Weltreise gemacht habe und sie mit Luca schwanger war, hat sie mir auch diesmal keine Steine in den Weg gelegt. Aber hätte Luca sonst zu seiner Geburt eine so einzigartige Karte bekommen?

Im Sommer 1993 traf ich in Tonga damals einen Lehrer, der ein Sabbatjahr eingelegt hatte. Er war ebenso wie ich von der Geschichte der Meuterei auf der *Bounty* fasziniert und hatte sich vorgenommen, mit einem Containerschiff auf die abgelegene Pazifikinsel Pitcairn zu fahren, an der Fletcher Christian 1789 als Anführer der Meuterei gestrandet war. Heute leben nur noch zwei Dutzend Nachkommen von Fletcher Christian dort. Ich hatte dem Lehrer erzählt, dass ich im Oktober zum ersten Mal Vater werden würde. Auf Pitcairn angekommen, schrieb er Luca eine Karte, die pünktlich zu seiner Geburt im Oktober eintraf.

Nach einer halben Stunde habe ich endlich den Camino gefunden. An einer Weggabelung treffe ich auf Bernd aus Köln, der mit seinem Guide in der Hand Orientierung sucht. Wir laufen zusammen. Auf dem roten Sandweg, gesäumt von Weizenfeldern, wird uns immer wieder ein herzliches ‚Buen Camino' zugerufen. Daran darf ich mich für die nächsten zwölf Tage gewöhnen.

Bernd ist seit etwa vierzehn Tagen ab Pamplona unterwegs. So hat er sich den Teil über die Pyrenäen gespart. Insgesamt ist der Camino etwa 800 km lang. Ich habe mir also mit den knapp 300 km von Hospital de Orbigo bis Santiago ein gutes Drittel vorgenommen. Bernd arbeitet als Krankenpfleger im ambulanten Bereich und möchte sich mit seinen 45 Jahren beruflich noch einmal verändern. Er weiß allerdings noch nicht so recht, in welche Richtung. Zudem habe ich den Eindruck, dass er endlich beziehungsmäßig klar kommen möchte. Vielleicht klappt's auf dem Camino. Bernd ist ein lustiger, humorvoller Typ mit seinem überdimensionalen Strohhut auf dem Kopf. Seinen Laufrhythmus könnte man als sehr gemächlich bezeichnen. Immer wieder erwische ich mich dabei, dass ich ihm davoneilen will. Ich halte mich bewusst zurück, denn ich möchte hier eine Art Langsamkeit erlernen, weniger Programm, weniger Zeitdruck. Zwischendurch werden wir an einem Stand von sympathischen jungen Spaniern mit Obst, Kuchen und Säften versorgt. Das ist ja fast wie beim Marathonlauf!

Gegen vier Uhr ist die erste Etappe nach knapp 20 km in Astorga geschafft. Ich bin gespannt, wie das mit den Herbergen funktioniert und probiere es gleich bei der ersten am Ortseingang. Alles ganz easy; ich muss meinen Pilgerpass vorlegen, man fragt mich nach meinem Alter, dann erhalte ich einen Stempel in den Pass, bezahle vier Euro und bekomme ein Bett in einem Vierbettzimmer zugewiesen. Das Zimmer ist hell und hat einen schönen Blick ins Grüne.

Da Bernd, mein Caminoeinführer, einen Ort weiter will, lade ich ihn noch auf ein Bier ein. Wer weiß, wann ich ihn das nächste Mal sehe? Ich gebe ihm zu verstehen, dass ich froh bin, den ersten Pilgertag ohne Probleme geschafft und für heute Nacht ein Bett gefunden zu haben. Manchmal will man ja einfach nur von der Straße runter – so, wie es mir vor 30 Jahren in Chicago ergangen ist:

Damals lief ich mit meinem Rucksack durch Downtown Chicago und fand mich plötzlich ausschließlich unter Farbigen wieder. Mir wurde ein wenig mulmig, weshalb ich mich entschloss, ins Kino zu flüchten. In der ganzen Stadt liefen jedoch nur Kung-Fu- oder Sexfilme.
„Und wo bist Du reingegangen?", fragt er mich. Als ich meinen Satz beginne mit: „Kung-Fu-Filme interessieren mich nicht", kann er sich kaum halten vor Lachen und schüttet mir sein Bier auf die Hose. Schon zuvor hat er das Thema immer gerne auf Männergespräche gelenkt.

Nachdem Bernd gegangen ist, erkunde ich die von den Römern geprägte Stadt. Sie nannten sie Asturica Augusta, was in großen Lettern an ihrer Eintrittspforte nicht zu übersehen ist. Hier kreuzten sich zwei Römerstraßen, zum einen die Vía Traiana aus Bordeaux und zum anderen die Vía della Plata aus dem Süden des Landes, die hier auf den Camino Francés trifft. Ich finde Gefallen an der verspielten Architektur des ehemaligen Bischofspalastes. Typisch Gaudí eben. Ehrlich gesagt, das

Gebäude würde sich auch als Schloss in Disneyworld gut machen. Abends ist noch richtig was los auf den Straßen. Man feiert das Stadtfest. Da die Herberge um zehn Uhr schließt, habe ich nicht mehr viel davon.

Kapitel 4
Rabanal del Camino
Sonntag, 23. August 2009

Nach einer gut durchgeschlafenen Nacht mache ich mich morgens um Viertel nach sieben in der Morgendämmerung auf den Weg. Einige vom Stadtfest Übriggebliebene treiben sich sicht- und hörbar betrunken und mitgenommen in der Stadt herum. Ich sehe zu, dass ich schnell herauskomme und auf die Landstraße gelange.

Hier auf dem Fußgängerweg neben der Landstraße ist es ruhig und um diese Zeit angenehm zu laufen. Ich habe mir heute noch kein festes Ziel vorgenommen und möchte einfach mal in den Tag hineinlaufen. So finde ich auf der roten Asche allmählich meinen Rhythmus, der nicht vergleichbar ist mit dem Spaziergang gestern. Ich genieße es heute, allein zu laufen, den Zeittakt selbst bestimmen zu können.

An einer Ansammlung von Landhäusern vorbei mündet der Camino auf einem Sandweg, auf dem ich rechts und links uneingeschränkte Sicht auf Getreidefelder habe. Mitten auf dem Sandweg sehe ich hinter einem Stein mit gelbem Pfeil, ordentlich gefaltet und übereinandergelegt, einen Stapel Textilien: Sweatshirts, Handtücher, Jacken etc. Zunächst frage ich mich, was das soll, dann wird mir klar, dass vom schweren Gepäck gestresste Pilger sich einiger 100 Gramm entledigt haben. Ein paar Tage später treffe ich jemanden, der sich etwas von dem Stapel mitgenommen hat. Auch so herum funktioniert das also.

Nach etwa acht km mache ich in Santa Catalina de Somoza, einem schön herausgeputzten Dörfchen mit rustikalen Natursteinhäusern eine Pause, freue mich auf einen leckeren Café con Leche. An meinem Tisch sitzen Christiane und Petra. Christiane sei im letzten Jahr von Petra und ihrer Freundin am Flughafen von Biarritz adoptiert worden, nachdem sie ihrerseits kurzfristig von ihrer Freundin versetzt worden war. Gemeinsam sind sie dann von der Ausgangsstation des Camino Francés in Saint–Jean–Pied–de–Port auf der französischen Seite der Pyrenäen gestartet und bis Burgos gelaufen. Für dieses Jahr haben sie sich den Rest von Burgos nach Santiago vorgenommen. Außerdem sitzt an unserem Tisch Nancy, eine sympathische Amerikanerin aus Idaho, die mir begeistert erzählt, dass ihr Reiseführer empfiehlt, den Camino in 33 Tagen zu laufen, für jedes Lebensjahr Jesu einen Tag.

Am Ortsausgang kommen mir die ersten großen Hunde entgegen. Ich mache einen Riesenbogen um sie und bemühe mich, ihnen nicht in die Augen zu sehen, so wie ich es zuvor in der Vorbereitung auf etwaige Begegnungen gelesen hatte. Zum Glück „tun die nix".

Es geht langsam, aber ständig bergauf und bei der zunehmenden Hitze komme ich ordentlich ins Schwitzen. Ich genieße die körperliche Herausforderung und reflektiere zum ersten Mal bewusst, dass hier jeder seine Geschichte und Gründe für den Camino hat. Auch ich werde natürlich nach meinen Motiven befragt.

Auslöser war sicherlich das Buch von Hape Kerkeling vor vier Jahren, das mich inspirierte. Das hat hier jeder Deutsche gelesen. Was mich aber verblüfft, ist, dass es auch in vielen anderen auch außereuropäischen Ländern bekannt ist. Ich suchte in meiner persönlichen Krise nach neuen Wegen. Zu dem Zeitpunkt hätte ich jedoch in meiner depressiven Stimmungslage und Antriebslosigkeit den Camino nicht angehen können. Das Interesse aber war geweckt und so habe ich alles, was ich in die Finger über den Camino bekam, aufgesogen, egal ob Zeitungsartikel, Bücher oder Dokumentationen. Vor eineinhalb Jahren, als ich mich wieder gefangen hatte, stand für mich fest, ich werde ihn irgendwann gehen. Mein Freund und Kollege Bernd wollte mit, bat mich aber, den Termin um ein Jahr zu verschieben, da er mit Gisela seine Silberhochzeit in Schweden feiern wollte. Anfang des Jahres trafen wir uns bei Matthias in der Sauna, wo wir erneut über den Camino sprachen. Bernd wollte noch einmal verschieben. Da war für mich klar, dass ich ihn allein gehen werde. Ende August schien mir günstig, da zu diesem Zeitpunkt die stärksten Pilgerströme vorbei sind und ich immer schon lieber geschwitzt als gefroren habe.

Um 12.30 Uhr erreiche ich das kleine Örtchen Rabanal del Camino. Obwohl noch Reserven da sind, beschließe ich hierzubleiben. Ich habe den Eindruck, angekommen zu sein auf dem Camino. Direkt am Ortseingang schreibe ich mich in eine Herberge mit einem stilvoll beblumten Innenhof und gemütlichen Sitzecken ein. Blasen habe ich mir zum Glück noch nicht gelaufen und bleibe letztlich auch bis Santiago davon verschont. Zum ersten Mal finde ich die Muße in meinem mitgebrachtem Buch „Tausend strahlende Sonnen" von Khaled Hosseini, zu lesen. Der Autor hatte mich bereits mit dem Roman „der Drachenläufer", sehr berührt, in dem er einfühlsam und spannend die Geschichte einer Kindheit in Afghanistan beschrieb. Zwischendurch bekomme ich von meiner Lieblingstochter Lara eine SMS, dass Bochum 1:0 gegen Hertha BSC gewonnen hat. Vielleicht geht da doch noch was in dieser Saison!

Irgendwann gesellt sich Evelyn, eine strohblonde, zarte Estländerin – oder heißt es Estin? – zu mir. Sie dürfte Mitte bis Ende zwanzig sein. Ich frage sie lieber nicht, sonst will sie noch mein Alter wissen. Ich erfahre einige interessante Dinge aus ihrem nur eineinhalb Millionen Einwohner großen Land, nämlich dass der Erfinder von Skype und einige Models aus Estland kommen, worauf sie sehr stolz ist. Es wird ein lustiger Abend und mit jedem Glas Rotwein wird sie anlehnungsbedürftiger (obwohl sie sonst nur Whisky trinke, wie sie sagt). Sie kritzelt einige Wörter in mein Tagebuch und bevor hier mehr passiert, verziehe ich mich auf die obere Ebene meines Etagenbettes und Evelyn wankt in ihre um die Ecke liegende Herberge.

Kapitel 5
Molinaseca
Montag, 24. August 2009

Panikbedingte Schweißperlen verbreiten sich auf meiner Stirn. Sollte hier in Rabanal schon das Ende meiner lang ersehnten Pilgerreise gekommen sein? Verzweifelt taste ich jeden Zentimeter meines Bettes ab, durchforste den Hof und die Waschräume nach meiner Geldbörse und meinem Ausweisgürtel. Die Dunkelheit beeinträchtigt die Suche heute Morgen erheblich. Eine Taschenlampe gehört nicht wie bei vielen Mitpilgern zu meinem Equipment. Ich hatte die Wertsachen gestern vorsichtshalber unter mein Kopfkissen gelegt. Wahrscheinlich sind sie in der Nacht heruntergefallen. Schließlich finde ich sie - von einer Zentnerlast befreit - unter dem Bett auf dem Boden liegend. Bernd, der alte Fuchs hatte mir ja schon gesagt: „Als Kind wolltest du immer oben schlafen, hier bist du froh, wenn du unten ein Bett kriegst."

Zwischen Heidestauden, Ginster und Wiesenflächen schlängelt sich der Weg herauf nach Foncebadon. Der Ort sieht heute Morgen im Wind und Nebel aus wie ein Geisterdorf, ein paar alte Häuser, ein paar Ruinen, eine kleine Kirche, kaum eine Menschenseele zu sehen. Hier könnte man gut einen Horrorfilm drehen. Ein größerer Hund muss mir jetzt auch nicht unbedingt begegnen. Hat hier nicht Coelho seinen heldenhaften Kampf gegen die Hunde geführt?

Ich ziehe mein Tempo ein wenig an und erreiche dann auch bald das berühmte Cruz de Ferro auf 1500 Meter Höhe, der höchsten Erhebung des Camino Francés jenseits der Pyrenäen. Es ist ein langer Baumstamm mit einem bescheidenen Kreuz sowie ein Haufen Steine um den Baumstamm herum. Ganz schön kalt ist es hier oben. Ohne Jacke geht es nicht. Was mich wundert: Weit und breit kein Mensch zu sehen. Ich bin allein.

Ich lege meinen aus Bocholt mitgebrachten Kummerstein ab und schicke Monika eine SMS. Dieser Brauch, einen Stein abzulegen und sich seiner Sorgen zu entledigen, war bereits in vorrömischer Zeit bekannt. Auch die Römer haben ihn weitergeführt, bis der Eremit Gaucelmo um 1120 das heidnische Symbol zu einem christlichen machte, indem er an dieser Stelle ein Kreuz errichtete.

Die Stimmung an diesem besonderen Ort erzeugt bei mir das Gefühl von Dankbarkeit. Ich denke an Luca`s Anfallsleiden, das sich wieder zurückgebildet hat, ich sehe Carlo, wie er nach seiner Frühgeburt beatmet im Inkubator lag und bin froh, dass er sich trotz seiner Startschwierigkeiten so prächtig entwickelt hat. Ich bin dankbar für meine Fitness, für mein Gottvertrauen und den Optimismus, den ich vermutlich von meiner Mutter geerbt habe. Ich denke an die Freunde und Verwandten, die mir in meiner Krise geholfen haben, ja der Krise selbst kann ich Gutes abgewinnen. Ohne sie wäre ich in meinem Trott geblieben und hätte bestimmte Bereicherungen wie den Camino wahrscheinlich nicht kennengelernt.
Jetzt aber weg hier, sonst fange ich mir noch eine Erkältung ein. Ich wandere durch schöne Wald- und Wiesenwege in den Vormittag hinein und habe eine majestätische Aussicht auf die Montes de León.
In dem Dörfchen El Acebo treffe ich Bernd wieder. Ihm geht's heute nicht so gut, er plagt sich mit Bauchschmerzen und Durchfällen. Wir trinken trotzdem einen Café con Leche zusammen. Danach gebe ich ihm ein paar Beutel Elektrolytlösung, damit er die nächsten km unbeschadet übersteht. Obwohl das Pulver extrem salzig und nicht gerade schmackhaft ist, schluckt er es tapfer.

Ohne Bernd laufe ich weiter durch unwegsames Gebiet, über und unter Sträuchern. Am Wegesrand sehe ich einen reichlich angefressenen Rehkadaver. Mir wird ein bisschen mulmig. Treiben sich hier etwa Wölfe herum? Auch wenn es immer heißt, sie greifen keine Menschen an: Die muss ich jetzt nicht unbedingt um mich herum haben. Dabei wird mir bewusst, dass ich schon öfter einen Schutzengel hatte, der gut auf mich aufgepasst hat:

Nach dem Abitur fuhr ich mit zwei Freunden an die Côte d'Azur. An einem sonnigen

Nachmittag liehen wir uns ein Tretboot aus und trampelten nichts Böses ahnend in der Bucht von Port Grimaud vor uns hin. Als plötzlich wie aus dem Nichts ein Mistral aufkam, trieben wir im wahrsten Sinne des Wortes in Windeseile auf´s offene Meer hinaus. Wir kenterten und kämpften fortan schwimmend mit den hohen Wellen, unser Boot war im Nu verschwunden. Ein wohl eher zufällig vorbeifahrendes Schiff war unsere Rettung.

In Tijuanana stieg ich Anfang der achtziger Jahre nachmittags in einen Bus, der die Baja California herunterfuhr. Ich hatte mir vorgenommen, soweit wie möglich gen Süden die mexikanische Halbinsel herunter zu kommen. Am frühen Abend blieb der Bus mitten in der Kakteenwüste an einem Truckstopp stehen. Der Busfahrer machte mir klar, dass es nicht mehr weiter gehe. Ich fühlte mich in dem Truckstopp sicher und wollte zur Not darin übernachten. Gegen zehn Uhr schmiss man mich raus und schloss den Laden. So stand ich allein auf der stockdunklen Straße und versuchte, von einem vorbeifahrenden Auto mitgenommen zu werden. Es vergingen Stunden, ohne, dass etwas passierte. Plötzlich tippte mir jemand von hinten auf die Schulter. Erschrocken, aber instinktiv reagierend, bot ich dem kleinen kräftigen Mexikaner Zigaretten an. Wohl überrascht von meiner Offerte, nahm er die Schachtel und ließ mich in Ruhe. Es dauerte noch eine Stunde bis ich von einem Bus mitgenommen wurde, der den Rest der Nacht durchfuhr und mich in der Morgendämmerung in einem Dorf raus ließ. „Wie neu geboren", beschreibt meine damalige Gefühlslage passend.

Nach meiner Famulatur im Roosevelt – Hospital in Guatemala brachte mich Walter an die guatemaltekisch – honduranische Grenze. Wir hatten ein bisschen getrödelt, weshalb ich meinen Autobus verpasste. Ich nahm also den nächsten Bus. Der Fahrer fuhr wie ein Verfolgter über die honduranischen Serpentinen. Irgendwann hielt er an und stieg aus. Der eine Stunde zuvor gestartete Bus war den Abhang heruntergestürzt. Am nächsten Tag konnte ich in Tegucigalpa in der Zeitung lesen, dass 23 Menschen bei dem Unfall ihr Leben verloren.

In Manhattan beobachtete ich die kosovoalbanischen Hütchenspieler auf der Straße. Ich kannte dieses Spiel aus Turin, wo ich schon häufiger erlebt hatte, wie die aufgeforderten Mitspieler abgezockt wurden. Die Halunken waren so geschickt, dass man eigentlich keine Chance hatte, zu gewinnen. Hier in New York war mir nach einer gewissen Zeit klar geworden, dass ein Mitspieler die Teilnahme fingierte. Er hatte natürlich keine Mühe, zu erraten, unter welchem Hütchen sich die Kugel befand. Irgendwann gesellte sich ein junges Schweizer Pärchen zu uns und beabsichtigte, gegen Geldeinsatz mitzuspielen. Ich versuchte sie zu warnen. Plötzlich stürzte einer von den Gaunern mit einem großen Gegenstand auf mich zu. Ohne nach links und rechts zu schauen rannte ich über die viel befahrene Straße. Zum Glück erreichte ich unbeschadet die andere Straßenseite, während mein Verfolger auf halber Strecke abbrechen musste.

Vor mir läuft Florian aus München. Ich schließe zu ihm auf. Er hat auch den Kadaver gesehen. Jetzt können wir wenigstens gemeinsam gegen die Wölfe kämpfen. Wir kommen ins Gespräch und sind somit etwas abgelenkt. Florian sieht an meinem Trikot, dass ich aus Bochum kommen muss. Sein Vater war Regisseur am Bochumer Schauspielhaus unter Peter Zadek.

Gegen 16.00 Uhr erreichen wir das auf 600 m Höhe gelegene Molinaseca – trockene Mühle, wie Florian korrekt übersetzt. Ich suche mir eine private Herberge, bin heute 25 km gelaufen, das reicht. Florian will noch weiter. Die Herberge gefällt mir: Hell, sauber, keine Hochbetten.

Nachdem ich mich zum Abendessen angemeldet habe, gehe ich ins Dorf und treffe Bernd und Nicole. Nicole kommt aus Québec, dort habe ich mal einen wunderschönen Indian Summer verbracht. Was mich beeindruckt, ist, dass sie ohne Reiseführer unterwegs ist; die Erklärung, aus welcher Ecke ich komme, gestaltet sich jedoch schwierig. Von Cologne hat sie noch nie was gehört. Wie ist es ihr nur gelungen, den Weg von Kanada nach Spanien zu finden?

Beim Abendessen nutze ich zunächst einmal die Gelegenheit, meinem Tischnachbarn aus Mainz zum Sieg gegen die Bayern zu gratulieren. Mein Bruder Marcus aus Köln hatte mir das Ergebnis gesimst. Der Mainzer ist aber gar nicht überrascht, wusste bereits von dem freudigen Ereignis, ist sogar Besitzer einer Dauerkarte. Mir gegenüber sitzt ein Schweizer Rentner, der seit Juni unterwegs ist und ab Zürich gelaufen ist. Das sei aber noch gar nichts. Er habe Eheleute aus Hannover getroffen, die von ihrer Heimatstadt losgelaufen seien. Das heißt, sie ist gelaufen und der Ehemann begleitet sie, da er selbst wegen einer Behinderung nicht laufen kann, mit dem Wohnmobil, in dem sie dann zusammen übernachten.

Später sitze ich noch mit Joos aus Amstelveen zusammen. Jetzt kann ich endlich mal mein mühsam erlerntes Niederländisch anwenden, denke ich etwas naiv. Schnell verwerfe ich meinen Vorsatz, da der Holländer natürlich viel besser Deutsch spricht, als ich Niederländisch.

Helmut Schmidt erzählt heute Abend von einem jungen Abgeordneten, der ihn mal gefragt habe, was er tun könne, um seine Karriere zu beschleunigen. Solch eine Absicht sei ihm nie in den Sinn gekommen. Ihm sei es immer um die Res Publica gegangen. Mit Fleiß und Wissen würde man dann automatisch zum Kandidat für eine Position werden. Er habe sich jedenfalls nie aktiv um ein Amt beworben.

Kapitel 6
Villafranca del Bierzo
Dienstag, 25. August 2009

Ich laufe heute Morgen um sieben Uhr von Molinaseca aus im Dunkeln los. Von dem vorzüglichen Menü gestern Abend bin ich noch so satt, dass ich auf ein Frühstück verzichten kann. Ich habe mir auch heute kein festes Ziel vorgenommen, möchte wieder so etwa 25 km laufen. Meine Sorge, es könnte schwierig mit dem Auffinden einer noch freien Herberge werden, habe ich weitgehend verdrängt.

Am Ortseingang von Ponferrada, den ich nach einer Stunde erreiche, leistet mir für eine Weile ein niedlicher kleiner Hund Gesellschaft. Eines steht fest: Vor dem brauche ich mich nicht zu fürchten. Die Markierung des Weges auf der Straße mit dem Muschelsymbol scheint klar zu sein. Ich erkenne jedenfalls ein wichtiges Wahrzeichen der Stadt, die Temperburg, die von den Tempelrittern im 13.Jahrhundert gebaut wurde. Sie hat nicht nur für die Stadt, sondern für den gesamten Camino eine große historische Bedeutung. Die Gründung des Templerordens geht auf das Jahr 1120 zurück. Die erste Niederlassung befand sich in Jerusalem, nicht weit vom Tempel des Salomon, daher der Name Templer. Das Ziel der Templer war, den christlichen Pilgern im Heiligen Land das sichere Reisen zu ermöglichen. Die Aktivitäten der Templer im Heiligen Land waren aber eher glücklos, sie verlegten daher ihren Handlungsraum nach Europa und hier speziell nach Nordspanien. Ein Grund für die Pilgerströme, die ihren Ursprung mit der Entdeckung des Apostelgrabes im neunten Jahrhundert nahmen, war das Bestreben, das Christentum zu stärken und die weitere Ausdehnung der Islamisierung durch die Mauren zu verhindern, was schließlich zur Reconquista führte. Die Mauren wurden weiter nach Süden zurückgedrängt und die Wege im Landesinnern wieder sicherer. Die Templer trugen zum Schutz der Pilger bei, indem sie das Geld der Pilger verwalteten und sich so ein florierendes Banksystem entwickelte.

Ich passiere diese mächtige Templerburg und bewege mich weiter durch die Stadt. Irgendwann an einem Kreisverkehr finde ich keine Wegweiser mehr, hole daher meinen Reiseführer aus der Tasche, um die Wegbeschreibung nachzuschlagen. Eine freundliche Spanierin kommt auf mich zu und erklärt mir, der Camino gehe hier weiter geradeaus. Da mir das Ganze etwas spanisch vorkommt, nehme ich nach ein paar Metern noch mal den Reiseführer zur Hand, als sie wieder hinter mir steht und signalisiert, dass es völlig überflüssig sei, mich in dem Buch zu informieren. „Como he dicho, todo derecho", sagt sie. „Wie ich schon sagte, immer geradeaus". Ich bin fügsam und gehe geradeaus. Nach gefühlten zehn Kilometern (wahrscheinlich waren es anderthalb) wird mir klar, dass ich auf dem Holzweg bin. Ich irre durch die Stadt, die den typischen Charme einer mittelgroßen Industriestadt morgens um halb acht versprüht.

Das letzte Mal, dass ich mit einem Führer in der Hand ungefragt freundliche Hilfe von Passanten entgegennahm, war vor 28 Jahren in New Orleans. Genau wie hier in Ponferrada stand ich mit Birgit an einer Kreuzung dort, um in meinem Reiseführer nach einer günstigen Unterkunft zu suchen, als ein freundlicher Amerikaner den Braten roch und uns empfahl, in der Baptist Mission um die Ecke unterzukommen. Sofort nach der Aufnahme wurden wir getrennt. In dem Männerbereich lernte ich John, einen ausgestiegenen ehemaligen Wirtschaftsprofessor kennen. Wir quatschten die halbe Nacht über Gott und die Welt und nachdem wir morgens um sechs Uhr rausgeschmissen wurden, zeigte uns John als absoluter Insider die City von New Orleans. Am Ende fragte er mich nach dem Namen meiner Mutter. Als ich zurück nach Europa kam, hatte Mama einen zehn Seiten langen Brief von John erhalten.

Zurück zum Camino: Irgendwann lande ich an der Estación de Buses, an der ich meinerseits eine Spanierin anspreche. Da ganz hinten, meint sie, mit der rechten Hand in eine Richtung zeigend, habe sie schon einmal Pilger gesehen. Ich bewege mich gefühlsmäßig in diese Richtung und in der Tat sehe ich irgendwann einen Pilger und auch die Wegweiser wieder. Eigentlich nichts Neues für mich: Wie so oft in meinem Leben habe ich die Erfahrung gemacht, dass man manchmal Umwege gehen muss, um auf den angestrebten Pfad zu kommen.

Nach einer halben Stunde schließe ich zu Marina, einer 22-jährigen Brasilianerin aus Belo Horizonte auf. Sie lässt sich ihr Gepäck mit einem speziellen Service vorausschicken, da sie auf Grund ihrer Meniskusverletzungen keinen Rucksack tragen kann. In einem Café treffen wir Bela, Doktorand und Unidozent aus Budapest. Wir wandern zu dritt weiter, haben jede Menge Gesprächsstoff. Es geht überwiegend durch schöne Weingebiete des Bierzo. Marina versorgt uns mit Weintrauben. Ich erzähle Bela, dass ich mit Monika in Budapest gewesen bin und wir uns auf einem Weinfest einige Flaschen von dem hervorragenden Tokaj – Wein mitgenommen hatten. Leider sind die Flaschen im Koffer kaputt gegangen. Bela erklärt mir, wie die besondere Süße des Tokaj zustande kommt und meint, als Parfum für den Koffer sei er doch eigentlich zu schade. Wir diskutieren auch, ob es eine Alternative wäre, mit dem Fahrrad den Camino zu absolvieren, kommen aber alle zu dem Schluss, dass es zu schnell gehen würde und besonders attraktive Wege mit dem Fahrrad gar nicht zu bewältigen sind.

Bei unserer Ankunft in Villafranca gegen vier Uhr fühlen wir uns alle reichlich ausgepowert. Immerhin sind es über 35 km bei mehr als 30 Grad Celsius geworden. Marina und Bela fallen in der etwas sterilen, aber sauberen Herberge ins Koma. Ich halte mich bewusst wach, um nachts schlafen zu können, schaue mir das hübsche Städtchen an. Wegen ihrer zahlreichen Kirchen und Pilgerherbergen wurde die Stadt „Klein Santiago" genannt. Die im zwölften Jahrhundert gegründete Stadt wurde von den Franzosen besiedelt, daher der Name Villafranca. In der Tat erinnert der Ort an ein Weinstädtchen im Elsass. Dank eines päpstlichen Privilegs erhielten kranke Pilger, die ihre Reise nicht mehr fortsetzen konnten, in den Heiligen Jahren, (das heißt, in den Jahren, in denen der 25. Juli, der Geburtstag des Apostel Jakobus, auf einen Sonntag fällt) bereits in Villafranca einen Erlass ihrer Sünden, wie er sonst nur am Apostelgrab gewährt wurde.

In einem ruhig gelegenen Café auf dem Zentralplatz nehme ich mir Zeit, mein Tagebuch zu schreiben. Petra und Christiane gesellen sich zu mir. Als ich ihnen sage, dass ich das Buch von Helmut Schmidt höre, meint Petra, das passe doch gar nicht zum Camino, sie lese die Bibel. Sind die beiden vielleicht heilig oder einfach nur ein bisschen zickig?

Nach einer Pause in der Herberge laufe ich später noch einmal zur Plaza Mayor hoch, als mich Marina, offensichtlich aus dem Koma erwacht, an ihren Tisch ruft. Zu uns setzt sich Matthias, ein großer, stämmiger Stuttgarter mit Vollglatze, Ende dreißig. Er war mir zuvor bereits in den Weinfeldern wegen seiner lauten Stimme aufgefallen. Matthias redet ohne Punkt und Komma auf mich ein. Elise, seine französische Begleiterin, kündigt an, er würde mir jetzt binnen einer halben Stunde seine ganze Lebensgeschichte erzählen. Was ich spannend finde an seiner Vita ist, dass er angeblich unter einem Pavor nocturnus (Nachtschreck) leiden soll. Dieses Phänomen kannte ich bisher nur von Kindern und allgemein heißt es, es bilde sich bis zum Erwachsenenalter zurück. Matthias berichtet, er habe in solch einem Erregungszustand schon mal einen Spanier in einem Schlafsaal angegriffen. Meine Sinne werden noch einmal deutlich geschärft, als Matthias erzählt, in welcher Herberge er morgen zu übernachten gedenkt.

Kapitel 7
La Faba
Mittwoch, 26. August 2009

Bis heute Morgen habe ich noch überlegt, ob ich den Camino Duro oder den traditionellen Weg gehen soll. Rein physisch hätte ich sicherlich kein Problem mit dem Camino Duro. Er soll ziemlich steil sein und schöne Aussichten bieten. Die nutzen mir allerdings morgens um sieben Uhr, wenn es noch dunkel ist, wenig. Die Landschaft gestern in den Weinbergen war außerdem so grandios, das ist wohl kaum mehr zu toppen. Das Hauptargument, mich gegen ihn zu entscheiden, ist jedoch seine schlechte Kennzeichnung und somit die nicht unwahrscheinliche Chance, mich erneut zu verlaufen. Darauf habe ich heute Morgen nach der Erfahrung von gestern einfach keine Lust. Ich muss mir ja nichts beweisen. Früher hatte ich den Eindruck, ein gutes Orientierungsvermögen zu besitzen, langsam kommen mir Bedenken. So starte ich den Tag mit Bela und Marina.

Wir erreichen bald die Nationalstraße, die Hape Kerkeling als so nervtötend beschrieben hat. Heute Morgen um halb acht ist nicht viel Verkehr und das Laufen nicht so unangenehm, wie ich es mir vorgestellt habe. Vielleicht liegt es auch daran, dass mittlerweile eine Abtrennung zwischen Gehweg und Fahrbahn erfolgt ist. Dennoch: Dicke, die Luft verpestende Laster und Pilger kommen sich verdammt nahe. Es ist lausig kalt, vielleicht acht Grad Celsius. Meine Hände frieren wie im Skiurlaub ohne Handschuhe. Marina hat die gleiche Assoziation. Sie fährt Ski in Aspen und in Argentinien. In Favelas ist sie wahrscheinlich nicht aufgewachsen.

Gegen zehn Uhr genehmigen wir uns einen Café con Leche, aufgrund der Kälte ausnahmsweise mal innerhalb der Bar. An den Fenstern der Lokale steht hier wie fast immer an Lokalen „permite fumar". Der Spanier qualmt halt gerne. Für mich klingt das so, als würde man gebeten, doch bitteschön zu rauchen. Richtig übersetzt heißt es wohl „Rauchen erlaubt". Als Tina, Studentin aus Freiburg und Marina sich eine Zigarette anstecken, kommen wir auf das Thema zu sprechen. Mir war schon zuvor aufgefallen, dass überraschenderweise die Raucherfraktion auf dem Camino überwiegt. Bela erzählt, dass es im Studium in Budapest zwei Gruppen gab: Die Coolen, die geraucht haben und die Langweiler, die Nichtraucher waren. Da er zu den Coolen gehören wollte, hat er ordentlich mitgequalmt. Weil seine Lungenfunktion mit Mitte zwanzig auf die Hälfte des Normalwertes geschrumpft war, musste er "leider" aufhören. Passend dazu fällt mir die Geschichte von New York ein, wo die

Raucher einer Bar in einen kleinen Keller verbannt wurden. Es dauerte nicht lange, bis auch die Nichtraucher in den Keller gingen, da es bei den Rauchern viel geselliger war. Vielleicht sollte man auf die Zigarettenschachteln schreiben: „Rauchen fördert soziale Kontakte."

Auch Helmut Schmidt hat natürlich seine dezidierte Meinung zum Thema Rauchen. An einer Stelle seines Buches regt er sich über die Regelwut in Brüssel und Straßburg auf. Am schlimmsten aber sei, dass man jetzt das Rauchen in Kneipen verbiete.

Auf dem Tisch liegt eine Zeitschrift auf der Coelho abgebildet ist. In großen Lettern wird er mit den Worten zitiert: „Ich bin der Typ, dem alles gelingt, wenn er es sich vornimmt". Das erinnert mich an den Supermann, der alle Hunde auf dem Camino besiegt hat.

Nach dem Kaffee müssen wir wieder ein Stück an der Schnellstraße wandern. Jetzt kann ich den guten Hape verstehen. Ein Laster nach dem anderen braust lärmend und stinkend an uns vorbei. Für einen Moment denke ich, ich wäre vielleicht doch besser den Camino Duro gegangen, aber dieses Stück wäre mir letztlich auch auf dem Camino Duro nicht erspart geblieben. Es dauert zum Glück nicht lange, bis wir links in die Berge abbiegen dürfen.

Wir kommen an einer brasilianischen Herberge an, auf die sich Marina schon lange gefreut hat. Als wir die Sambarhytmen aus der Albergue wahrnehmen, ist für Bela und mich klar, dass wir die kleine Brasilianerin hier zurücklassen müssen. Ich laufe noch ein, zwei Kilometer mit Bela, um mich dann auch von ihm abzusetzen.

Ich habe das Bedürfnis, mal wieder allein zu sein und meinen Rhythmus bestimmen zu können. Wenn das doch immer im Leben so einfach funktionieren würde, wie hier auf dem Camino. Man läuft eine Zeitlang zusammen, mal sind es zwei Stunden, mal sind es eineinhalb Tage und ist dann wieder gerne allein. Keiner findet es unhöflich, wenn man sich absetzt. Nie habe ich das Gefühl der Aufdringlichkeit, wenn sich jemand zu mir gesellt. Es passiert im Fluss, beim Laufen eben. Eines der Dinge, die ich in meiner Krise gelernt habe, ist die Erkenntnis, dass die Beständigkeit von sozialen Gemeinschaften auch im Wesentlichen von der Frage abhängig ist, wie viel Nähe möglich und wie viel Distanz je nach Situation notwendig ist.

Auf unserer Indienreise haben Rainer und ich das irgendwann auch instinktiv erkannt. Von soziologischen und psychologischen Zusammenhängen verstanden wir damals mit Anfang zwanzig sicher noch nicht viel. In Ceylon, dem heutigen Sri Lanka, wurde uns nach wochenlangem Zusammensein klar, dass es für die Chemie besser wäre, sich für eine gewisse Zeit zu trennen. Rainer ist dann von Trinkomalee an der Küste weitergereist und ich habe mir Kandy und das Hochland mit den Teeplantagen angesehen. Nach einigen Tagen haben wir uns in Colombo wieder getroffen und die Weiterreise zusammen genossen.

Jetzt wird der Weg wieder angenehmer. Je mehr ich mich dem Talende mit seinen saftigen grünen Wiesen nähere, desto herrlicher wird die Landschaft. Dabei passiere ich ein idyllisches Örtchen nach dem andern. Entlang einer Häuseransammlung begleiten mich eine Weile Kinder, die mir den Weg weisen. Soweit ich sie verstanden habe, kommen sie aus Südspanien und machen ihren Sommerurlaub hier. Das letzte Stück aufwärts auf dem Trampelpfad durch einen Wald ist extrem steil. Es ist der Berg, an dem Hape seinen Rucksack abgegeben und nur noch geflucht hat. Ich nehme es mit sportlichem Ehrgeiz und genieße, wie mir der Schweiß den Nacken und Rücken herunterrinnt. „Immer weiter", feuere ich mich selbst an, „nur nicht zum Stehen kommen". So überhole ich etliche Pilgerfreunde. Mein Rucksack macht mir bisher nicht zu schaffen, ich habe eher den Eindruck, er „trägt" mich.

Auch an mein übriges Outfit habe ich mich gewöhnt. Natürlich laufe ich immer, wie ich es mir vorgenommen hatte, in dem neuen VfL Trikot (seitdem ich es trage hat der VfL nicht mehr verloren, es war allerdings auch erst ein Spiel danach). Meine lichtempfindlichen Augen schütze ich mit einer Sonnenbrille. Die Kappe trage ich falsch herum, damit ich nicht wieder einen Sonnenbrand auf dem Nacken bekomme. Die Hosenbeine krempele ich je nach Bedarf rauf und runter. Die Boots, die ich mit Burkhard, Dietmar und Wolfgang im Sauerland ausprobiert habe, passen hervorragend; nicht zu vergessen die Wandersocken, die ich von meinem kleinen Bruder Stefan geschenkt bekommen habe und die grundsätzlich nicht gewaschen werden. Ich hatte im Rahmen meiner Vorbereitungen gelesen, dass es zur Blasenprophylaxe besser sei, die Socken feucht zu halten und niemals zu waschen (wahrscheinlich war es ein Satire – Magazin). Wenn ich sehe, wie intensiv sich die meisten Pilger morgens ihre Füße einbalsamieren, scheint es mir auch nicht so abwegig. Anderseits kommen mir allmählich Bedenken hinsichtlich der Hygiene. Mittlerweile stinken die Socken zum Himmel, aber auf Blasen kann ich gut verzichten. Manchmal hat man aber auch schwere Entscheidungen zu treffen! Wie auch immer, an gewisse olfaktorische Besonderheiten hat man sich auf dem Camino ohnehin zu gewöhnen.

Schweißgebadet komme ich oben in La Faba an und suche die schwäbische Herberge auf, an der mich ein etwas übellauniger Herbergsvater empfängt. Das Bergkaff hat höchstens 30 Einwohner, aber immerhin eine Bar, in der man sich herrlich erfrischen kann und gar nicht so üble Maccaroni bekommt. Florian aus München kommt vorbei und setzt sich kurz zu mir. In der Ecke steht sein blauer Rucksack, der nichts mit dem hier auf dem Camino sehr beliebten und modernen Deuter – Rucksack zu tun hat. Er erinnert mich an das Modell, das Rainer und ich Ende der siebziger Jahre mit in Indien hatten. Florian bestätigt, dass er wohl auch schon 30 Jahre auf dem Buckel hat.

Rainer und ich wollten nach unserem zweiten Studienjahr mit dem Nachtzug von Turin nach Rom fahren, um von dort aus nach Karachi zu fliegen. Wir wohnten damals außerhalb der Stadt auf den Hügeln, jenseits des Po`s. Unser Kommilitone Thomas Castedello brachte uns zum Bahnhof. Was beschließt man in Italien wenn man noch etwas Zeit hat? Pastaessen! Wir kannten uns inzwischen gut aus in Turin und suchten eine Osteria in der Nähe des Bahnhofes auf. Als wir kohlehydratgestärkt den Kofferraum des Autos öffneten, trauten wir unseren Augen nicht: Unsere Rucksäcke, über deren Inhalt wir wochenlang diskutiert hatten, waren verschwunden. Immerhin hatten wir noch zehn Minuten Zeit zu überlegen, ob wir zu Hause bleiben oder uns ohne Gepäck auf die Reise machen sollten. Wir fuhren. Da wir an einem Sonntag in Rom ankamen, gab es für uns nur auf dem Flohmarkt die Möglichkeit, noch ein paar Utensilien zu kaufen. So kamen wir zu dem besagten Rucksack, Modell Florian in rot, den wir noch mit zwei Handtüchern, zwei Badehosen und zwei Zahnbürsten bestückten. Erst nach sehr ausführlicher Leibesvisite durften wir die Sicherheitszone am Flughafen passieren.

Morgen werde ich in Galicien sein, nach Navarra, Rioja und Kastilien/León die letzte Provinz des Caminos. In meinem Reiseführer lese ich, dass es in Polen eine gleichnamige Provinz gibt. Neben mir sitzt der nette polnische Professor aus Kattowitz, der mit seiner mindestens einen Kopf größeren Frau läuft und den ich fast jeden Abend in derselben Herberge antreffe, in der ich übernachte. Den kann ich doch mal dazu befragen. Er antwortet mir: "As you know in 1772 Poland was divided in three parts, a Russian, a Prussian and an Austrian part and the Austrian part is called Galicia." Wusste ich das wirklich? Ich habe eher das Gefühl, dass da mal wieder jemand eine meiner vielen Bildungslücken offengelegt hat. Er empfiehlt mir noch ein Buch über die Geschichte von Polen: ‚God´s playground' von Norman Davies. Als ich höre, dass es über 1000 Seiten hat, hake ich es innerlich ab; so wichtig ist mir Polen dann auch wieder nicht.

In dem Moment, in dem ich gerade gehen will, setzen sich Sascha und Arne zu mir und spendieren mir noch ein Bier. Es sind nette Jungs aus Köln beziehungsweise

Düsseldorf. Mit Ende zwanzig haben sie nach ihrem Betriebswirtschaftsstudium ihren ersten Job angetreten. Arne arbeitet als Controller bei der Post in Bonn. Für ihn sind die finanziellen Machenschaften des Herrn Zumwinkel auch nicht nachvollziehbar, bei der Belegschaft muss er aber recht beliebt gewesen sein, da er den Laden erst einmal in Schwung gebracht hat und kein kalter Sanierer war.

Manchmal hat man den Eindruck, dass die Generationen hier miteinander verschwimmen, dann wiederum wird mir auch wieder bewusst, dass ich aus einer anderen Welt komme. Wir reden über die modernen Medien, E-Mail, SMS, Skype, etc. Ich gebe zu: Mein Basiswissen ist hier sehr überschaubar. Ich rüttele allerdings das Weltbild der beiden gehörig durcheinander, als ich ihnen mitteile, dass ich hin und wieder noch normale Briefe schreibe. „Wie, so richtig mit der Hand?", fragt mich Sascha und schaut mich dabei ganz ungläubig an.
Abends im Bett bin ich ein wenig traurig, seit drei Tagen habe ich keine Nachricht mehr von zu Hause bekommen. So, als ob Lara mein Flehen erhört hätte, schickt sie mir eine SMS. Alles o.k. zu Hause. Danke, Lara.

Kapitel 8
Tricastella
Donnerstag, 27. August 2009

Ich wache um halb fünf Uhr in dem großen Schlafsaal auf und kann nicht mehr einschlafen. Wo ist Helmut? Er könnte mir jetzt gut die Zeit vertreiben. Wie sich später herausstellt, ist er mit meinem MP3-Player in die Niederungen meines Schlafsackes heruntergerutscht. So denke ich mal wieder über den Camino und was er so mit mir anstellt, nach. Lange wird es ja auch nicht mehr dauern, bis die ersten Bekloppten in der Dunkelheit anfangen, ihre Sachen zu packen! Ich werde jedenfalls nicht losgehen, bevor es hell wird. Um Viertel nach sieben sitze ich als einer der letzten mit Verena in der Küche und schlürfe einen Tee gegen eine Spende. Verena ist vor einem Jahr aus ihrem sicheren Beamtenjob als Polizistin ausgestiegen und studiert jetzt Kunsttherapie in Bremen. Außerdem hat sie sich vor zwei Monaten von ihrem langjährigen Freund getrennt. Wie gesagt, jeder hat hier seine persönliche Geschichte und sucht irgendwie nach neuen Wegen.

Nachdem Verena weg ist, laufe ich mit der aufgehenden Sonne von La Faba in etwa 1000 Metern Höhe weiter hoch in Richtung O`Cebreiro mit traumhaftem Blick auf die in den unterschiedlichsten Grüntönen erleuchteten Berge, die mich an die philippinischen Reisterrassen erinnern. An dem Grenzstein nach Galicien treffe ich Verena wieder. Sie fragt: "Wie lange musst du noch bis zur Rente?" Ich schaue mich um. Keiner da, außer mir. Sie meint ja wohl nicht mich? Das sind doch noch Lichtjahre hin, bis ich soweit bin!

Nicht immer ist eine Grenzüberschreitung so einfach. Als ich vor 28 Jahren nachts mit dem Bus die Grenze von Yucatan in Mexiko nach Belize überschreiten wollte, gab mir der schwarze Grenzbeamte mit finsterer Miene zu verstehen, dass ich ohne Visum keine Chance hätte, nach Belize einzureisen. Er schob mir meinen Pass wieder zurück. Ich hatte aber überhaupt keine Lust, meine Reise hier zu unterbrechen und mir im 300 km entfernten Merida ein Visum zu besorgen. Der Busfahrer signalisierte mir, dass ich irgendetwas unternehmen müsse. So legte ich ein paar Dollarscheine in den Pass und war mir bewusst, dass ich entweder durchkommen würde oder auf unbestimmte Zeit Kost und Logis im früheren British Honduras frei hätte. Mit zittriger Hand schob ich dem Grenzer erneut den Pass herüber und hatte mal wieder Glück. „It´s no Problem", strahlte er mich mit seinen glänzenden weißen Zähnen an. „You can go".

Ich laufe mit Verena zusammen bis O'Cebreiro. Es ist der erste Ort der autonomen Provinz Galicien. Man sieht eine Anzahl der traditionellen Pallozas, runde oder elliptische Holzbauten, über die sich ein hölzerner Dachstuhl mit weit heruntergezogenem Strohdach wölbt. In der Kirche des Ortes ergab sich der Sage nach ein Blutwunder. Ein Mönch las die Messe. Ein einziger Bauer war anwesend, er hatte sich den steilen Weg heraufgequält. Der Mönch dachte sich, dass der ein Esel sein müsse, der so einen Weg für ein bisschen Brot und Wein zurücklegte. In diesem Augenblick verwandelte sich die Hostie in Fleisch und der Wein in Blut.

Verena und ich begegnen in einer Bar einer Familie mit vier kleinen Kindern. Der Vater ist Belgier, die Mutter aus Galicien. Sie haben sich vor zehn Jahren auf dem Camino kennengelernt. Wir suchen die kleine Kirche auf, in der ein deutscher Priester eine Messe hält, was Verena für ein Zeichen hält. Sie folgt dem Gottesdienst, während ich weiterziehe über sanfte Hügel und an satten, grünen Wiesen entlang, auf denen glückliche Kühe in den Tag hinein dösen. Die ganze Szenerie erinnert irgendwie an die Schweiz. Eigentlich soll es ja sehr viel regnen in Galicien. Ich vermisse den Regen aber nicht wirklich. Auch heute darf ich blauen Himmel und strahlenden Sonnenschein genießen. Unterwegs begegne ich zwei älteren amerikanischen Männern, die mich bitten, ein Foto von ihnen zu machen. So zärtlich, wie die beiden sich in den Arm nehmen, und so verliebt, wie sie sich anschauen, wundert es mich nicht, dass sie aus San Francisco kommen.

In Alto do Poio treffe ich auf Sascha, Arne und die heiligen Zicken. Ich trinke heute mal eine eiskalte Cola statt Milchkaffee, die Jungs sind schon beim Bier angelangt. Meinem Outfit füge ich ein blaues Seidentuch hinzu, da mein Nacken trotz Basecap nicht von den heißen Strahlen der Sonne verschont bleibt. Lara hat zwar gesagt, dass es ein bisschen weibisch aussähe, aber von den heiligen Zicken bekomme ich spontanen Applaus.

Sechshundert Höhenmeter laufe ich runter bis Tricastella, eine ernsthafte Belastungsprobe für meine Knie. Ich betrete das hübsche Örtchen erschöpft, aber glücklich, mein Tagesziel erreicht zu haben, zumal die freundlich winkenden Hände Bela`s mir einen sehr angenehmen Empfang bereiten. Ohne große Probleme finde ich eine sympathisch wirkende, moderne Herberge, die mit ihren warmen Holzverkleidungen Wohlfühlatmosphäre ausstrahlt. Ich nutze das umfangreiche Equipment für einen Großwaschtag. Gegen fünf Uhr habe ich mir dann mein erstes Bier verdient.

Vor einem der vielen Lokale auf der schmalen Hauptstraße, verträumt in der Abendsonne sitzend, sehe ich Matthias gedankenversunken an mir vorbeilaufen. Meine Einladung zu einem gemeinsamen Willkommenstrunk nimmt er gerne an. Es ergibt sich ein vertiefendes Gespräch und so ist es kein Wunder, das aus einem Bier etliche werden. Dabei bekomme ich ein ganz anderes differenzierteres Bild von ihm. Die laute extrovertierte, dominante Seite wird durch eine reflektierte, ehrliche und verletzliche Seite bereichert. Matthias arbeitet zur Zeit in einem Hotel und möchte demnächst eine psychologische Praxis eröffnen. Die Planung erfüllt ihn mit vielen Ängsten. Er ist dankbar für unseren offenen Austausch und die Buchtipps, die ich ihm geben kann.

Abends bekomme ich eine SMS von meinem Bruder Stefan aus Hamburg. Er hat einen Festpreis für die behindertengerechten Umbauarbeiten des Schreiners erreicht. Hoffentlich kann Papa die Umbauarbeiten noch lange genießen. Es sind ja nur noch sechs Jahre bis er hundert wird.

Kapitel 9
Sarria
Freitag, 28. August 2009

Wow! War das wieder ein Tag, und er ist noch nicht zu Ende! Hier in Sarria werde ich um halb fünf empfangen mit den Worten, „Die Unabsteigbaren kommen". Nachdem ich meinen Rucksack in der Herberge abgelegt habe, lasse ich mich vor einer Bar nieder, um mich meinen Tagebuchaufzeichnungen zu widmen. Ich bin der einzige Gast draußen, als sich der nette polnische Professor zu mir herüberbeugt und meint, er beneide mich, da ich immer von „such nice girls" begleitet werde. Ich bedanke mich höflich und fühle mich sehr geehrt. Aber so ganz unrecht hat der Weise aus dem Osten ja nicht.

Mein Magenknurren signalisiert mir, dass ich heute noch nichts gegessen habe außer einem kleinen Stück trockenen Kuchen, das mir Kerstin abgegeben hatte, Ich habe es schlichtweg vergessen. Offensichtlich verleiht einem der Camino so viel Energie, dass es auch ohne die Aufnahme von Kalorien geht.

Heute Morgen habe ich es erst einmal wieder ganz langsam angehen lassen. Da mich keiner rausgeschmissen hat, war ich der letzte, der gegen halb zehn die Herberge verlassen hat. Kurz vor mir ist Kerstin aufgebrochen, nachdem sie in einer langwierigen Prozedur ihre maladen Knie bandagiert hatte. In Tricastella gibt es zwei Möglichkeiten weiterzulaufen, die eine geht am Kloster Samos vorbei und ist kulturhistorisch interessant, die andere verläuft über landschaftlich schönere Wege. Ich entscheide mich nach den Erfahrungen in León für die zweite Variante. Nach ein paar hundert Metern treffe ich Kerstin, langsam laufend, in einem Waldstück. Sie ist Lehrerin für Spanisch und Englisch in Wien, seit Burgos unterwegs. Sie hat also die Mesetta durchquert, den Abschnitt zwischen Burgos und León, den alle wegen der Eintönigkeit und Hitze als so anstrengend empfunden haben.

Kerstin erzählt, dass sie als Austauschschülerin in Nicaragua gewesen ist. Als ich ihr sage, dass ich vor knapp 30 Jahren in Managua und León war und die Zeit nach der Revolution dort erlebt habe, bombardiert sie mich mit Fragen. „1979 bin ich geboren", sagt sie, „Du bist der erste, der mir authentisch aus dieser Zeit berichten kann". Ich muss ihr ein präzises Bild von Managua zeichnen, das nach dem verheerenden Erdbeben immer noch in Schutt und Asche lag. Ebenso will sie alle Details von meiner Begegnung mit dem Sandinisten aus der vordersten Front in León erfahren.

Wir diskutieren über Revolution und Konterrevolution und kommen irgendwann vom Weg ab.

Diesmal erwartet mich jedoch eine einzigartige mystische Geschichte. Wir landen vor einem heruntergekommenen alten Landhaus, vor dessen Tor uns ein Typ hereinbittet, der mit seiner rötlich gefärbten Gesichtshaut, seinen langen pechschwarzen Haaren und seiner kräftigen Statur als Apachenhäuptling einem Indianerfilm entsprungen sein könnte. Vor dem Schuppen sehe ich eine Schüssel mit Kies und Wasser. Wäscht der Indianer hier etwa Gold? Er erklärt uns, dass er Steine sucht, die Mineralien auswäscht und mit Quecksilber herauslöst. Überall im Haus hängen prächtige Mosaike an der Wand, die er aus den Mineralien angefertigt hat. Auf einem Tisch sieht Kerstin ein ovales Gebilde, das sie an ein Ufo erinnert. „Ja", sagt der Apache vollen Ernstes, vor einigen Jahren sei er in Fuerteventura von Alliens entführt worden, der eine sah aus wie ein Israeli, der andere wie ein Chinese. Sie seien keineswegs aggressiv gewesen, hätten ihn anständig behandelt und irgendwann wieder zurückgebracht. Der Indianer spricht langsam und gut verständlich. So bekomme ich mehr mit als üblich. Der Spanischlehrerin bleibt natürlich nicht verborgen, dass ich mein Spanisch gelegentlich mit italienischen Vokabeln garniere. In einer Ecke sehe ich eine Pfeife liegen. Ich biete dem Indianer meinen Tabak aus Bocholt an. „Das trifft sich gut", meint er. Mein Tabak ist gerade zur Neige gegangen". Er schlägt vor, eine Pipa de la Paz (Friedenspfeife) zu rauchen. Das lasse ich mir nicht zwei Mal sagen. Soviel Zeit muss sein. Er erzählt von seinen Erfahrungen in Südamerika, unter anderem von Patagonien, Bolivien und Cusco und da Kerstin auch viel in Südamerika unterwegs war, gibt ein Wort das andere.

Der Indianer bietet uns Wein und Likör an – natürlich aus eigener Herstellung. Kerstin entscheidet sich für den Wein, ich möchte den selbstgebrannten Likör testen. Giftgrüne Farbe und erste Geruchsprobe lassen mich zweifeln, ob meine Wahl richtig war, aber unhöflich will ich jetzt auch nicht sein. Also kippe ich das Zeug herunter und hoffe, dass ich es überlebe. Am Ende schenkt der Indianer jedem von uns einen Stein, der natürlich ein Miracolo enthält, auf das wir gespannt sein dürfen. Meinen Kummerstein bin ich am Cruz de Ferro losgeworden, jetzt habe ich einen neuen Stein im Rucksack. Unser Gastgeber bringt uns zur Pforte und weist uns den Weg auf den Camino zurück.

Wir wandern über wunderschöne Feld- und Waldwege durch eine Landschaft, die mich an den Allgäu erinnert. Ich erfahre von Kerstin, dass es auch in Italien Pilgerwege gibt, die jedoch logistisch nicht mit dem Camino vergleichbar seien. Im letzten Jahr habe sie mit ihrer Schulklasse einen Ausflug über den Pilgerweg nach Assisi gemacht.

Sie erwähnt, dass sie sich in ihrer Unabhängigkeit eingeschränkt fühlt, da sie wegen einer Schilddrüsenerkrankung Thyroxin einnehmen muss. Auf meine Frage, ob es erblich bedingt ist, erzählt sie mir eine unglaubliche Geschichte. Ihre Mutter sei an der Schilddrüse operiert worden und habe danach nicht mehr sprechen können. Im Zusammenhang mit Schilddrüsenoperationen ist das keine untypische Komplikation. Mehr als ein Jahr sei ihre Mutter ohne Erfolg bei etlichen Spezialisten vorstellig geworden. Da ihr keiner helfen konnte, habe sie sich schließlich damit abgefunden, stumm zu bleiben. Die Eltern besaßen ein Lebensmittelgeschäft. In dieser Zeit führte ihre Mutter die Kommunikation mit den Kunden über kleine Zettelchen, die über die Theke hin und hergeschoben wurden. Als Kerstin im Alter von etwa drei Jahren im Garten an einem Wasserbehälter spielte und kopfüber hereinzustürzen drohte, stand ihre Mutter am Fenster und schrie plötzlich: „K E R S T I N !" Von diesem Moment an habe sie wieder sprechen können.

Magisch, aber nicht unglaubwürdig, Eine sehr ähnliche Geschichte habe ich kürzlich in dem autobiographischen Roman des Schriftstellers Hanns Ortheil gelesen. („Die Erfindung des Lebens")

„Es grünt so grün, wenn Spaniens Blüten blühen", singt Eliza Doolittle in dem Musical My Fair Lady! Wahrscheinlich meinte sie Galicien. In der Tat: Die Farbe Grün dominiert in dieser Autonomen Provinz Spaniens. Grüne Weiden, grüne Felder, grüne Wiesen, grüner Wald. Nur das Gestein ist grau (Schiefer) oder rötlich(Granit). Abstriche muss man allerdings bei den Blüten machen, nicht nur, was ihre Präsenz angeht, sondern auch, was den Duft der Landschaft betrifft. Dominierend ist eher der Geruch von Gülle, denn in Galicien wird eine intensive Rindermast betrieben, der alle anderen Produktionsziele untergeordnet sind. Man könnte auch ganz einfach sagen: Es stinkt! Dagegen scheint der Duft meiner Socken geradezu an ein Eau de Cologne zu erinnern. Die überwiegend bäuerliche Bevölkerung in Galicien wirkt eher zurückhaltender, wortkarger als die Kastilianer. Ihre Sprache erinnert mehr an Portugiesisch als an Spanisch. Ich verstehe jedenfalls kaum ein Wort.

In Sarria verabschiede ich mich herzlich von Kerstin. Sie steht aufgrund ihres gebuchten Rückflugtermins etwas unter Zeitdruck und will noch ein, zwei Orte weitergehen.

Auf einem belebten Platz leiste ich mir ein Pilgermenü für acht Euro. Eine Hochzeitsgesellschaft feiert ausgelassen und tanzt zu einer spanischen Musikgruppe. Irgendwann pusten alle Seifenblasen in die Luft, ein Ritual, das ich noch nicht kannte. Am Nachbartisch sitzen zwei Italienerinnen. Für einen Moment überlege ich, mich noch dazuzusetzen. Heute Abend habe ich jedoch keine Lust mehr auf Konversation, schlage selbst die Einladung des Herbergsvaters zum Lagerfeuer aus und falle bald in einen tiefen Schlaf.

Kapitel 10
Gonza
Samstag, 29. August 2009

Erneut bin ich heute Morgen der Letzte in der Herberge. Mit mir ist noch ein Rentner aus Norddeutschland da, erkennbar an dem sympathischen Akzent. Auf die Frage, woher er kommt, antwortet er: „Aus Santiago!" Scherzkeks! Ich will nicht wissen, wohin er will, sondern woher er kommt! Gerade möchte ich meine Frage präzisieren, da fügt er im nächsten Moment hinzu: „Irgendwann muss ich den Weg doch mal wieder zurücklaufen!"

Ich jedenfalls will erst einmal in den nächsten Tagen in Santiago ankommen. Das sollte bei meinem bisherigen Pensum wohl zu schaffen sein, auch wenn ich ab Sarria mit dem ein - oder anderen Stau rechnen muss. In Sarria ist die letzte Gelegenheit, sich einen Pilgerpass und damit den Status eines Fußpilgers zuzulegen, denn wie die Regel besagt, sind die letzten 100 km am Stück per pedes zu absolvieren, um in Santiago die Compostela zu erhalten. Die Stadt ist somit noch einmal ein beliebter Einstiegsort für Jakobspilger, was die Erwartung mit sich bringt, dass die Zahl der Fußpilger sich hinter Sarria beträchtlich erhöhen dürfte. In der Überzahl handelt es sich bei den Neuankömmlingen aber wohl um Teilnehmer organisierter Pilgerreisen, die mit leichtem Gepäck, Bustransfer und vorgebuchten Hotels unterwegs sind, was die Aussicht auf einen Platz in einer Herberge somit nicht schmälern sollte.

Der Weg aus Sarria führt mich nach einem kräftigen Anstieg durch einen Laubwald mit herrlichen alten Eichen. Ich passiere kleine, von der Landwirtschaft geprägte Dörfer, die mich mit ihrer speziellen Umgebung, mit den Tieren und den Gerüchen an meine Ferien als Kind im Paderborner Land erinnern.

Ich bin froh, heute wieder mit mir allein zu sein. Von den angekündigten Pilgerprozessionen ist noch nichts zu sehen. Im Gegenteil, abseits von Industrie und Straßenlärm, von keinem einzigen Menschen weit und breit umgeben, kann ich mich ungestört auf mein Kopfkino einlassen. Ich spüre, wie sich meine Augen mit Tränen füllen. Meine Gedanken sind bei Benjamin. Ich sehe mich vor seinem Grab in Suderwick stehen, das ich jedes Jahr im Februar mit Carlo aufsuche.

Bei Moimentos finde ich einer Oase gleichend ein traumhaftes Café mitten in der Pampa mit einem unglaublich friedlichen Ambiente: Blick auf grüne Wiesen und Hügel, ein paar grasende Kühe, unaufdringlich klassische Musik im Hintergrund, ansonsten nur Ruhe. Hier muss ich mir einfach eine längere Pause gönnen. Zum ersten Mal ziehe ich meine Schuhe aus, da mein rechter Unterschenkel heute bei jedem Schritt schmerzt. Äußerlich ist nichts Besonderes zu sehen, wahrscheinlich eine Sehne, die überreizt ist. Ich lege mein Bein eine Weile hoch und genieße die herrliche Stille.

Gegen drei Uhr komme ich in Portomarin, einer kleinen Stadt an einem Stausee an. Es ist ein beliebter Standort für eine Übernachtung. So richtig werde ich mit dem mit vielen Pilgern und wenigen Nichtpilgern gefüllten Städtchen nicht warm. Es ist mir zu unruhig hier. Ich bevorzuge es, lieber in einem kleinen Dorf zu übernachten. Das nächste mit einer Herberge ist Gonzar, etwa acht Kilometer entfernt, das heißt, noch knapp zwei Stunden in der glühenden Hitze weiterwandern. Auch wenn ich die Schmerzen an meinem Schienbein immer stärker spüre – ich will weiter! Die Befürchtung, später keine Bleibe mehr in einer Herberge zu finden, habe ich nicht mehr. Bisher war immer ausreichend Platz da.

Als ich dann gegen fünf Uhr erschöpft vor der Granitsteinherberge in Gonzar stehe, ist auch heute wieder dieses wunderbare Gefühl da, angekommen zu sein. Und dann erwartet mich wie immer dieser phantastische Moment, wenn die goldgelben, frischgezapften, eiskalten Elektrolyte vor mir stehen. Ich bin fest davon überzeugt, die habe ich mir jetzt verdient!

Sascha, Arne und die heiligen Zicken (sorry, eigentlich sind sie nette Wegbegleiterinnen) sind auch schon da. Das Phänomen, Menschen wiederzutreffen, die man ein paar Tage zuvor kennengelernt hat, ist hier auf dem Camino sehr ausgeprägt, ich kenne es auch von meinen früheren Reisen. Einige Begegnungen waren recht außergewöhnlich.

Auf einem Flug von New York nach Berlin lernte ich Stefanie, eine Studentin aus Nürnberg kennen. Fünf Jahre später saß ich in der Lobby eines Travellerhotels in Manila, das von einem Schweizer Paar geführt wurde. Während ich in meinem Reiseführer über Philippinen blätterte, nahm ich beiläufig eine weibliche Stimme mit fränkischem Zungenschlag wahr. Ich sah auf und blickte in das hübsche Gesicht von Stefanie. Über den weiteren Verlauf des Abends breite ich diskret den Mantel des Schweigens aus.

Den Grand Canyon lief ich als Student während meiner USA - Reise mit einem jungen Mann herunter, der etwa in meinem Alter war. Seinen Namen habe ich leider vergessen, was ich aber nicht vergessen habe, ist, dass es sich bei ihm um einen Schwager des Sängers handelt, dessen musikalische Omage an die Stadt Bochum uns vor jedem Spiel des VfL Gänsehautfeeling sichert. Sechs Jahre später sitze ich in einer Kneipe in der Bochumer Innenstadt und traue meinen Augen nicht, als mein Begleiter in Arizona das Lokal betritt. Ich bin verblüfft, dass er auch mich sofort erkennt und mich begrüßt, als würden wir jeden zweiten Tag hier im Bermudadreieck gemeinsam versinken.

Im Dschungel von Malaysia trafen Rainer und ich vier Studenten aus Mönchengladbach. Auf einem Hochsitz warteten wir darauf, wilde Tiere in der Dunkelheit zu erspähen. Natürlich waren wir viel zu laut, als dass sich irgendein Tier in unsere Nähe gewagt hätte. Plötzlich raschelte es im Gebüsch. Gespannt schauten wir alle in die Richtung. Einer aus unserer Gruppe fehlte. Daniel hatte sich heruntergeschlichen und machte uns den Tiger.
Zehn Jahre später beobachtete ich an einer Bar in der Dominikanischen Republik einen großen, kräftigen Mann mit einem speziellen Sprechduktus und ausfahrenden Handbewegungen. Ich hatte so eine Ahnung und fragte einfach mal unvermittelt: „Bist Du Jo aus Malaysia?" Er war es! In den folgenden Jahren entwickelte sich eine vertiefende Freundschaft zwischen uns. Wenn es juristischem Klärungsbedarf bei mir gab, konnte ich mich bisher immer auf Jo verlassen.

Als ich abends in der Herberge mit ein paar Leuten am Tisch sitze, erzählt Katja, dass sie in der Rioja eine junge Deutsche - Tessa oder so ähnlich – kennengelernt habe, die einige Wochen zuvor an der ProSieben-TV-Serie Germany`s next Topmodel teilgenommen hat. Sie hatte ihrer Schwester in einem Streit Pfefferspray ins Gesicht gesprüht, worauf diese sie anzeigte. Der Richter verdonnerte sie zum gemeinsamen Bußgang auf dem Jakobsweg. So stolzierte sie mit ihrem Handtäschchen – das Gepäck ließ sie sich natürlich nachschicken – auf dem Camino, den sie wohl mit dem Laufsteg verwechselte.

Helmut Schmidt lässt sich heute passend zum Thema über Ethik, Moral, Anstand, Respekt und Achtung aus. Er erzählt von seiner außerordentlich tiefen Beziehung zu Anwar el Sadat und dem Verbindenden der Weltreligionen. Der Exbundeskanzler ist sicher, weder Martin Luther, noch der Papst wären mit seiner Einstellung zur Kirche zufrieden gewesen, zwei Gebete hätten ihn aber immer schon nachhaltig beeindruckt: Das erste sei das `Vaterunser`und das zweite ein Gebet des amerikanischen Predigers Reinhold Niebuhr:

„Gib mir die Gelassenheit, Dinge zu akzeptieren, die ich nicht ändern kann, gib mir die Kraft, Dinge zu verändern, die ich verändern kann und gib mir die Weisheit, beides voneinander zu unterscheiden."
Wahrscheinlich kann man eine humane Lebensmaxime knapper nicht besser zum Ausdruck bringen. In seiner Aussage erinnert es mich im Hinblick auf ein respektvolles Zusammenleben der Menschen an den kategorischen Imperativ Immanuel Kant's.

Kapitel 11
Palas de Rei
Sonntag, 30. August 2009

Auch heute Morgen genieße ich es, den Tag ohne Hektik zu beginnen. Nachdem alle Gäste längst verschwunden sind, setze ich mich auf das bequeme Sofa in der Lobby, trinke meinen ersten Café con Leche und widme mich meinem Tagebuch. Ich möchte die einzigartig schöne Atmosphäre dieser Herberge noch etwas auskosten. Um neun Uhr bin auch ich wieder unterwegs.

Obwohl es nur leichte An- und Abstiege gibt, fällt mir das Laufen heute noch schwerer als gestern. Der rechte Unterschenkel schmerzt bei jeder Bewegung und in der Magengrube grummelt`s auch irgendwie. Ein Spanier, der mich überholt, fragt mich warum ich so komisch laufe. Ich kann es ihm leider auch nicht erklären. Gestern habe ich in Portomarin Füße gesehen, bei deren Anblick man selbst als Arzt schlucken muss. Diese Pilger laufen teilweise auf dem rohen Fleisch. Damit habe ich zu Glück nichts zu tun. Was gibt es da also zu jammern?!

Ich erfreue mich lieber an der schönen Landschaft, die von Heidekraut überzogen ist und entdecke gelegentlich die sogenannten Castros – Ruinen von auf Hügeln gelegenen Befestigungsanlagen aus der Zeit der Kelten, die im sechsten Jahrhundert vor Christus nach Galicien gelangten. Sie kamen aus Mitteleuropa und gehörten zu den indoeuropäischen Stämmen. In Galicien gründeten sie die Cultura Castrena, die Hügelfestungskultur. Später in Santiago wird mir auch der immer noch sehr ausgeprägte Einfluss der keltischen Musik mit ihren speziellen Musikinstrumenten gegenwärtig. Der römische Einfluss in Galicien zeigt sich in dem von den Römern gebauten Straßen- und Brückennetz. Die Eroberung Galiciens und die Unterwerfung der keltischen Bevölkerung wurde von Julius Cäsar angeführt.

Jetzt, wo ich jeden Meter in den Knochen spüre, wird mir bewusst, wie selbstverständlich man es oft hinnimmt, gesund zu sein. Die Einheit von Körper und Geist, mens sana in corpore sano, Yin und Yang – die Ausrichtung des Lebens auf dieses Ziel hin, ist mir immer mal wieder klar geworden. Das, was ich hier als Bereicherung erfahre, ist die Verbindung von Seele und Körper mit der Natur. In Santiago werde ich mir ein Armband mit einem keltischen Zeichen kaufen, was genau diese Einheit symbolisiert. Als Stadtmensch, der ich in Herne aufgewachsen bin und später in großen Städten, wie Turin, Bologna und Berlin gewohnt habe, bin ich mit den Schönheiten der Natur nur am Rande in Berührung gekommen. Meine Eltern haben mir viel beigebracht, aber in dieser Hinsicht war ihr Interesse und ihr Einfluss auch begrenzt. In dem Dorf Lestedo will ich mich gerade vor einer Bar niederlassen, da stürzen drei reifere Damen auf mich zu mit den Worten „Datt gibt's doch gar nicht, da läuft der mit dem neuen VfL-Trikot hier auf dem Camino!" Wie sich herausstellt, ist eine von ihnen Hardcore-Fan und hat das letzte Spiel in Bochum gegen Hertha auf der Tribüne verfolgt. So bekomme ich eine ausführliche Spielanalyse und von jedem Spieler eine Einzelkritik. Mit allen zur Verfügung stehenden Kameras machen sie Fotos von mir und meinem Trikot. Die bringen es noch fertig und veröffentlichen mein Bild im nächsten VfL– Echo! In einer soziologischen Fanstudie las ich einmal, dass es leichter ist, seinen Partner zu verlassen, als seinen Verein zu wechseln, oder um es mit dem Super-Macho und früheren argentinischen Nationaltrainer Caesar Luis Menotti zu sagen: „Du kannst mehrere Frauen haben, aber nur einen Club." Noch drastischer drückte es der geniale irische Nationalspieler George Best aus: „Football is not a question of life or death, it's more important!"

Ich entschließe mich, heute nach siebzehn Kilometern in Palas de Rei Schluss zu machen und meine Beine hochzulegen. Mein rechter Unterschenkel sieht nicht gut aus: Geschwollen, gerötet, leicht überwärmt. Ich werde mir doch wohl nicht ein Erysipel (Wundrose) eingefangen haben? Für den Fall der Fälle habe ich Penicillin in meiner Notfall-Apotheke! Auch wenn die Herberge direkt am Zentralplatz der Stadt kein besonderes Flair ausstrahlt – meinem Bein wird die frühzeitige Ruhe auf dem Bett hoffentlich soweit dienlich sein, dass es mich morgen beim Wandern nicht im Stich lässt.

Kapitel 12
Rabadiso
Montag, 31. August 2009

Gestern Abend bin ich bereits um halb zehn eingeschlafen, so dass ich nach einer ruhigen Nacht um sechs Uhr putzmunter bin. Ich entschließe mich daher heute Morgen mal wieder früher, das heißt um sieben Uhr, noch im Dunkeln loszugehen.

Es kommt, wie es kommen muss: Nach ein paar hundert Metern weiß ich nicht mehr, ob ich rechts, links oder geradeaus weiterlaufen soll. Ich setze mich auf einen Stein und weiß nicht so recht, wie es weitergehen soll. Vielleicht warte ich einfach ab, bis es hell wird. Unverhofft kommt die Erleuchtung. Wie eine vom Himmel gesandte steht plötzlich Verena vor mir. Als ehemalige Polizistin kennt sie natürlich den Weg und so lass ich mich vertrauensvoll von ihr leiten. Außerdem ist mein Bedarf an Schweigeminuten in den letzten Tagen erst einmal wieder gedeckt und ich freue mich auf eine Unterhaltung. Mir fällt auf, dass Verena ihr Augenbrauenpiercing nicht mehr trägt. Sie habe es heute Nacht verloren, sagt sie. Ohne gefällt sie mir besser, aber ich verkneife mir meinen Kommentar dazu.

In einem Café treffen wir Markus und Tina, Studenten aus Freiburg. Wir beschließen in der avisierten Herberge in Ribadiso zusammen zu kochen. In Melide, einer größeren Stadt, kaufen wir im Supermarkt jede Menge Zutaten für das geplante Menü ein. Leichter wird der Rucksack dadurch auch nicht gerade. Bei herrlichem Wetter wandern wir durch Mischwald mit Nadelbäumen, Eukalyptus und anderen Laubbäumen. Meinem Bein geht es heute viel besser. Das Grummeln im Magen hat sich auch verzogen. Ich freue mich riesig auf die Spaghettata heute Abend.

Markus und ich nehmen die letzten km zur Herberge sportlich, powern uns noch mal richtig aus. Mit einem kühlen Bier in der Hand warten wir vor diesem Traum von Schlafstätte aus Naturstein auf die Mädels. Das Idyll liegt eingebettet von saftig grünen Wiesen, durch die ein Flüsschen plätschert, an einem ruhigen Feldweg.

Bei der Anmeldung antworte ich auf die obligatorische Frage nach dem Alter mit veinticuatro. „Vierundzwanzig?" fragt Verena grinsend. Sie meint, jetzt übertreibe ich aber. Ich erschrecke selbst vor meinem dreisten Versprecher. Verursacht durch das Zusammensein mit so vielen jüngeren Menschen hatte ich eher mein gefühltes Alter angegeben. Als Bela, Matthias und Malte noch dazukommen, ist die Stimmung ausgelassen. Wie die kleinen Kinder toben wir in dem eiskalten Fluss.

In der Küche müssen wir improvisieren, da es nur einen Topf gibt. Von den Italienern leihen wir uns Geschirr aus. Malte, ein hünenhafter cooler Norddeutscher aus Kiel und ich übernehmen das Kochen. Wir verarbeiten nacheinander alle eingekauften Zutaten: Knoblauch, Zwiebeln, Pilze, Chorizo, Tomaten und verschiedene Gewürze. Trotz der eingeschränkten Bedingungen kriegen wir ein schmackhaftes Essen hin. Zum ersten Mal auf meiner Reise hier können wir Spagetti al dente genießen. Den Spaniern scheint das kein besonderes Anliegen zu sein.

Die Italiener holen die Gitarre heraus, wir singen gemeinsam und vernichten einige Flaschen Rotwein, der auch im günstigen Preissegment ausgezeichnet mundet. Ich fühle mich auf wundervolle Weise in meine Studentenzeit zurückversetzt. Malte erzählt mir aus seinem noch kurzen Leben. Nach dem Abitur habe er für ein paar Monate auf einem Bauernhof in Irland gearbeitet. Danach sei er nach Spanien gegangen, um sich an der Costa Brava in einem Hotel zu verdingen. Ich bin sicher, die Erfahrungen, die er dort gemacht hat, sind für ihn mehr wert, als wenn er ein Jahr früher mit dem Studium fertig werden würde.

Das war heute ein ganz besonderer Tag. Grazie, Dio.

Kapitel 13
Pedrouzo – Arca
Dienstag, 1. September 2009

Verena, Malte und ich laufen heute einundzwanzig Kilometer. Langezeit gehen wir schweigend nebeneinander, dann kommen wir wieder ins Gespräch. Von Verena erfahre ich Interessantes über die Waldorfpädagogik, da sie sie einige Zeit in solchen Schulen praktiziert hat. Als wir bei der Politik angelangt sind, wird auch unser Wikinger munter. Als fleißiger Spiegel-Leser ist das sein Thema und so diskutieren wir über die anstehenden Wahlen, mögliche Koalitionen in Thüringen und im Saarland, über die Porsche/ Piëch – Dynastie sowie über das Volkswagengesetz. Gemächlich gehend überholen wir einen alten Mann mit einer ausgeprägten Elephantiasis, der sich mit einem riesengroßen Rucksack über den Camino schleppt.

Malte erzählt von einem französischen Geschäftsmann, den er auf dem Camino getroffen habe: Von einer Geschäftsreise zurückkommend fand er sein Haus von Frau und Kindern verlassen vor. Er habe sein ganzes Vermögen karikativen Verbänden gespendet und laufe seit zwei Jahren den Camino rauf und runter.

In den Wäldern riecht es intensiv nach Eukalyptus. Malte klärt uns auf, dass die Galicier die Eukalyptusbäume vor Jahren auf Grund ihres schnellen Wachstums zum Aufforsten aus Australien importiert haben. Sie seien mittlerweile zur Plage geworden, da sie mit ihrer über- und unterirdischer Verbreitung anderen Pflanzen keinen Lebensraum bieten und sogar die Wasserversorgung gefährden. Wir fragen uns, warum sie nicht gleich die niedlichen Koalas mitgebracht haben, wie mein Bruder Marcus und ich sie auf unserer Australienreise schlapp und narkotisiert auf den Bäumen hängend gesehen haben.

Gelegentlich erspähen wir die für Galicien typischen Horreos. Diese dienen als Maisspeicher und sind schmale, längliche Kästen mit durchbrochenen Wänden, die Luft hereinlassen und so das Verschimmeln verhüten – in der feuchten Luft Galiciens wäre Mais bald verdorben, ließe man ihn unter Luftabschluss.

Mir kommt mit ausgestreckten Armen freudestrahlend ein älterer Mann entgegen. Gerade noch seinen Irrtum erkennend, klärt er mich auf, dass er mein Trikot mit dem des Fußballvereins der Hauptstadt Galiciens Deportivo La Coruña verwechselt hat. Die haben schon in der Champions-League gespielt. Da wollen wir mit dem VfL auch noch hin. Ich fürchte, wir müssen uns da noch etwas gedulden..

Um halb zwei erreichen wir unsere Herberge in Pedrouzo. Der Reiseführer schreibt: ‚Mit zunehmendem Eintreffen der Pilgerströme verlieren die sanitären Anlagen im Laufe des Tages an Attraktivität'. Die Charakterisierung erscheint mir nicht unzutreffend. Es ist aber die Ausnahme. Die meisten Herbergen sind hygienisch ok.

Kapitel 14
Santiago de Compostela
Mittwoch u. Donnerstag, 2./3. September 2009

Es ist geschafft! Die Stimmung ist überwältigend. Das letzte Stück von Pedrouzo nach Santiago laufe ich mit Verena und dem blonden Hünen. Wir passieren Labacolla, wo sich die Pilger im Mittelalter noch einmal gewaschen haben, bevor sie Santiago betraten. Vor einem Café sehen wir Matthias, das Alphatier, wie er sich mit einer Gruppe Spanier gemeinsam zu einem Foto stellt. „Sing es noch einmal, Matthias", fordern ihn die Leute immer wieder auf. Ohne sich lange bitten zu lassen, schmettert er mit seiner sonoren Bassstimme: „I´m too sexy for your love", als wäre der Song eigens für ihn geschrieben worden. Ihn kennt hier scheinbar jeder Pilger.

In Monte Gozo, fünf km vor Santiago, lassen wir Malte an einem überdimensionalen Papstdenkmal in einer Riesenherberge, die aus Anlass des Besuches von Papst Johannes Paul II. erbaut wurde, zurück. Gestern war irgendwie zu spüren, dass alle erwartungsfroh und erschöpft ankommen wollen.

Das Einlaufen durch die Vororte von Santiago geschieht mit einer eher indifferenten Stimmung. Ich fühle mich leer. Als wir das beeindruckende Zentrum von Santiago betreten, spricht mich eine ältere Frau an, die mir eine Unterkunft vermitteln möchte. Ich bekomme ein Zimmer für mich ganz allein in einem dieser altehrwürdigen Häuser in der Innenstadt mit knarrender Holztreppe, Stuck an der Decke und Dielenboden. Alles tipp-topp sauber.

Was für ein Gefühl! Endlich die qualmenden Socken entsorgen, ein erfrischendes Bad nehmen, ausschlafen, keine betriebsame Hektik morgens um sechs Uhr. Zwölf Tage habe ich das jetzt ausgehalten, konsequent jeden Tag in Pilgerherbergen übernachtet. Ich habe es nicht bereut. Jetzt kann ich wieder genießen, was vorher selbstverständlich war. Als ich auf dem Platz vor der Kathedrale ankomme, werde ich schon von einigen Weggefährten erwartet. Wir liegen auf den warmen Steinen, können es noch gar nicht fassen. Auf der Treppe zum Pilgerbüro, wo ich meine Compostela abhole, treffe ich auch Bernd, meinen Caminoeinführer, wieder. Er turtelt mit Nicole. Die beiden haben sich wohl gefunden. Mein Eindruck ist, dass Bernd ihr nicht nur erklärt hat, wo der Kölner Dom steht.

Mit Malte gehe ich ins Internet-Café, um einige Dinge zu erledigen. Ich bin froh, dass ich ihn dabei habe, da er viel schneller mit dem Internet zurechtkommt. Stolz sage ich ihm, dass ich auf dem Camino mit einem Tagessatz von 30 Euro inklusive Schnarchsaal ausgekommen bin. Er meint, das wäre nicht schlecht, aber er sei mit 15 Euro am Tag klargekommen, zur Not schlafe er halt draußen, wenn die Unterkünfte in Städten zu teuer seien. Auch wenn ich in jungen Jahren ähnlich gehandelt habe - solche Erlebnisse brauche ich heute nicht mehr.

Abends findet eine Riesenparty mit Franzosen, Italienern, Polen, Ungarn, Brasilianern, Iren, Israeli und Spaniern statt. Ich probiere die ausgezeichnet schmeckende gallegische Kohlsuppe und nehme mir vor, sie zu Hause mal selbst zu kochen. An das Nationalgericht der Galicier, Pulpo (Tintenfisch) traue ich mich nicht heran. Die Stimmung ist gigantisch. Wir singen Lieder in allen möglichen Sprachen und feiern, was das Zeug hält. Die Italiener singen „Bella ciao", das kenne ich noch gut, da kann ich richtig mitgrölen. Es ist ein emotionaler Abschluss des Caminos. Dieser hat uns jedoch auch andere Dinge vermittelt: Sehen, Hören, Riechen, Schweigen, Alleinsein, Distanz, Nähe, Mühsal, Schmerzen und Freude - das alles sind Begriffe, die wir mit dem Camino verbinden. Jeder ist – obwohl teilweise gemeinsam – seinen eigenen Weg gegangen.

Am nächsten Tag findet die Pilgermesse in der Kathedrale statt. Über eine Treppe kommt man im Innenraum der Kathedrale zu der Büste des Heiligen Jakobus. Es ist Tradition, sie zu umarmen. Auf das Küssen verzichte ich. Wer bisher noch keine Schweinegrippe hatte, kann sie auf diese Weise hier kaum vermeiden. Tina, Marcus, Verena, Malte und ich sind sehr zeitig in der Kathedrale, so dass wir einen Sitzplatz in den vorderen Reihen einnehmen können, um uns herum ein babylonisches Sprachgewirr. Exemplarisch werden einige Pilger aus verschiedenen Ländern während der Messe aufgerufen. Ein wahrhaft spektakuläres Ende findet die Messe, wenn der „Botafumeiro", das über ein Zentner schwere Weihrauchgefäß, von den Messdienern an einem langen Seil hoch hinaus über die Köpfe der Pilger geschwungen wird. Diese beeindruckende Zeremonie findet seit über 500 Jahren, allerdings nur zu besonderen Anlässen, statt. Heute ist so ein besonderer Tag. Ein wahrer Gänsehautmoment! Tränen fließen, auch ich kann meine nicht zurückhalten.

Nach der Messe hole ich meine vorbereitete Liste mit den besten Freunden und engsten Verwandten heraus. Ich komme auf neunundzwanzig. Für jeden von Ihnen stecke ich eine Kerze an – und für Benjamin.

Nachtrag
Santiago de Compostela
Freitag, 4. September 2009

Ich wache nachts um drei Uhr in meinem Zimmer auf. Irgendetwas scheint mich zu beschäftigen, dass ich nicht mehr schlafen kann. Ich fühle mich überwältigt von den Ereignissen und Begegnungen, weiß nicht, wie ich die nächsten Tage bis zu meinem Rückflug gestalten soll. Heute ist eine Busfahrt nach Fisterra, dem „Ende der Welt" geplant. Für die letzten Tage habe ich mir einen Leihwagen gemietet, mit dem ich noch ein paar Tage an die portugiesische Küste möchte. Mir geht auch die letzte SMS von Lara nicht aus dem Kopf: „Papa, du hast doch jetzt so zeitig Santiago erreicht, warum kommst Du nicht früher nach Hause? Mama würde sich bestimmt auch freuen!"

Plötzlich wird mir bewusst, Lara hat recht. Mein Kopf ist voll, da passen im Moment keine neuen Eindrücke mehr rein. Meine Sehnsucht nach der Familie ist groß. Ich beschließe noch in der Nacht, morgen früh nicht nach Fisterra, sondern zum Flughafen zu fahren, um meinen Flug umzubuchen.

Am Busbahnhof treffe ich Beate, eine attraktive zweiunddreißigjährige Münchenerin, die im Management einer größeren Firma arbeitet. Vor einigen Tagen hatte sie mir erzählt, sie habe ihren Job gekündigt, um sich hier bewusst zu werden, ob sie weiterhin Karriere oder lieber Familie wolle. Bereits gestern Abend habe sie vergeblich versucht, mich anzurufen. Jetzt zieht sie mich an ihre Seite und sagt: „Thomas, du bist doch Arzt, darf ich dich mal etwas Medizinisches fragen? Bis zu welcher Zeit macht es noch Sinn, die ‚Pille danach' zu nehmen?" Offensichtlich ist ihr Wiedersehen mit einem gewissen Matthias unerwartet turbulent verlaufen. Die plötzlich eintretende Farblosigkeit ihres Gesichtes lässt vermuten, dass sie meine Antwort ein wenig schockiert.

Wir trinken noch einen Café zusammen, sie verpasst ihren Bus nach Fisterra und ich muss mich sputen, meinen zum Flughafen zu bekommen. „Der liebe Gott freut sich über jedes Kind", hatte Franz Beckenbauer gesagt, nachdem er auf einer Weihnachtsfeier seine Sekretärin und spärere Ehefrau zukunftsweisend beglückt hatte. Vielleicht klärt der Camino Beates Grundfrage für ihren

Jakobsweg auf seine Weise.

Am Flughafen storniere ich den gebuchten Mietwagen und bekomme für Samstag den letzten Platz in der Maschine nach Frankfurt Hahn. Auch wenn mich Ryanair dafür finanziell heftig bluten lässt - das ist es mir wert. So schaffe ich es doch noch rechtzeitig am fünften September, Monikas Geburtstag, in Bocholt zu sein.

Buch 2

Von Porto nach Santiago

mit Totti auf dem Portugiesischen Jakobsweg

für meinen Bruder Michael

Vorwort

Was hat dieses Foto mit dem Jakobsweg zu tun? Es wurde in Caminha, einer Nebenstrecke des Portugiesischen Jakobsweges aufgenommen und erinnert mich an den gedanklichen Ursprung meiner zweiten Wanderung nach Santiago di Compostela. Im Sommer 2010 verbrachte ich eine Woche mit Carlo in Caminha an der atlantischen Nordküste Portugals. Im Rahmen einer Mountainbiketour landeten wir in Valenca, wo mir plötzlich das ins Hirn eingebrannte Erkennungszeichen des Camino de Santiago vor den Augen erschien: strahlende Sonne auf blauem Hintergrund. Da war sie wieder - die Lust aufs Pilgern. Valenca ist die letzte Etappe des Portugiesischen Jakobsweges in Portugal vor der galicischen Grenzstadt Tui. Hier entstand die Idee, noch einmal nach Santiago zu pilgern und ab sofort begannen meine gedanklichen Planungen.

Zu Hause angekommen sichtete ich die Literatur über den Portugiesischen Jakobsweg. Ich besorgte mir den Pilgerführer von Raimund Joos; so konnte ich die Etappen im Geiste schon mal durchwandern.

Was hat sich in den letzten Jahren verändert? Was treibt mich wieder an? Ist es die Suche nach einer sinnstiftenden Auszeit inmitten des Alltagstrotts? Eines ist klar und hat mir meine erste Pilgerreise nach Santiago vor zwei Jahren gezeigt: Auf dem Jakobsweg haben nicht nur die Füße, sondern auch die Gedanken freien Lauf. Und noch eines ist mir bewusst geworden: der Zustand der Erkenntnis ist nicht dauerhaft, immer wieder heißt es, sich neu zu orientieren, die Luft anhalten, reflektieren - was will ich, wo will ich hin, wer bin ich? Panta rhei – alles fließt – ist doch eigentlich ein alter Hut!

Wiederherstellung der Genussfähigkeit – so wurde das Motto der psychosomatischen Fortbildung, die ich im letzten Jahr auf Mallorca besucht habe, umschrieben. Dazu gehört – wie heißt es so schön – Entschleunigung, aber nicht in Form einer Kur oder Rehabilitation alle paar Jahre, sondern immer wieder zwischendurch, für eine Woche, für eine Stunde oder auch nur für ein paar Minuten. Für einige Tage hole ich mir diese Entschleunigung von Zeit zu Zeit auf der autofreien ostfriesischen Insel Langeoog. Aber warum dann trotzdem immer wieder Jakobsweg? Es gibt doch auch andere schöne Wanderwege. Eine passable Antwort finde ich in dem Buch von Stefan Albus: „Santiago liegt direkt um die Ecke". „Das Geheimnis sind die Menschen, die diesem Weg folgen... Mit vielen von ihnen ergeben sich äußerst fruchtbare Gespräche. Wer auf dem Jakobsweg pilgert, zeigt sich und anderen, dass er auf dem Weg nach innen ist. Pilgern heißt loszugehen, um letztlich bei sich anzukommen." schreibt Albus.

Albus, Albus...Albus – irgendwie kommt mir der Name bekannt vor, schließlich ist er kein solcher Allerweltsname wie Schmidt. Aufmerksam geworden bin ich auf das Buch, als ich mich eines Samstagmorgens mal wieder an einer Schilderung über Jakobswege in der Tageszeitung ergötzte. Ich las, dass Stefan Albus in Herne wohnt – und habe plötzlich die erhoffte Erleuchtung: Da gab es doch einen Kollegen meines Vaters mit dem gleichen Nachnamen in Herne - Sodingen. Dann wird Stefan wohl sein Sohn sein. Er ging den Jakobsweg vom Ruhrgebiet nach Trier im Jahre 2009, im gleichen Jahr, als ich den Spanischen Jakobsweg von Leon nach Santiago lief. Zufälle gibt's...
Ich lese sein Buch in einem Rutsch, und das, obwohl es deutlich umfangreicher ist als meines vom Camino Francés. Ich muss sagen, der Mann hat Talent, kann wahrhaftig gut schreiben. Der Genuss der Lektüre ist jedoch nicht ohne Nebenwirkungen: Mir werden deutlich meine literarischen Grenzen aufgezeigt.
Egal – ich schreibe trotzdem weiter, schließlich ist Albus Journalist. Gegen Ende seines Buches bleibe ich bei der Bilanzierung seiner Reise an einem Satz hängen, den ich immer wieder lesen muss: „Den richtigen Moment zum Loslassen zu finden, ist das Schwierigste überhaupt." Wie recht er hat!

Von Raimund Joos erfahre ich, dass der Portugiesische Jakobsweg südlich von Lissabon kaum gekennzeichnet ist und es auf ihm bisher nur wenige Pilgerunterkünfte gibt. Aber auch der Portugiesische Jakobsweg verfügt über Tradition. Seit dem 10. Jahrhundert gibt es Pilgerwege an das Grab des Heiligen Jakobus nach Santiago. Nach der Unabhängigkeit Portugals kam es im 12. Jahrhundert zu einem rapiden Anstieg der Pilgeraktivitäten. Traditionell ist die Verehrung des heiligen Jakobus im nördlichen Teil des Landes stärker verbreitet als im Süden. 1999 wurden etwa 1000 Pilger auf dem Portugiesischen Jakobsweg registriert. Wenn man diese Zahl mit der heutigen Menge an Pilgern auf dem Camino Francés vergleicht, mag man es kaum glauben.

Portugal zählt gut zehn Millionen Einwohner, wobei der Landesname in engem Zusammenhang mit der Geschichte der heimlichen Kulturhauptstadt Porto steht. Es existiert eine gewachsene Verbindung zu den Briten, die den Portugiesen in ihrem Bestreben nach Unabhängigkeit oft beistanden. Vor diesem Hintergrund wundert es nicht, dass die Portugiesen eine Konversation in gepflegtem Englisch einem Gespräch in der eher ungeliebten spanischen Sprache vorziehen.

Kapitel 1
Bocholt - Weeze - Porto
Dienstag, 23. August 2011

So, jetzt sitze ich wieder in der Lobby des Weezer Flughafens, wie vor fast exakt zwei Jahren, als ich nach Santander flog, um einen Teil des Camino Francés zu laufen. Ich mache die ersten Eintragungen in mein Tagebuch, das mir mein Patenkind Carlotta geschenkt hat. Diesmal habe ich mir den Teil des Portugiesischen Jakobsweges vorgenommen, der über 240 km von Porto nach Santiago de Compostela führt. Da ich in diesem Jahr nur eine Woche Urlaub im August habe, werde ich die Strecke aufteilen: In der kommenden Woche bis nach Valenca an die spanisch-portugiesische Grenze und dann im nächsten Jahr die andere Hälfte von Valenca nach Santiago. Vielleicht habe ich ja am Ende der diesjährigen Wanderung noch etwas Zeit, die ich dann an der portugiesischen Küste in Caminha verbringen kann; dort, wo ich im letzten Jahr Urlaub mit Carlo gemacht habe und wo die Lust auf einen neuen Jakobsweg entstand.

Um 20.30 Uhr fliegen wir pünktlich ab in Richtung Porto. Im Flugzeug sitzt Nina aus Solingen vor mir. An ihrem Rucksack mit der Jakobsmuschel erkenne ich, dass sie Ähnliches vor hat wie ich. Im gleichen Moment fallen mir alle meine Versäumnisse ein. Wo ist eigentlich meine Muschel? - und noch viel schlimmer - Wie verwirrt muss ich sein, dass ich meinen Schlafsack vergessen habe?   Das ist mir noch nie passiert! Irgendetwas muss mich in den letzten Tagen aus der Spur geworfen haben. Ich hatte mich auch schon gewundert, dass der Rucksack noch leichter war als auf meiner Wanderung vor zwei Jahren. 7,5 kg – da konnte ja etwas nicht stimmen!

Gegen 22.30 Uhr Ortszeit kommen wir in Porto an. Ich nehme, wie empfohlen, die

Metro ins Zentrum, um mein vorgebuchtes Hotel aufzusuchen. Nach Orientierung auf dem Metroplan steige ich an der Station Lappa aus. Statt der erwarteten lebhaften Metropole lande ich an einer stockdunklen, einsamen Haltestelle, an der ein paar zwielichtige Typen herumlungern. Auf die Frage nach meinem Ziel deuten sie in eine bestimmte Richtung. Dort finde ich zumindest schon mal ein Café in dem ich mich erneut nach meinem Hotel erkundigen kann. Ein freundliches englisches Paar weist mich schließlich nach einigen Irrgängen zu dem etwas verwinkelt liegenden Hotel. Dort gegen 24.00 Uhr angekommen, finde ich zwei ähnlich lautende SMSen von Matthias und Walter auf meinem Handy vor: „Viel Glück auf dem Jakobsweg!" Obrigado Amigos – das tut jetzt richtig gut.

Kapitel 2
Porto - Rates
Mittwoch, 24. August 2011

Positiv erfüllt durch den sehr herzlichen Empfang des Hotelpersonals wirft mich der Wecker um sieben Uhr aus den Federn. Gestärkt durch ein portugiesisches Frühstück mit reichlich Obst begebe ich mich wie geplant um acht Uhr auf die Straßen Portos. Heute Morgen mit der aufgehenden Sonne sieht hier alles schon wieder viel freundlicher aus. Trotz der Neugierde, die Stadt mit ihren vielen Attraktionen kennenzulernen, werde ich zusehen, dass ich heute schnell mit der Metro aus der Stadt herauskomme, um meine Wanderung zu beginnen. Wenn ich auf meiner Rückreise noch Zeit habe, kann ich das Sightseeing dann nachholen.

Mein Reiseführer zeigt mir an, dass der Jakobsweg außerhalb der Stadt hinter einem kleinen Zoo beginnt. An der entsprechenden Metrostation angekommen, suche ich nach Hinweisschildern - leider vergeblich. Aber zum Glück gibt es ja überall nette Portugiesen, die einem den Weg erklären können. Das Problem ist nur - wie häufig in südlichen Ländern - nichts wissen geht nicht und ist auch unhöflich. So gibt mir eine sehr freundliche Portugiesin eine detaillierte Wegbeschreibung, die jedoch leider nicht das Geringste mit meinem vorläufigen Ziel zu tun hat. Ich laufe ein, zwei Kilometer, bis ich mir eingestehen muss, dass es diesmal ja früh anfängt mit dem Verlaufen. Kenne ich ja noch gut von meinem ersten Trip nach Santiago. Warum tue ich mir das nur an? Bevor ich mir jedoch ernsthaft über Sinn und Unsinn dieser Reise Gedanken machen kann, fragt mich ein Mann, der gerade aus seinem Auto steigt, wo ich mit meinem Rucksack hin möchte. Er bietet mir an, mich mit seinem Wagen zu dem Tiergarten zu fahren. Fünf Minuten später bin ich an dem kleinen

Zoo und fühle mein Herz springen, als ich dahinter den ersten gelben Jakobspfeil sehe.

Der Weg ist gut gekennzeichnet. Trotzdem muss man an Kreuzungen aufpassen wie ein Luchs, dass man die Pfeile nicht verpasst. Es geht immer noch durch einen Vorstadtdschungel. Etwa nach zwei Stunden gelange ich auf ruhige, schmale Wege, die von Weinreben gesäumt werden. Purer Genuss bei Sonnenschein und optimalen Temperaturen von 24 Grad!

Ich komme in meinen gewohnten, strammen Laufrhythmus, pfeife ein Lied vor mich hin und bin mit mir und der Umgebung eins. Wenn ich mal einen Pfeil übersehen habe, kommt irgendwann eine durchgestrichene Sonne. Ich laufe ein Stück zurück, korrigiere meine Richtung und bin wieder auf dem richtigen Pfad. Gegen 14.30 Uhr erreiche ich das ca. 26 km von Porto entfernte Vilarinho, das ich als mein erstes Übernachtungsziel eingeplant habe. Hier gibt es zwar keine Herberge, aber ein paar günstige Pensionen. Wo aber sind all die Pilger geblieben, denen ich auf dem Camino Francés so oft begegnet bin? Noch keinen einzigen habe ich heute gesichtet, obwohl es die gleiche Jahreszeit ist, wie vor zwei Jahren.

Nun, so richtig anfreunden kann ich mich mit dem Gedanken, hier zu bleiben, im Moment nicht und entscheide mich kurzentschlossen, weiterzulaufen bis nach Rates. Das sind zusätzlich noch einmal 11,7 km; so gut, wie ich gerade drauf bin, müsste ich das locker schaffen. Dort soll´s auch eine Herberge geben, vielleicht treffe ich auf diese Weise dann doch noch den einen oder anderen Mitpilger. Bei bestem Wanderwetter ermöglichen mir die streckenweise einsamen und körperlich nicht besonders anstrengenden Wege, in einen Flow zu kommen, der mich über Gott und die Welt, aber auch meine persönliche Lebenssituation nachdenken lässt.

Gegen 17.30 Uhr erreiche ich angenehm erschöpft die Herberge in Rates und lasse das übliche Ritual über mich ergehen: Pilgerausweis vorzeigen und abstempeln lassen, vier Euro bezahlen und Schlafkammer mit zwölf Betten beziehen. Zu meiner großen Freude finde ich auf meinem Bett eine Wolldecke, die normalerweise nicht zum Standard gehört. So brauche ich mir heute Nacht nicht alle Klamotten überzuziehen, um nicht zu frieren. Falls ich morgen Vormittag Barcelos erreichen sollte, werde ich mir dort auf dem größten Wochenmarkt in Nordportugal einen Schlafsack oder eine Decke besorgen.

Die Herberge macht einen rustikalen, sauberen Eindruck. Nach einer erfrischenden Dusche suche ich ein Straßencafé in dem kleinen verschlafenen Ort auf, um meinen inzwischen doch erheblichen Hunger zu stillen. Zum ersten Mal genieße ich es wieder, angekommen zu sein. Ich kenne diese Euphorie noch so gut von meiner Pilgerreise vor zwei Jahren. In meiner ersten SMS lasse ich mich über mein verwirrtes limbisches System aus. Am Nachbartisch sitzt ein älterer Herr mit seiner Frau. Unschwer lässt sich aus ihrer Konversation heraushören, dass sie aus Holland kommen. Wie sich herausstellt, sind sie aus der Provinz Limburg und mit dem Fahrrad unterwegs. Sehr sympathisch finde ich, dass die beiden mir eine Chance geben, meine sehr überschaubaren Niederländisch - Kenntnisse anzubringen und das Gespräch nicht gleich in Deutsch fortführen.

Als ich meine Rechnung bezahlen will, kommt der Gastgeber an unseren Tisch mit einem Album, auf dem Pilger abgebildet sind, die das Café besucht haben. Mit strahlenden Augen berichtet er von diesen Begegnungen und bittet mich, auch von mir ein Foto machen zu dürfen. Welch schöne, respektvolle Geste!

Bei meiner Rückkehr in der Herberge sehe ich, wie eine junge Dame mit Rucksack, von zwei Polizisten eskortiert, dort abgeliefert wird. Bei genauerer Betrachtung erkenne ich Nina, die mir gestern im Flugzeug begegnet ist. Arme Nina, was hat sie nur angestellt? Gerade angekommen in Portugal und schon verhaftet! Aber warum schauen alle, die dabeistehen, dann so fröhlich aus? Wie sich herausstellt, hat sie sich total verlaufen, wurde ca. 18 Kilometer von der Herberge entfernt von den netten Polizisten aufgegriffen und zu ihrem angestrebten Ziel gebracht. Noch nicht einmal zwei Tage bin ich in Portugal und jetzt schon überwältigt von der Freundlichkeit dieser Menschen.

Ich setze mich im Garten der Herberge an einen Esstisch an dessen anderem Ende mich eine bildhübsche, schlanke Mitdreißigerin mit ihren großen kaffeebraunen Augen fixiert. In Sekundenbruchteilen nehme ich ihre feinen symetrischen Gesichtszüge mit den leicht hervortretenden Wangenknochen, ihren dunklen Teint und ihr brünettes, zu einem Zopf geflochtenen Haar wahr…Jaaaa sie ist es! Julia Roberts, mein Idol aus Notting Hill, einem der wenigen Filme, die ich mir mehrfach angeschaut habe. Extrem nervös, traue ich mich kaum, sie anzusprechen, um im nächsten Augenblick aus allen Filmträumen gerissen zu werden. Im tiefsten oberbayrischen Dialekt stellt sie mir eine Frage, deren Inhalt ich gar nicht zur Kenntnis nehme, so perplex bin ich! Dazu siezt sie mich noch – das ist jetzt in diesem Moment zu viel für mein wild klopfendes Pilgerherz.

Abends im Bett kann ich nicht einschlafen – wahrscheinlich zu viele Eindrücke für den ersten Pilgertag. Andererseits ist es ja auch erst 21.30 Uhr. Aber bereits stockdunkel. Da wird´s mit dem Lesen auch nichts mehr. Zum Glück habe ich mir von Luca wieder ein Hörbuch auf den MP3-Player aufnehmen lassen: „Mann und Frau", von der israelischen Autorin Zeruya Shalev. Jetzt freue ich mich auf die Entspannung beim Hören.

Kapitel 3
Rates Portela de Tamel
Donnerstag, 25. August 2011

Halb fünf. So langsam treffen sie alle ein: Die hübsche Nina aus Solingen, das tschechische Studentenpärchen aus Prag, José, der kleine Spanier aus Barcelona, die Holländer mit dem Fahrrad, der Vater aus Polen mit seinem Sohn, Julia Roberts mit ihrer Mutter. Die Zahl der Pilger ist wirklich sehr überschaubar hier auf dem Caminho Português. Man kennt sie alle schon nach zwei Tagen, ganz anders als auf dem Camino Francés. Von Porto bis zur spanischen Grenze gibt es nur fünf offizielle Herbergen. Wenn man die Tour gut plant und täglich etwa 25 bis 30 Kilometer läuft, kann man sie auch bequem erreichen. Ich komme hier jedenfalls etwa gegen 15.00 Uhr als erster mit den Holländern an. Somit haben wir die Chance, uns ein Zimmer auszusuchen. Es ist eine ganz neue, moderne Herberge und mit Sicherheit die schönste, die ich bisher kennengelernt habe. Wir beziehen ein Sechsbettzimmer, in dem sich Wim und Mareike sogar ein großes Doppelbett teilen dürfen.

Heute Morgen bin ich um 7.20 Uhr aus der Herberge. Durch die Zeitverschiebung ist es schon hell in Portugal, sodass ich mich nicht verlaufen kann, wie es mir immer wieder morgens passiert ist, wenn ich um diese Zeit im Dunkeln in Spanien losgewandert bin. Eines ist mir jedoch bekannt vom Spanischen Jakobsweg, nämlich das Glücksgefühl, das ich mit der aufgehenden Sonne empfinde. Es ist noch frisch, so kann ich meinen strammen Schritt durchziehen, ohne ins Schwitzen zu kommen. Durch Wiesen, Wälder und über Feldwege laufend passiere ich gelegentlich einzelne Häuseransammlungen, schließlich lande ich nach eineinhalb Stunden an einer Bar, in der ich mich auf mein Frühstück freue. Ich genieße gerade den herrlich aromatischen portugiesischen Kaffee, als Wim und Mareike hereinkommen und mir Gesellschaft leisten. Beim Bezahlen an der Theke machen die netten Damen hinter der Theke ein Foto von mir und bitten mich um einen Eintrag in das Gästebuch. Wieder erlebe ich diese fast beschämende portugiesische Freundlichkeit. Gut gelaunt setzte ich meine Wanderung fort. An einer kleinen Brücke begegne ich einem etwa 50jährigen Mann aus Polen beim Picknick mit seinem Sohn, der so um die 14 bis 15 Jahre alt sein dürfte. Zum ersten Mal kommt mir der Gedanke, im nächsten Jahr den zweiten Abschnitt des Portugiesischen Weges mit Luca, Lara oder Carlo zu laufen.

Gegen 11.00 Uhr bin ich vor den Toren von Barcelos, meinem nächsten vorläufigen Etappenziel. Eine lange Autoschlange quält sich im Schneckentempo in die Stadt. Feira de Barcelos, der große Wochenmarkt ist der Grund für den Andrang. Nachdem ich über die Brücke ins Zentrum gelange, ruhe ich mich in der ersten Kirche ein wenig aus und nehme mir die Zeit, ein kleines Dankeschön für diesen wunderbaren Tag loszuwerden. Natürlich komme auch ich an dem Markt vorbei, nutze die Gelegenheit, mir eine Bedeckung für die nächste Nacht zu besorgen. Für fünf Euro erwerbe ich ein riesengroßes Handtuch, das mir als Zudecke reicht und auch noch gut in meinen Rucksack passt.

Die Stadt macht einen lebendigen, farbenfrohen Eindruck, wird mir aber allmählich ein bisschen zu voll. Ich suche mir einen Platz vor der runden Kirche Bom Jesus und nutze die Pausenzeit, mich über die interessante Geschichte der Stadt zu informieren: Der Legende nach soll hier in Barcelos einst ein Bauer aufgebrochen sein, um nach Santiago zu pilgern. Am Stadtrand von Barcelos beschuldigte ihn ein reicher Landbesitzer des Diebstahls. Er wurde vor Gericht gestellt, schuldig gesprochen und zum Tod durch den Strang verurteilt. Vor seiner Hinrichtung verlangte der Bauer, ein letztes Mal mit dem Richter zu sprechen, der ihn verurteilt hatte. Der Richter war gerade dabei, gebratenen Hahn zu essen, als ihm der Verurteilte sagte, dass als Zeichen seiner Unschuld der Hahn vom Teller hüpfen und während seiner Hinrichtung krähen würde. Dann, als der Verurteilte hingerichtet werden sollte, begann der Hahn tatsächlich zu krähen. Der Richter rannte zum Stadtplatz, um die Hinrichtung zu stoppen. Er sah, dass der Strang wie durch ein Wunder aufgegangen war. Der Mann konnte die Stadt unversehrt verlassen, was er dann auch umgehend tat. Einige Jahre später kam er nach Barcelos zurück und errichtete eine Gedenkstätte für den Heiligen Jakobus und die Jungfrau Maria. Heute ist der Hahn nicht nur für Barcelos, sondern für ganz Portugal ein Symbol.

Es ist jetzt 12.00 Uhr. Mein Magen knurrt. Bevor ich meine Bestellung aufgebe, checke ich mein Handy auf eingegangene SMS. Um im Hier und Jetzt zu bleiben werde ich auch dieses Mal nicht telefonieren auf meiner Wanderung. Welche Freude, als ich die ersehnte SMS lese! Das reichlich belegte Baguette schmeckt jetzt dreimal so gut. Keine schlechte Idee, etwas zu essen, denn noch ahne ich nicht, dass es die letzten Kalorien in fester Form sind, die ich heute zu mir nehmen darf.

Als ich gegen 13.00 Uhr meinen Rucksack wieder aufschnalle, ziehen dunkle Wolken auf. An einem kleinen Schreibwarengeschäft sehe ich, wie das Studentenpaar aus Prag seine Rucksäcke mit einer Plastikfolie überzieht. Ich folge ihrem guten Beispiel, bin aber trotzdem nicht traurig, dass das drohende Gewitter ausbleibt, sondern froh, nach dem Trubel in der Stadt wieder in Bewegung und mit mir allein zu sein. Es sind noch etwa zehn Kilometer bis zur nächste Herberge. Das müsste gut zu schaffen sein. Über schmale, einsame Feldwege erreiche ich mein Etappenziel, nachdem mich ein letzter ca. ein Kilometer langer, steiler Anstieg noch einmal richtig ins Schwitzen gebracht hat. Da ich mit den Holländern gegen 15.00 Uhr als einer der Ersten in der Herberge bin, nutze ich die Ruhe, in meinem Buch zu lesen.

Lange war ich unsicher, welches Buch ich mitnehmen sollte. Kurz vor meiner Abreise besuchte mich mein alter Studienfreund Walter aus Berlin in Bocholt. Er stöberte in meinem Bücherregal und eines Morgens kam er zu mir und sagte: „Ich hab´s, „Und Nietzsche weinte" ist das Buch, das du mitnehmen solltest!" Geschrieben hat es der amerikanische Psychoanalytiker Irvin D. Yallom. In dem Buch geht es um die fiktive Begegnung des berühmtem Internisten Breuer, einem Wegbegleiter Sigmund Freud´s, der 1882 Nietzsches schwere Migräne behandelt und sich seinerseits einer „philosophischen Therapie" durch Nietzsche unterzieht. Wie ich es jetzt in der Hand halte frage ich mich, ob es wirklich passend ist, hier auf dem Jakobsweg ein Buch über einen der berühmtesten Atheisten der Literaturgeschichte mitzunehmen. Dann lese ich Nietzsches Worte: „Werde, der du bist!" und habe die Erkenntnis, ja genau das ist es doch, was wir hier suchen: Wer bin ich? Der Beantwortung dieser Frage ein Stück näher zu kommen – das ist doch auch Sinn dieses Weges. Breuer sagt an einer Stelle, dass er beim Laufen seine besten Gedanken hat. Mir geht es oft ebenso, auch wenn es nicht immer die Gedanken sind, die ich erwarte. Offensichtlich hat Breuer seine Erfahrungen an Nietzsche weitergegeben, denn von ihm stammt der Satz: "Nur die ergangenen Gedanken haben Wert."

Frisch geduscht sitze ich weitere zwei Stunden später mit Nina und José in der Lounge der Herberge. Unsere Planungen, gemeinsam essen zu gehen, müssen wir leider bald begraben, da es hier in der Pampa überhaupt keine Lokale oder Geschäfte gibt. Zum Glück ist der Automat in der Herberge reichlich mit Bier gefüllt, sodass wir die Kalorien zumindest in flüssiger Form zu uns nehmen können. Es wird ein geselliger, sehr lustiger Abend. José erzählt, dass er im letzten Jahr den Camino Primitivo gelaufen ist. Aufgrund der widrigen Wegverhältnisse muss man dort wohl die doppelte Zeit einkalkulieren. Jetzt verstehe ich auch, warum der kleine Katalane mit der Paul McCartney-Gedächtnisfrisur hier mit einfachen Turnschuhen läuft. Wanderschuhe hätten ihn schlicht unterfordert. Wir kommen auch noch einmal auf Nina`s freundlichen Escortservice zu sprechen. „Ob die Polizisten wohl auch uns mitgenommen hätten?", frage ich Jose. An seinem breiten Grinsen erkenne ich: er hat mich verstanden, stammelt vor sich hin: „Mujeres!"

Kapitel 4
Portela de Tamel – Ponte da Lima
Freitag, 26. August 2011

Oh, Mann - der Schädel brummt heftig heute Morgen um 7.00 Uhr. Wim und Mareike sind schon wieder auf den Beinen - da will ich mich auch nicht hängen lassen. Jetzt ein schönes Frühstück, dann werde ich wohl wieder ans Laufen kommen. Pustekuchen! Feste Nahrung gibt's hier auch heute Morgen nicht und so sehr der Automat mit den Bierdosen gestern noch die Rettung war, so wenig Anziehungskraft löst er um diese Zeit aus. Wie schnell es doch zu einem Perspektivwechsel kommen kann!

Zum Glück spendiert mir Nina einen Tütenkaffee und von José kann ich noch einen Apfel schnorren. „Das müsste reichen bis zum nächsten Café in einer Stunde", denke ich mir. Wie naiv ich doch manchmal noch in meinem fortgeschrittenen Alter bin! Mehr als vier Stunden muss ich schließlich laufen, um ein paar Kalorien zu ergattern. Entschädigt werde ich allerdings durch viel Sonnenschein, einen lupenreinen blauen Himmel und schöne ruhige, nicht allzu anstrengende Wege durch Weinfelder.

Mehr als zwei Stunden treffe ich so gut wie keine Seele, als ich plötzlich ein-, zweihundert Meter vor mir zwei Menschen herlaufen sehe. Das junge Pärchen spricht Deutsch und erzählt begeistert von der letzten Nacht bei Fernanda, die es in ihrem privaten Landhaus aufgenommen hat. Die beiden schwärmen geradezu von ihren Kochkünsten und dem köstlichen Wein, den sie abends zusammen getrunken haben. Sie beabsichtigen, in Santiago ihre Eltern zu treffen, die ihrerseits auf dem Camino Francés pilgern. Irgendwann kommt dann wie immer die Frage, woher wir jeweils stammen. „Das Kaff, aus dem wir sind, kennst du sowieso nicht. Es nennt sich Gartenstadt und liegt bei Düsseldorf", meint Cornelia. „Dann wird es wohl Haan sein", sage ich. Schließlich hatte ich in der Nähe, nämlich in Schwelm, meine erste Assistenzarztstelle. Cornelia ist hellauf begeistert, als weitere Erörterungen ergeben, dass die Tochter eines meiner befreundeten Kollegen mit ihr im letzten Jahr Abitur gemacht hat. Ja, die Welt ist ein Dorf und nicht erst im Zeitalter des Skypens durfte ich das erfahren.

1978 stand ich mit Rainer auf unserem Indientrip in Neu-Delhi auf dem Bahnhof, als wir mit einem Paar aus Deutschland ins Gespräch kamen, das sich auf dem Rückweg nach Hause befand. Das Zuhause war für sie Herne, meine Heimatstadt. Allein diese Tatsache wäre ja schon ein Zufall gewesen. Weitere Recherchen ergaben, dass sie in Herne Sodingen, ein paar Häuser von meinem Elternhaus entfernt wohnten. „Sollen wir deinen Eltern einen Gruß übermitteln?", fragten sie. Ende der siebziger Jahre waren die weltweiten Kommunikationsmöglichkeiten noch sehr eingeschränkt, überhaupt nicht vergleichbar mit unseren heutigen Verhältnissen. Insofern schien mir das nette Angebot sehr willkommen. Ich war sicher, dass sich meine Eltern freuen würden. Bei meinem Besuch in Herne drei Monate später war ich mir nicht mehr so sicher, ob es wirklich eine gute Idee war. Mama hatte seinerzeit arglos und völlig unvorbereitet die Tür geöffnet und wurde mit etwa folgenden Worten begrüßt: „Guten Morgen Frau Schmidt, wir kommen aus Indien um ihnen die letzte Nachricht von ihrem Sohn zu überbringen". Mamas Gesichtsfarbe changierte ins Gelbliche, sie verdrehte die Augen und drohte, die Bodenhaftung zu verlieren. Gerade noch rechtzeitig erkannten die Leute Mamas Problem und fügten rasch hinzu: „Es geht ihm gut". Nach ein, zwei gemeinsamen Schnäpsen war dann auch alles wieder im Lot und die Neugierde groß.

Zurück zum Caminho. Das Laufen mit Cornelia und ihrem Freund Moritz ist angenehm. Die Zeit verrinnt und ich verdränge meinen Hunger. Gegen 12.30 Uhr ist dann endlich eine Bar in Sicht. Meiner Aufforderung, eine Capuccino - Pause einzulegen folgt Cornelia gerne. Ihr Begleiter jedoch erklärt unmissverständlich, dass sie weitermarschieren würden. „Eifersucht ist eine Bestie wie das Krokodil. Sie frisst alles, was sie kriegt", schreibt Helge Timmerberg in seinem neuesten Abenteuerroman „African Queen". Mir war schon vorher aufgefallen, dass Moritz die angeregte Unterhaltung mit etwas Argwohn begleitete. Hey man - ich wäre doch nun wirklich keine Gefahr für dich geworden!

Meine Enttäuschung, die nette Konversation mit Cornelia nicht fortsetzen zu können, verfliegt schnell, als ich die Holländer in der Bar treffe. Später kommen noch José und Nina dazu, sowie ein stämmiger, ca. 25-jähriger Italiener aus Pistoia, den die beiden unterwegs eingefangen haben. Simone ist bei einem italienischen Fernsehsender beschäftigt und filmt für eine Reportage über den Portugiesischen Jakobsweg. „Wahrscheinlich bist du für Rai Uno tätig", frage ich Simone. „Magari", - schön wär's – seufzt der rasende Reporter und unterstreicht sein Bedauern mit einer typischen italienischen Handbewegung. Ist wohl doch nur ein Provinzsender.

Mit Wim komme ich ins Gespräch über seine Heimat, die Provinz Limburg, die in den Niederlanden eine fast hundertprozentige katholische Exclave darstellt und deren Geschichte erkenntnisreich und spannend zugleich ist. Wim ist so nett, zwischendurch auch mal Passagen auf Deutsch zu erzählen: Nach der belgischen Revolution war zunächst die gesamte Provinz mit Ausnahme Maastrichts in belgischer Hand. Im Rahmen einer endgültigen Lösung wurde die heutige Grenze durch das Londoner Protokoll von 1839 festgelegt und Limburg somit in eine niederländische und belgische Provinz geteilt.

Nach einer langen Pause schwingen sich die Holländer wieder auf's Rad. Jose, Nina, Simone und ich sind gemütlich per pedes durch idyllische kleine Dörfer unterwegs nach Ponte da Lima. Wir brauchen noch etwa eineinhalb Stunden bis wir die Brücke von Ponte da Lima sichten. Die Stadt gehört zu den ältesten Ortschaften Portugals. Erste Zeugnisse für Ansiedlungen gehen auf das Jahr 150 v.Chr. zurück. Ein Römerweg mit vorwiegend militärischer Bedeutung, welcher die Städte Braga und Astorga verband, führt über den Fluss Lima. Die Stadt ist heute Nachmittag sehr belebt. Kaum zu glauben, dass sie nur 3000 Einwohner hat. Wir schlendern ein wenig durch die Gassen und gönnen uns auf dem Marktplatz das erste Glas Wein, bevor es über die Brücke auf die andere Seite des Flusses in die Herberge geht. Die Schlafsäle sind groß, haben über den Balkon aber eine wunderbare Aussicht auf die Brücke und die Altstadt. Die wollen José, Nina und ich heute Abend auch genießen und machen uns daher frisch und schick, soweit das mit den wenigen Utensilien, die man im Rucksack mit sich führt, möglich ist.

Auch wenn es ein wenig frisch wird - wir erleben einen kurzweiligen, teilweise sehr lustigen Abend auf der Terrasse eines Fischrestaurants mit der Kulisse eines traumhaften Sonnenuntergangs über dem Fluss Lima. José amüsiert sich köstlich, als ich ihm von dem nicht gerade nobelpreisverdächtigen Buch „Resturlaub" erzähle, in dem der Resturlauber aus dem Frankenland durch Vertauschen eines einzigen Buchstaben für totale Konfusion sorgt. Statt „Cogemos un taxi?" (Nehmen wir uns ein Taxi?) sagt er zu der alten Dame in Buenos Aires „Cogemos en taxi? (Nehmen wir uns im Taxi?). So fängt er sich nicht nur eine Menge Ärger, sondern auch eine Ohrfeige ein.

Mittlerweile haben wir auch die Vertrautheit, aus unserem Leben zu plaudern. Nina ist 27 und hat sich ganz spontan entschlossen, auf dem Jakobsweg zu pilgern. Vielleicht hatte sie ja wirklich keine Zeit mehr, sich mit dem Weg zu beschäftigen, ein bisschen optimistisch war es aber wohl doch, zu meinen, sie könne die 230 km von Porto nach Santiago in einer Woche laufen. Sie erzählt, dass sie mit ihrem Bruder bei ihrem Vater aufgewachsen sei. Rückblickend hätte sie sich als Kind mehr Grenzen gewünscht; mit den Freiheiten, die sie hatte, war sie schlichtweg überfordert. Beim Thema Musik angelangt schwärmt sie von dem Unplugged - Konzert der Toten Hosen im Burgtheater in Wien. Wie ich zu Hause nach dem Erwerb der CD erfahren darf, war das eine echte Hammerempfehlung. Danke Nina!

Kapitel 5
Ponte da Lima – Valenca
Samstag, 27. August 2011

Der Weg ist das Ziel - heißt es immer so schlau. Im Moment empfinde ich jedoch eher so, wie es H. Timmerberg beschreibt: Das, was auf Reisen, Wander- oder Pilgerwegen wirklich Spaß macht ist das Ankommen, das Ziel, das Happy End des Tages, der Moment, in dem der Bauch sagt, dass sich der Aufwand gelohnt hat. Und doch hat auch der alte Laotse recht: „Wer sich am Ziel glaubt, geht zurück". Allerdings ändern sich im Laufe der Zeit die Ziele. Afrika, Australien, Guatemala oder Tahiti – ja, es waren alles wunderschöne Ziele, je exotischer, desto besser. Damals spielte der Jakobsweg in meinen Reiseplänen keine Rolle, ich wusste nicht einmal von seiner Existenz - Tempi passati.

Erst durch das Loslassen von Vergangenem wird „Das Leben im Jetzt", wie der Philosoph Eckhard Tolle es beschreibt, möglich gemacht. Beim Zen-Buddhismus steht das wertungsfreie Betrachten des Augenblickes im Vordergrund - heute Basis der Achtsamkeitslehre. In „Die Schopenhauer-Kur" berichtet der amerikanische Psychoanalytiker und Autor Irvin D. Yalom von der zufälligen Begegnung eines Inders mit einer Amerikanerin in einem Zugabteil. Beide sind auf dem Weg zu einem Ashram in Igatpuri. „Der Guru Gonka wird uns lehren, nur in der Gegenwart zu leben. Gestern und Morgen existieren nicht. Erinnerungen an die Vergangenheit, Sehnsucht nach der Zukunft lösen nur Unruhe aus. Der Weg zur Gelassenheit liegt darin, die Gegenwart wahrzunehmen. Und sie ungehindert auf dem Fluss unseres Bewusstseins schwimmen zu lassen", bereitet der Inder die Amerikanerin auf die bevorstehende Meditation vor.

Mann, bin ich kaputt, das war wahrhaftig eine Mammuttour, sogar ein paar Blasen habe ich mir eingefangen. Ist mir noch nie passiert. 32 Kilometer bin ich heute gelaufen. Dabei war ein Berg, der es durchaus mit dem qualvollen Anstieg nach O`Cebreiro auf dem Camino Francés aufnehmen kann, eher etwas länger und steiler. Kaum zu glauben, dass das jetzt nur gut 400 Höhenmeter gewesen sein sollen...

...Aber fangen wir den Tag chronologisch an: Diese Nacht habe ich richtig schlecht geschlafen. Neben mir sägte ein Extremschnarcher den halben portugiesischen Wald kurz und klein. Normalerweise hindern mich solche akustischen Begleiterscheinungen nicht am Schlafen, im Zweifelsfall mach ich einfach mit. Das Essen ist mir auch gut bekommen - dann wird es wohl wieder das besagte limbische System gewesen sein. Nun, ich nutze meine Schlaflosigkeit, mich an den eindrucksvollen Beschreibungen Zeruja Shalevs über die Tücken der unterschiedlichen Betrachtungsweisen von Mann und Frau zu ergötzen.

Die Terrassentür geht auf, die Sonne scheint herein, grandioser Blick auf den Lima, der Morgen ist absolut traumhaft – da bleibt nicht viel Zeit für schlechte Laune. Im Gegenteil, ich merke wie die Endomorphine schon wieder aktiv sind, mich antreiben und die Lust aufs Laufen freisetzen. Neben der Herberge ist ein kleines Café, sodass ich mit Hilfe der üblichen (legalen) Aufputschmittel gut vorbereitet bin für die lange Etappe. Die Glykogenvorräte sind von dem gestrigen Abendmahl noch ausreichend gefüllt, feste Nahrung brauche ich somit so früh am Morgen noch nicht zu mir nehmen.

Nach eineinhalb Stunden über schmale Steinstege und Feldwege, die von bunten Blumen gesäumt werden, sehe ich vor einer Bar den Schnarcher sitzen. Er ist Spanier, eigentlich ein ganz netter Kerl. Wir tauschen ein paar Worte aus, dann ziehe ich lieber weiter, sonst schnarcht er mir gleich wieder was vor. Nach ein paar hundert Metern kommen mir in einem kleinen Wäldchen zwei Schafe entgegen. Ich begrüße sie mit einem freundlichen „Bom dia". Keine Antwort. Die Viecher sind aber auch manchmal stur! Wahrscheinlich sind sie importiert. Portugiesische Schafe können das nicht sein!

Nach weiteren 500 Metern muss ich extrem steil bergauf über steinige Trampelpfade in einem langgezogenen Waldstück kraxeln. Man denkt, man ist angekommen, dann geht´s auf der anderen Seite eines quer verlaufenden Weges genauso weiter. Dieses Procedere wiederholt sich mehrmals. Zum Glück ist es trocken, bei anhaltendem Regen hätte man sicherlich kaum Halt auf diesem Wegabschnitt. Der Schweiß fließt jedenfalls in Strömen, bis ich schließlich kurz vor dem Gipfel an einem Kreuz aus Stein und Holz ankomme. Es ist das Pendant zum Cruz de Ferro auf dem Spanischen Jakobsweg, nennt sich hier Cruz dos Franceses oder Cruz dos mortos und kennzeichnet den Ort, an welchem Napoleons Truppen während ihrer Besetzung der iberischen Halbinsel zwischen 1808 und 1814 in einen Hinterhalt gerieten.

Welche Ehre, auf den Spuren Napoleons zu wandern! Hier bin ich jetzt ganz allein. Solche Momente wird es am Cruz de Ferro eher selten geben. Üblicherweise legen auch hier Pilger zur Erinnerung an ihre Pilgerreise und den damit verbundenen Hoffnungen und Wünschen Steine ab. Einen Kummerstein habe ich diesmal nicht dabei. Stattdessen versenke ich meinen letzten Euro in den Steinen. Der war eigentlich für einen Kaffee vorgesehen, aber ein kleines Opfer muss ich ja wohl bringen.

Dann geht's langsam bergab bis ich gegen 12.00 Uhr Rubiaes erreiche. Eine ausgedehnte Pause mit zwei köstlich belegten Baguettes bringt mich wieder zu Kräften. Letzte Zweifel, die hiesige Herberge nicht aufzusuchen, werden vertrieben durch die Ankunft des Schnarchers, der heute hierbleiben will. 15 km sind es noch bis zur nächsten Herberge nach Valenca, meiner diesjährigen Endstation.

Auch wenn die Wege jetzt wieder gemächlicher werden – landschaftlich sind sie sehr reizvoll – spüre ich alle Knochen. Etwa vier km vor dem Ziel sehe ich Simone in 100 Meter Entfernung vor mir laufen. Ich drossele mein Tempo, da ich mich zu müde für eine Konversation in Italienisch fühle. Irgendwann bemerkt mich Simone, bleibt stehen und wartet auf mich. Er ist auch ziemlich platt. Kurz vor Valenca kehren wir noch einmal in eine Bar ein. Der Mann hinter dem Tresen fragt uns: „Siete Italiani? (Seid Ihr Italiener?). Bei aller Verbundenheit – das geht dem stolzen Italiener dann doch zu weit. Bevor ich antworten kann, ruft Simone dem Barista zu: „No,no, solo io („Nein, nur ich") – so, als müsse er einem Santiago von Pistoia gleichend die Ehre von Bella Italia retten – Santiago (alias Jakobus) hat der Sage nach die Mauren bekämpft und besiegt.

Die letzten km bis nach Valenca schaffen wir dann irgendwie auch noch. Simone läuft noch vier km weiter über die portugiesisch – spanische Grenze nach Tui, ich suche die Herberge an der Feuerwehr in Valenca auf. Es ist jetzt 17.00 Uhr. Außer dem Herbergsvater, der mir die Tür öffnet, kann ich niemanden entdecken. Er führt mich in den eher nüchternen großen Schlafsaal und wer kommt mir dort entgegen? Na klar – Wim und Mareike, die Holländer.

Nach der Dusche und dem Öffnen der Marschblasen mache ich mich auf in die schöne Altstadt mit ihren historischen Festungsmauern aus dem 13. Jahrhundert, die ich schon im letzten Jahr mit Carlo bewundern durfte. Auf der Praca da Republica genieße ich die abendliche Stimmung und hole mir die Belohnung für die Strapazen ab: goldgelbe Elektrolyte mit ganz viel Schaum darauf. Als ich gegen 20.30 Uhr zurück in der Herberge bin, kommen gerade José und Nina an. Sie sind völlig fertig. Nina tut alles schrecklich weh. Sie waren drauf und dran, für die letzten Kilometer ein

Taxi zu nehmen, haben sich dann aber doch zu Fuß durchgequält. Spätestens jetzt wird Nina klar, dass das dieses Jahr nichts mehr wird mit Santiago.

Ein paar Minuten Hörbuch, die ersehnte SMS kommt noch, dann beame ich mich hundemüde in die Traumwelt. Morgen werde ich nach Caminha fahren.

Kapitel 6
Valenca - Caminha - Porto - Weeze
Sonntag, 28. August - Dienstag, 30. August 2011

Wie geplant nehme ich frühmorgens den Zug nach Caminha, der an dem Grenzfluss Minho entlangfährt. Nach 40 Minuten bin ich in der kleinen Stadt und suche die Pension auf dem zentralen Platz, die ich im letzten Jahr entdeckt und insgeheim schon als Aufenthaltsort für meinen Reiseabschluss vom Jakobsweg vorgesehen hatte. Sie ist ziemlich ausgebucht, aber da ich heute Morgen sehr zeitig da bin, bekomme ich das erste freiwerdende Zimmer versprochen. Ich genieße noch zwei warme, sonnige Tage, die ich auch teilweise auf der anderen Seite des Minho an einem spanischen Strand in A Guardia verbringe. So nutze ich die Muße, meine Wanderung noch einmal zu reflektieren, bevor ich mich Dienstagmorgen wieder in einen dieser schönen alten Züge, mit der für Portugal typischen silbermetallicfarbigen Lokomotive Platz nehme und nach Porto fahre. Dort bleibt mir vor dem Rückflug nach Weeze noch genug Zeit, die Kathedrale und andere Sehenswürdigkeiten der Stadt zu besichtigen.

Porto wurde von den Römern Portus Cale („Die Schöne") genannt und ist heute die wichtigste Wirtschaftsregion des Landes. Es bekam 1996 den Status des Weltkulturerbes. Auf einem riesigen Plakat sehe ich die überdimensionale Vergrößerung des Kopfes von José Mourinho. "Quanto Maiores As Dificuldades Mais Forte Me Sinto", steht darunter. „Je größer die Schwierigkeiten, umso stärker fühle ich mich". Der Spruch könnte in der Tat von ihm stammen. Die Leute scheinen ihn zu mögen. Schon zuvor hatte ich sein Konterfei immer wieder in Geschäften entdeckt. Eigentlich passt er mit seiner Arroganz und seiner narzisstischen Haltung ("I am the special one") gar nicht zu diesen bescheidenen Menschen. Aber wer weiß? Vielleicht verbirgt sich hinter der Fassade ein hochsensibler, empathischer Mensch!

Noch einmal darf ich die geradezu überwältigende Freundlichkeit und Hilfsbereitschaft der Portugiesen erleben. An der Cais da Ribiera am Fluss Duoro bin ich von den pittoresken Häusern, der Brücke Ponte D. Luis und der besonderen Atmosphäre an dieser Stelle so fasziniert, dass ich gar nicht weiß, wo ich zuerst hinschauen soll. Dabei übersehe ich einen hüfthohen Eisenpflock auf der Straße und segele in hohem Bogen auf das Kopfsteinpflaster. Meine Sonnenbrille fliegt durch die Gegend, über meiner rechten Augenbraue fühle ich Feuchtigkeit und aus einem der beschriebenen Häuser höre ich eine Frau rufen: „Aiudo al senhor, aiudo al senhor!" Etliche Helfer und Helferinnen eilen herbei, versorgen mich mit Taschentüchern, Pflastern und ganz viel Trost. Ich bin nicht ganz sicher, ob die Platzwunde genäht werden muss, entscheide mich dann jedoch spontan, das freundliche Angebot, mich zu einer Krankenhausambulanz zu bringen, abzulehnen, um noch rechtzeitig den Flug zu bekommen. Es kostet mich einige Überredungskünste, bis mich meine Retter erhört haben, aber es gelingt mir dann doch noch den Flughafen pünktlich zu erreichen. „Schwer verletzt" besteige ich den Flieger und suche mir einen Platz. Dort wartet eine hübsche Überraschung auf mich, denn wer sitzt, gut erholt und bestens gelaunt, neben mir? Nina aus Solingen.

Daheim im Alltag
Dezember 2011 - Ein Päckchen aus Solingen

Da habe ich nicht schlecht gestaunt, als ich pünktlich zum ersten Advent ein Päckchen ohne Absender in der Praxis in Bocholt in der Hand hielt. Erst nachdem ich den beigefügten Brief las, wusste ich, wer mir die köstlichen, selbstgebackenen Weihnachtsplätzchen geschickt hatte. Der Jakobsweg war nach drei Monaten schon gedanklich etwas in den Hintergrund getreten. Durch Ninas liebevolle Geste war er wieder voll präsent.

Natürlich wollte ich mich schnell für diese nette Überraschung bedanken. Da das Paket keinen Absender enthielt, suchte ich die Adresse in meinen Unterlagen vom Jakobsweg. Ich habe bestimmt dreimal das Arbeitszimmer auf den Kopf gestellt und meine verdammte Unordnung verflucht. Das ist ja schon ein richtig blödes Gefühl, wenn man gar nicht reagieren kann. Zum Glück kam ich irgendwann auf die Idee, José, von dem ich die E-Mail-Adresse hatte, zu kontaktieren.

Es dauerte ein paar Tage, aber dann hatte ich Ninas Adresse. So konnte ich mich mit meinem Büchlein vom Camino Francés bedanken. Ihre Antwort kam postwendend per E-Mail. Eines habe ich herausgelesen und es stimmt mich in der Tat froh, nämlich, dass ihre Motivation, weiter zu pilgern bis nach Santiago eher gestiegen ist. Ich schreibe ihr, dass ich den zweiten Teil des Portugiesischen Jakobsweges bis nach Santiago im Sommer 2012 laufen würde und ich mich wie ein Schneekönig freue, dass mein ältester Sohn Luca mich nach seinem Schulabschluss begleiten wird. Vielleicht gibt es ja auch für uns dann ein Wiedersehen, Nina?

2. Teil
Jetzt mit Totti auf dem Caminho Português

Kapitel 7
Bocholt - Weeze - Porto
Dienstag, 3. Juli 2012

Zum dritten Mal begebe ich mich jetzt auf einen Jakobsweg. Nein, stimmt gar nicht - im Frühjahr war ich in der Umgebung von Soest wandern und fand mich unerwartet auf einem Jakobsweg wieder mit all den vertrauten Erkennungszeichen: Strahlende Sonne auf blauem Hintergrund, Jakobsmuschel und gelbe Pfeile. Jedenfalls ist es das dritte Mal auf der iberischen Halbinsel nach meiner Wanderung von Leon nach Santiago 2009 und nach der Pilgerreise von Porto nach Valenca im letzten Jahr. Zum ersten Mal trete ich den Trip aber nicht allein an, sondern zu zweit. Nicht irgendjemand begleitet mich, sondern mein Sohn Luca. Zum 18. Geburtstag hatte ich ihm einen Rucksack geschenkt und dazu bemerkt, dass ich mich sehr freuen würde, wenn er mich auf dem Jakobsweg nach Santiago begleite.

Natürlich hatte ich den Termin für den zweiten Teil der Wanderung so gelegt, dass es für ihn auch praktisch möglich war, also nach seinem Schulabschluss, nach der Fußball-Europameisterschaft 2012 und vor den Beginn seiner Ausbildung zum Mediengestalter in Köln. Vor der Buchung der Flüge fragte ich Luca dann noch einmal per SMS, ob ich ihn mit einplanen könne. Als ohne Einschränkungen ein klares, verbindliches Ja zurück kam, war ich gleichzeitig erfreut und erleichtert.

Was werden Luca's Motive sein mitzukommen? Sind es spirituelle Gründe, die Lust an der sportlichen Betätigung, Abenteuer oder hat er gar schon begriffen, dass es für die Selbstachtung und das eigene Lebensglück wichtig ist, immer wieder die Komfortzone zu verlassen, wie es der Kollege und Coach Stefan Frädrich („Das Günther-Prinzip") sehr treffend beschreibt.

Am Dienstag, den dritten Juli 2012, lassen wir uns dann von János, Luca's Freund nach Weeze bringen, um von dort nach Porto zu fliegen. Mit einer Stunde Verspätung, aber der besseren räumlichen Orientierung in der Stadt erreichen wir unser Hotel etwa zur gleichen Zeit, wie letztes Jahr gegen 0.30 Uhr Ortszeit. Auch dieses Mal ist der Empfang wieder äußerst freundlich. Wir genehmigen uns noch ein Bier und legen uns dann schlafen. Die Nacht wird kurz genug, denn um 6.30 Uhr wird der Wecker morgen früh klingeln. Wir wollen rechtzeitig mit dem Zug nach Valenca fahren; dorthin, wo ich im letzten Jahr meine Wanderung beendet habe.

Kapitel 8
Porto - O Porrino
Mittwoch, 4. Juli 2012

Wie geplant sitzen wir um 7.00 Uhr am Frühstückstisch. Zum Glück fällt Luca beim Verlassen des Hotels noch auf, dass er seinen Gürtel mit den Wertsachen im Zimmer liegengelassen hat. Aber was ist denn das? Grauer Himmel und Nieselregen? Das kenne ich ja gar nicht von meinen bisherigen Jakobswegwanderungen. Wir laufen an der Igreja da Trinidade vorbei zum Placa da Liberdade und von da aus zum Estacao Sao Bento, einem Traum von Bahnhof mit 20.000 Azuelos, also blau-weißen Motivkacheln in der Eingangshalle, die aus dem frühen 20. Jahrhundert stammen und Szenen aus der Geschichte Portugals und seines Transportwesens darstellen. Dann geht's um 8.20 Uhr auch schon in den Zug nach Valenca. Während Luca vor sich hin schlummert und noch ein wenig Schlaf nachholt, lasse ich den Blick dejavumäßig aus dem Fenster schweifen und die letztjährigen Stationen Revue passieren: Nine – Barcelos – Tamel – Caminha. Was hatte Carlo hier für einen Mordsspaß beim Wellensurfen! Immer wieder hat er mich gefragt, ob wir noch einmal nach Caminha fahren können. Versprochen Carlo, wenn du auch nächstes Jahr noch Lust hast!

Um 12.45 Uhr sind wir schließlich in Valenca und machen unsere ersten Schritte auf dem Camino. Über die internationale Brücke betreten wir spanisches Terrain. Sie zeichnet sich dadurch aus, dass oben Züge und unten Autos und Fußgänger den Minho überqueren. 1886 wurde sie von einem spanischen Architekten erbaut, der sich durch den Eiffelturm inspirieren ließ. Plötzlich ist es schon 14.00 Uhr, denn wir befinden uns nun in Galicien und hier gehen die Uhren eine Stunde vor. Das ist jedoch nur die offizielle Version. Von den visuellen und akustischen Eindrücken her fühlt man sich eher zeitlich zurückversetzt. Diese außergewöhnliche, autonome, spanische Provinz hat ihre eigene Sprache, das Galego, das mehr dem Portugiesischen als dem Spanischen gleicht. Sie ist geprägt durch keltische Einflüsse, erkennbar in der Musik an dem Dudelsack (Gaita) und durch seine Traditionen und Gepflogenheiten, die mit dem Hexenglauben mystisch anmuten. Später werden wir auch noch reichlich Gelegenheit finden, den köstlichen galicischen Weißwein Ribeiro genießen zu können.

In Tui, der ersten Stadt auf spanischem Gebiet, sieht alles sehr mittelalterlich aus. Luca meint, wenn jetzt ein Ritter auf seinem Pferd vorbeikäme, würde er sich nicht wundern. Die Römer nannten die Stadt Castellum Tyde. Der Legende folgend, soll der Apostel Jakobus hier zu Lebzeiten gepredigt und einen Prälaten eingesetzt haben. Im fünften Jahrhundert wurde Tui Bischofsstadt, während der arabischen Besetzungszeit wurde es auch von den Mauren bekämpft. Im Mittelalter war Tui ein wichtiges Handelszentrum der Juden. Anlässlich des Krieges mit Portugal 1640 verstärkte man die mittelalterlichen Mauern. Bis 1833 blieb Tui eine der sieben Hauptstädte des galicischen Königreiches.

Der Nieselregen hört auf und wir finden bei optimalen Wandertemperaturen unseren individuellen Rhythmus, der nicht allzu unterschiedlich zu sein scheint. Die Kennzeichnung am Wegesrand zeigt an, dass der Jakobsweg häufig der Streckenführung der Vía Romana XIX folgt. Wir diskutieren kurz die Bedeutung dieser römischen Zahl und setzen unseren Weg fort, wobei wir kleinere Landstraßen, Waldstücke und Felder passieren, die landschaftlich durchaus reizvoll sind. Nach ca. dreizehn Kilometer machen wir eine kurze Rast, bei der wir unsere erste Mitpilgerin begrüßen dürfen. Sie ist Krankenschwester in Porto und macht Tagestouren, in denen sie mit dem Zug bis zu ihrer letzten Etappe fährt und nach dem Pilgern wieder mit dem Zug zurück nach Porto fährt.

Es dauert nicht mehr lange, bis wir die Vororte der Stadt O Porrino erreichen. Jetzt verstehen wir, warum unser Reiseführer über diesen Abschnitt schreibt, dass er wohl nur für Pilger mit einer besonders asketischen Einstellung eine Bereicherung darstellt. Es geht über langgezogene breite Straßen, über die schwere LKW ihre schmutzigen Abgase verbreiten und die von grauen Industrieanlagen gesäumt werden. Trotzdem – oder vielleicht gerade deshalb – haben wir das Bedürfnis, kurz vor unserem Ziel noch eine Pause machen zu wollen. So gönnen wir uns den ersten Café con Leche, der im Süden irgendwie immer ein bisschen besser schmeckt, auch wenn das Ambiente hier an der viel befahrenen N550 nicht zu vergleichen ist mit meinem letzten Kaffee in Spanien, den ich Ostern mit Lara, ihrer Freundin Maike und meinem Bruder Marcus auf der Plaza de Catalunya in Barcelona genießen durfte.

Gegen 18.00 Uhr kommen wir in der Herberge in O Porrino an. Sie hat zwar große Schlafräume, alles wirkt aber sauber und gepflegt. Der Empfang ist auch noch um diese Zeit sehr freundlich. Über der Rezeption hängt ein großes Foto der aktuellen spanischen Fußballnationalmannschaft. Ich gratuliere erst einmal zum erneuten Titelgewinn. Beim Essen abends in der belebten Altstadt meint Luca, er fühle sich wie nach einem intensiven Fußballmatch (also angenehm erschöpft). Mal sehen, wie es ihm morgen nach der Königsetappe über 32 km geht. Gegen 22.00 Uhr fallen wir todmüde ins Bett.

Kapitel 9
O Porrino - Pontevedra
Donnerstag, 5. Juli 2012

Gut gelaunt und voller neugieriger Erwartungen, was der Tag bringen wird, machen wir uns mit dem Großteil des mit sechzehn Pilgern gefüllten Schlafsaales klar für die heutige Wanderung nach Pontevedra. Luca`s auf Halbmast gestellte Augen zeigen mir, dass es für ihn noch gerne ein halbes Stündchen mehr Schlaf hätte sein dürfen.

Mit „Glück auf!" werden wir an der Eingangshalle von unseren süddeutschen Gesprächspartnern verabschiedet, denn an Lucas Trikot ist für sie unschwer zu erkennen, für welchen Fußballverein im Ruhrgebiet unser Herz schlägt.

Der Himmel ist wieder grau, es sieht nach Regen aus. Wir ziehen daher besser unsere Plastikfolien über die Rucksäcke. Nach zwei, drei Kilometern kommen wir von der Straße weg und dürfen wieder auf schönen Feldwegen wandern. Luca hat zwar gelegentlich sein Mobiltelefon in der Hand und checkt seine SMS, aber er telefoniert nicht. So hatten wir es vereinbart. Gleiches gilt aber nicht für den handyverliebten Durchschnittsitaliener. „Mama, dove sei?" - Mama, wo bist Du? - höre ich eine junge männliche Stimme aus dem Handy einer etwa 50jährigen Frau rufen, die gerade vor mir läuft. Mama ist mit dem Papa auf dem Camino. Aber so ganz ohne Mama geht's eben nicht. Papa ist ein mindestens 60-jähriger drahtiger, mit seinem neongrünen Rucksack als Pilger getarnter Hochleistungssportler, der meistens ein paar hundert Meter vorrausläuft. Zu dem Duo gehören noch zwei Damen, die ich nicht so recht einordnen kann.

Wir laufen durch ein verwunschen aussehendes Waldstück, in dem Luca gleich Rotkäppchen um die Ecke kommend erwartet. Gegen Mittag erreichen wir die Stadt Redondela, wo uns Hungergefühle ereilen. In einem kleinen Supermarkt bedient uns eine galicische Abuela. Sie erklärt uns die verschiedenen Wurstsorten; als es dann an die Wahl geht, sagt sie, jetzt müsse sie erst einmal ihren Sohn holen. Sie wisse gar nicht, was das alles kostet. Nach einer gefühlten Stunde kommt der Sohn und schneidet uns ein paar Scheiben Wurst ab. Luca und ich fragen uns, welche Funktion hier die Oma hat. Beim Bezahlen an der Kasse sind wir schlauer. Nachdem wir den Preis für die Wurst, das Baguette und den Käse präsentiert bekommen und das Geld bereits abgegeben haben, greift die alte Dame ein. Ihr Sohn hatte sich zu ihren Ungunsten um ein paar Cent verrechnet.

Auf einer Bank vor der hiesigen Herberge nehmen wir die köstliche Brotzeit ein. Luca sieht auf der anderen Straßenseite den Italiener mit suchendem Blick. „Er weiß wahrscheinlich nicht, wo der Camino weitergeht", meint Luca, spricht´s aus und rennt über die Straße, um ihm behilflich zu sein. Wild gestikulierend sehe ich die beiden dort verhandeln. „Keine Ahnung, ob er mich verstanden hat", meint Luca.

Kaloriengestärkt durchqueren wir die Stadt, nehmen dann wahrscheinlich eine falsche Abzweigung und müssen ein, zwei Kilometer einen Umweg über eine Schnellstraße machen, um wieder auf den Camino zu gelangen, der uns an diesem Abschnitt einen wunderbaren Ausblick auf die Ausläufer des atlantischen Ozeans bietet. In einem Waldstück treffen wir den Italiener wieder. Wir tauschen ein paar Worte aus. „Sono Francesco e vengo da Milano" (Ich bin Francesco und komme aus Mailand), stellt er sich vor. Ich erkläre ihm, dass Luca ihm in Redondela den Weg zeigen wollte. „Ah, so war das, ich kann nix, außer Italienisch", entschuldigt er sich. Scheinbar hat er dort nur auf seine drei Grazien gewartet. Aber dann kommt eine Bemerkung, die mich ein bisschen überrascht: „Wieso spricht dein Sohn eigentlich kein Italienisch?", fragt er und schaut Luca dabei leicht vorwurfsvoll an!

Bei Arcade sehen wir, in eine Mauer eingelassen, einen kleinen Altar, an dem die vorbeipilgernden Menschen verschiedene Opfergaben hinterlassen. Ein Pilger hat seine Uhr dort abgelegt. Vielleicht hat Zeit für ihn eine neue Dimension bekommen, in der er nicht mehr auf eine Uhr angewiesen ist. Hinter Arcade überschreiten wir die geschichtsträchtige Brücke von Pontesampaio, an der die bewaffnete Bevölkerung während des spanischen Unabhängigkeitskrieges dem napoleonischen Heer eine seiner empfindlichsten Niederlagen in Galicien zufügte.

Wir werden immer schlapper, verbrauchen allmählich unsere letzten Reserven. Luca träumt von einem Bett, ich von einem Bier. Mein Wunsch geht bald in Erfüllung, denn ein paar Kilometer vor Pontevedra finden wir eine kleine Oase, an der auf einer Wiese Getränke verkauft werden. Ich frage die nette Verkäuferin, wie weit es noch zur Herberge ist und sie sagt: „Fünf Kilometer." Ich entgegne: „Das hören wir jetzt schon seit einer Stunde", woraufhin sie meint, eigentlich seien es auch keine fünf Kilometer mehr, sie sage aber immer „fünf" auf die Frage, da sie nicht weiß, was viereinhalb auf Englisch heiße...

Nach einer kleinen Stärkung gehen wir die letzten Kilometer an. Kurz vor einer Unterführung sitzt ein Engländer aus Leeds mit seiner farbigen Freundin in einem Café. Er hat Spaß an unserem Outfit, wahrscheinlich meint er die Trikots - und er macht uns Mut: „Nur noch 300 Meter bis zur Herberge." Als wir dann davorstehen, trauen wir uns kaum hineinzugehen, mit den internationalen Fahnen vor dem Eingang sieht sie eher wie ein Viersternehotel aus. Welch ein freundlicher Empfang! Die Dame an der Rezeption hält den ausgestreckten Daumen nach oben als wir eintreten. Offensichtlich sieht man uns die Strapazen im Gesicht an. Wir fühlen uns wie der VfL nach seinem letzten Aufstieg in die Bundesliga. Es dauert jedoch keine Minute, da geht es uns wie Bastian Schweinsteiger nach dem verschossenen Elfmeter im Champions – League – Finale. Der ausgestreckte Daumen hieß: Nur noch ein Bett frei!

Man bietet uns ein Notlager in einem Colegio an, etwa drei Kilometer entfernt, am anderen Ende der Stadt. Was sollen wir machen? Besser als nichts, schließlich ist es schon nach 18.00 Uhr. Also Rucksack wieder auf die Schultern und weiter. Die Laune ist grenzwertig, aber noch nicht auf dem Tiefpunkt. Beim Durchqueren der Altstadt können wir uns an den kultigen Plätzen und den belebten Straßen mit den herausgeputzten alten Häusern nicht so recht erfreuen, wollen nur noch schnell dieses Colegio finden. Nachdem wir die Ponte del Burgo über den Fluß Lerez überquert haben, stehen wir laut Stadtplan vor dieser Schule. Wir versuchen die Türen zu öffnen, aber vergeblich: Alles verschlossen. Verdammt, haben die uns an der Nase herumgeführt oder sind wir einfach nur zu müde, um das Colegio zu finden? Wir vergewissern uns noch bei einigen Passanten, die uns jedoch bestätigen: todo correcto, hier und sonst nirgendwo muss das Colegio sein!

Letzte Gewissheit, dass es keine sprachlichen Missverständnisse gibt, bekommen wir von einem jungen Spanier in perfektem Deutsch mit charmantem wienerischem Tonfall. Er studiert seit ein paar Jahren in Österreich. Dann versuchen wir es mal über den Hintereingang des Gebäudes und in der Tat, vor einer Turnhalle sehen wir ein paar Pilger.

Luca kommt fluchend aus den Waschräumen: „Was ist das für ein Tag, ich laufe mir ´nen Wolf, hab' etliche Blasen an den Füßen und muss jetzt noch in so einer schmuddeligen Turnhalle mit kaltem Wasser duschen!" „So, jetzt weißt Du was Pilgern bedeutet", spricht der Vater. Aber Luca hat recht: die überfüllte Halle gleicht eher einem Auffanglager für Flüchtlinge, als einer zivilisierten Schlafstätte. Nach dem Duschen eiern wir in die Stadt, laufen kann man das nicht nennen.

Einen Vorteil hat unsere Notunterkunft: Sie liegt näher an der Altstadt, die wir jetzt doch noch ein wenig genießen können. Auf der Praza do Teicro, die nach einem Helden aus dem Trojanischen Krieg (dem vermutlichen Gründer der Stadt), benannt wurde, finden wir bei einem Weizenbier unseren Humor wieder und frotzeln über Francesco. „Was erlauben Luca, warum nix sprechen Italienisch?"

Mein Hunger ist gestillt mit den Tapas, die wir zu jedem Weizenbier gereicht bekommen. Luca braucht noch etwas „Anständiges", Kalorienreiches. So landen wir in einer Dönerbude, in der uns ein junger Mann aus Bangladesh bedient. Er arbeitet von morgens zehn bis nachts um drei mit einer kleinen Mittagspause, und das von montags bis sonntags. Urlaub habe er seit zwei Jahren nicht mehr gehabt, sein Chef verlange das so. Irgendwie überkommt mich das Bedürfnis, ihm zu helfen, aber angesichts der vielen Arbeitslosen in Spanien und der extremen Armut in Bangladesh geht es ihm noch relativ gut.

Nicht sehr lustig sind die Monstermücken in der Turnhalle, die mit ohrenbetäubendem Surren über uns kreisen und dann plötzlich wie Starfighter auf unseren Gesichtern abstürzen, um für Tage ihre Spuren auf unserer Haut zu hinterlassen. Da hilft auch kein komplettes Abtauchen in den Schlafsack. Letztlich kriegen sie uns immer noch. So fällt die Gesamtbilanz an Schlaf für diese Nacht etwas mager aus. Zwei, vielleicht drei Stunden? Zwischendurch höre ich den Regen mit einer Intensität auf die Halle prasseln, dass man meinen könnte, wir stehen kurz vor dem Weltuntergang. Ein bisschen dankbar bin ich jetzt aber doch dafür, dass wir zumindest ein Dach über dem Kopf haben.

Kapitel 10
Pontevedra - Caldas de Reis
Freitag, 6. Juli 2012

Luca will einfach nicht aufstehen. Einige Male habe ich ihn bereits geweckt. Der ganze Saal ist schon leer, aber das stört ihn nicht, wahrscheinlich hat er es gar nicht mitbekommen.

Zum Glück habe ich ein Buch dabei, mit dem ich mir die Zeit vertreiben kann: „Faustinas Küsse" von Hanns-Josef Ortheil - eine Empfehlung meiner Kollegin und Freundin Annette, die ich vor ein paar Wochen in ihrem neuen Traumhaus in Xanten besucht habe. Irgendwie passt das Buch zum Camino, denn es handelt auch von einer Reise, nämlich Goethes Aufbruch nach Italien. Vor der Halle sehe ich eine Gruppe Spanier, die sich gesanglich einstimmen auf den heutigen Pilgerweg. Der Himmel ist noch ein bisschen grauer als gestern.

Nach einer weiteren erfolglosen Weckaktion schlage ich Luca vor, dass ich schon mal vorlaufe und wir uns im nächsten Ort treffen. Dann stehe er gar nicht mehr auf, meint er und quält sich schließlich aus der Koje. Es ist schon neun Uhr. Wir stärken uns in einem Café und machen uns danach auf den Weg. In einer kleinen Kapelle treffe ich eine Gruppe älterer spanischer Damen, die sich spontan formiert und einen wunderschönen Choral schmettert. „Le gustó?" fragt mich eine der Sängerinnen. Und ob es mir gefallen hat! „Ich bin sehr beeindruckt, Señora!", antworte ich ihr.

Luca und ich laufen schweigend mehr hintereinander als nebeneinander. Der Himmel klart etwas auf, was man von Luca's Stimmung nicht gerade behaupten kann. Er wirkt heute sehr in sich gekehrt. Es fällt ihm wohl nicht nur körperlich schwer – immer wieder versorgt er seine Füße mit Blasenpflastern, die ihm seine Mama fürsorglich und vorbeugend mitgegeben hat – auch mental scheint er zu kämpfen. Ich lasse ihn in Ruhe. Da muss er durch.

Diese Tour ist halt etwas anspruchsvoller als unsere letzte gemeinsame Unternehmung! Vor einigen Wochen durfte ich die Abschlussfahrt mit seiner Fußballmannschaft nach Berlin mitgestalten. 14 Jahre haben die Jungs im gleichen Club gekickt. Das schweißt zusammen. Als Luca fünf Jahre alt war, brachte ich ihm ein Trikot von Francesco Totti aus Rom mit. Er zog es kaum mehr aus. Später kamen andere Totti-Trikots dazu. Sogar die VfL–Trikots wurden mit „Totti" beflockt. Seitdem nennt ihn alle Welt nur Totti, selbst einige seiner Lehrer.

Wir wandern durch Weingebiete und über Feldwege, die weder besonders anstrengend, noch überaus spektakulär sind. An einer Ecke kaufen wir einem Bauern ein Kilo Kirschen ab. Vielleicht sind es die leckeren Früchte, die Luca´s Laune wieder besser werden lässt. Er kann auch schon wieder einen Schritt zulegen, sodass wir nach 22 km um 14.00 Uhr vor der Herberge an der Römischen Brücke in Caldas de Reis angelangt sind. Etwas angespannt und skeptisch stehen wir in dem Eingangsraum, als uns die Dame an der Rezeption mitteilt, die Herberge sei ausgebucht. Sie könne uns aber die letzten zwei Notmatratzen neben der Rezeption anbieten. Sie fragt, ob wir sie haben wollen. Und ob wir wollen!! Dann weist sie uns noch darauf hin, dass heute Abend ein Rockkonzert neben der Herberge stattfindet und es etwas lauter werden könnte. Das stört uns nicht im Geringsten. Wir sind nur froh, ohne große Umstände eine Bleibe gefunden zu haben.

Die Herberge ist einfach, aber sauber. Sogar warme Duschen gibt es hier. Nachdem wir unser Matratzenlager geordnet haben, suchen wir die heißen Heilwasserquellen auf, für die die Stadt bekannt ist. Heute Abend haben wir Lust auf italienisches Essen. Lasagne und Spaghetti Carbonara stehen auf dem Speiseplan. Wir hören uns noch die erste Konzertband an, dann geht´s auf die Matratze.

Kapitel 11
Caldas de Reis – Padrón
Samstag, 7. Juli 2012

Um sechs Uhr werden wir wach. Luca sagt, er habe zum ersten Mal durchge-schlafen. Selbst das laute Konzert nebenan konnte ihn nicht daran hindern. Es herrscht hektische Betriebsamkeit in der Herberge. Ich vernehme überwiegend spanische Stimmen. Obwohl es draußen noch dunkel ist, bereiten sich die Spanier bereits für den Abmarsch vor. Es regnet in Strömen. Aber das stört sie nicht. Die Spanier, die hier überwiegend in Gruppen laufen, sind auf dem letzten Stück des portugiesischen Weges eindeutig in der Mehrheit.

Ich lasse Luca wieder einschlafen, widme mich meinem Tagebuch und hoffe auf besseres Wetter. Um 8.00 Uhr sind auch wir raus. Der strömende Regen hat leicht nachgelassen. Ich betrachte die unterschiedlichen Grautöne des Himmels über Galicien. Das heutige Grau geht schon mehr ins Schwarze. Eigentlich sieht es noch eher nach Nacht als nach Tag aus. Egal – wir holen unsere Plastikfolien für die Rucksäcke heraus und ziehen los. Nach ein paar hundert Metern kann ich es kaum glauben: das Laufen macht Spaß und Luca scheint ihn auch wiedergefunden zu haben. Er fragt mich: „Papa, wie weit ist es von Palma nach Cala Ratjada? Jetzt, wo ich gerade so gut dabei bin, könnte ich da vielleicht auch hinwandern." „Ich schätze so 70 Kilometer", antworte ich. In Wirklichkeit sind es fast 100 Kilometer. Nach unse-rem Jakobsweg will Luca von Santiago nach Palma fliegen und seine Freunde in Cala Ratjada treffen.

Unser Wanderenthusiasmus wird belohnt mit einem sehr schönen Abschnitt durch kleine Wälder und Feldwege abseits der befahrenen Straßen. Nach einer Stunde Marsch nehmen wir unser Frühstück in einem liebevoll gestalteten Pilgercafé ein. Un bacadillo largo con cheso y jamon ibérico - hier, an dieser Stelle und mit unserer guten Laune schmeckt das jetzt phantastisch.

Weiter geht's über die unverändert schöne Strecke mit leichten Steigungen durch Wälder und autofreie Feldwege. 19 km haben wir heute nur zu schaffen bis zur nächsten Herberge in Padrón. Die Stadt ist ein beliebter Wallfahrtsort und daher soll es dort gewöhnlich viele Pilger geben. Bummeln dürfen wir also nicht, wenn wir einen Platz in der Herberge ergattern wollen.

Plötzlich kommt sogar die Sonne heraus. Ist das jetzt der Wetterwechsel? Zu früh gefreut – leider ist der Zauber schon nach zehn Minuten vorbei. Der nächste Schauer kündigt sich an. Und der hat´s in sich. Er ist so heftig, dass wir uns unterstellen wollen. Eine glückliche Fügung ist sicherlich die kleine Kapelle am Wegesrand, Da werden wir Unterschlupf finden. - denken wir aber auch nur, denn das Gotteshaus ist geschlossen. „Wenn man mal eine Kirche braucht…", höre ich eine klagende Stimme in meinem Kopf. Wir stellen uns stattdessen unter eine Weinlaube, aber so richtig Schutz bietet sie nicht. Als unsere Kleidung bereits vom Regen durchtränkt ist, kommt ein wild gestikulierender Spanier mit feurigen Augen in Arbeitskleidung um die Ecke und bittet uns in seine Scheune. Er besitzt hier eine kleine Schreinerei. Irgendetwas Vertrautes hat diese Hütte. Ich meine, es muss etwas aus Kindheitstagen sein. Jetzt fällt´s mir ein! Wie hieß dieser kleine Kobolt noch? Pumuckel! Wo hat der Bursche sich nur versteckt?

Der Schreiner fragt uns nach unserer Herkunft. „Alemania!" Ganz spontan kommt seine Reaktion – nicht der Rhein, nicht Goethe und auch nicht Beckenbauer ist seine erste Assoziation – nein, „La Merkel!" Was ich heraushöre, ist sein Kummer über die enormen finanziellen Einbußen, die die Bundeskanzlerin den Spaniern aufgebürdet hat. Eine Diskussion über die Bundeskanzlerin ist mir aber zu heikel – ich will ja nicht gleich wieder im Regen stehen – wir können uns aber rasch darauf einigen, dass Politik zuweilen ein schwieriges Geschäft ist und es eine Schande für Europa ist, dass die Schere zwischen Arm und Reich immer weiter auseinanderklafft. Er selbst sei jedoch zufrieden, fertige Möbelstücke für einfache Haushalte an und sei glücklich, wenn er von Zeit zu Zeit einen besonderen Auftrag erhalte.

Der Regen lässt nach, wir bedanken uns für die Freundlichkeit und die nette Begegnung und setzen unseren Weg fort. Kurz vor Padrón verlaufen wir uns noch einmal, stellen unseren Irrtum aber schnell fest. Ohne Luca hätte ich mich sicher fünf Mal mehr verlaufen. Auf den letzten Metern treffen wir auf ein amerikanisches Paar um die Fünfzig aus der Umgebung von Seattle, das vor einigen Jahren den Camino Francés gepilgert ist. Luca hat Freude an dem Gespräch, meint, solche Abwechslungen seien doch das Salz in der Suppe beim Wandern, dann würde er sein schmerzendes Bein auch nicht so spüren. Ich habe die Vermutung, dass es auch daran liegen könnte, dass er für seine exzellente Aussprache gelobt wurde.

Vor der Herberge in Padrón, die zu einem Convent gehört, steht Stefano, ein kräftiger, wohlgenährter Spanier, der, wie einige andere Mitpilger, auf Einlass wartet. Ihm gefällt Luca's Trikot. Es entwickelt sich eine kleine Konversation. „VfL, spielen die nicht in der zweiten Liga, wie St. Pauli?" - „Hey, Du kennst dich aber gut aus", entgegne ich. „Mein Kopf besteht nur aus Fußball!" - „Und wo bist Du her?" - „Aus Cadiz" - „Liegt das nicht im Süden?" - „Ja, ganz im Süden, südlicher geht's nicht."

- „Spielen die nicht auch zweite Liga?" - „Ja, leider, 2B sogar." Stefano spricht so schnell, dass ich kaum mitkomme. Auf dem Camino Francés sei er auch gewesen, aber vor O Cebreiro habe er schlapp gemacht. Diese Steigung konnte er seinen Füßen nicht zumuten. Inzwischen wird Stefano aufgerufen, muss wie alle bei der Aufnahme sein Alter angeben. „Treinta y ocho" – Achtunddreißig. Wir hatten ihn etwas jünger geschätzt.

Nach der Dusche und einem kleinen Mittagsschläfchen in der sauberen und modern eingerichteten Herberge besichtigen wir den Pedron in der Jakobuskirche. Wahrscheinlich hat die Stadt danach ihren Namen erhalten. Der Pedron ist ein Stein, der zur Römerzeit zunächst als ein dem Neptun geweihter Altar unmittelbar am Sarufer genutzt wurde. Der Überlieferung nach machte an diesem Stein später das Boot fest, das über das Meer und schließlich über den Fluss Sar den Leichnam des heiligen Jakobus samt seinen Jüngern Theodorus und Anastasius nach Padrón brachte.

Die Stadt wirkt wie ausgestorben. Angeblich ist es einer der meist besuchten Wallfahrtsorte. Wahrscheinlich haben sich die Menschen alle am Santaguino do Monte versammelt. Hier, an dieser Stelle, wo die kleine Jakobsstatue mit Steinkreuz steht, soll Jakobus seine erste Predigt gehalten haben.   Man soll die 114 Stufen hinauf ohne Pause bewältigen, um, der Legende nach, später in den vollen Genuss der Gnade zu kommen. Das Ganze erscheint uns jedoch etwas zu esoterisch. Wir genießen stattdessen am Sarufer galicische Spezialitäten: Pulpa (Tintenfisch) und natürlich die sogenannten Pimentos de Padrón, kleine grüne geröstete Paprika mit Meersalz – köstlich! Um 22.00 Uhr liegen wir im Bett und träumen von Santiago.

Kapitel 12
Padrón – Santiago de Compostela
Sonntag, 8. Juli 2012

Heute Morgen hat Luca ein gutes Argument, liegenzubleiben. Nachdem er gestern Abend noch einen Liedtext für seine Gitarre geschrieben hatte, fand er aufgrund der 48 Schnarcher im Saal keine Ruhe. Irgendwann in der Nacht ist er eine Etage nach unten gegangen und hat sein Quartier auf dem Küchentisch aufgeschlagen. Als die ersten aufbrechenden Pilger gegen fünf Uhr erschrocken das Opferlamm auf dem Tisch sahen, hat er sich wieder in sein Bett verzogen. So richtig eilig müssen wir es heute auch nicht angehen. Es gibt zwar in Santiago jede Menge Herbergen, wir werden uns dort aber mit einer Pension oder einem einfachen Hotel verwöhnen.

Um neun Uhr geht's dann auf die letzte Etappe. Gestärkt mit einem Café con Leche und einem Toast erörtern wir die aktuellen Grautöne am Horizont. Wir einigen uns darauf, dass das Grau heute etwas zarter ist. Aber immerhin: Es regnet nicht. Der Camino geht durch kleine Dörfer, meist über Felder, abseits der befahrenen Straßen. An einer Weggabelung rätseln wir mal wieder, in welche Richtung es weitergeht. Luca ist erneut der Schnellere von uns beiden in der Orientierung. Vielleicht liegt es am Alter. Echte Sorgen mache ich mir aber bei meinen Genen nicht. Mama, die in zwei Jahren 90 Jahre alt wird, ist fit, wie der vielbesagte Turnschuh und so Gott will, feiern wir in drei Jahren den hundertsten Geburtstag meines Vaters.

Kurz vor dem Ziel geht's noch mal steil bergauf. Luca sieht, dass ich ordentlich ins Schwitzen komme und tauscht seinen drei Kilogramm leichteren Rucksack gegen meinen. Zwei km vor Santiago treffen wir Stefano wieder. Da er zurzeit keinen zum Quatschen hat, spricht er mit seinem Handy. Um 14.30 Uhr stehen wir vor der Kathedrale. Geschafft!

Es dauert nicht lange, bis wir von einer älteren Dame angesprochen werden, die uns für 25 Euro ein Zimmer in einer Pension anbietet. Nehmen wir: Sauber, ruhig, mitten in der Altstadt. Auch heute verbreitet diese Stadt mit seinen romantischen Gassen, den Straßenmusikern und den vielen jungen und weniger jungen Menschen mit ihren Rucksäcken einen besonderen Spirit. Es ist schwer, in den Gesichtern der Einzelnen zu lesen, was sie fühlen. Nur eines ist klar: Jeder ist seinen eigenen Weg gelaufen. Ich persönlich spüre wie bei meiner ersten Ankunft in Santiago vor drei Jahren eine gewisse Leere, habe das Gefühl, dass alles Erlebte erst einmal sacken muss.

Nachdem wir uns frisch gemacht haben, lassen wir uns die Compostela im Pilgerbüro ausstellen. Nach unseren Motiven, den Jakobsweg zu laufen, befragt, erfahre ich auch hier nicht viel von Luca´s Gründen. Jedenfalls scheinen es keine spirituellen oder religiösen zu sein, denn die muss man hier angeben. Insgeheim denke ich, dass er vielleicht noch gar nicht gemerkt hat, welche spirituelle Energie der Camino ihm verliehen hat.

Heute Abend speisen wir im Manolo, einem Lokal, das mir noch vom ersten Mal in Santiago in guter Erinnerung ist. Auf dem Weg dorthin sehen wir auch die Amerikaner wieder. Wir nehmen gerade die Vorspeise ein, als Francesco di Milano an unseren Tisch kommt. Er begrüßt Luca auf das Allerherzlichste, indem er seine Hand ganz fest mit seinen beiden Händen drückt und wendet sich dann zu mir: „Ich beneide dich ein wenig, dass du etwas so Einmaliges mit deinem Sohn erleben darfst. Das habe ich mit meinem Sohn nicht geschafft". Ich bin gerührt, aber es geht noch weiter. Einige Minuten später sucht uns ein etwa siebzigjähriger sportlicher Herr, der uns scheinbar schon einige Zeit beobachtet hat, mit den Worten auf: "Ich bin den gesamten Camino Francés gelaufen und für mich gehört es auch dazu, dass ich noch weiter bis Fisterra pilgere, aber Vater und Sohn auf dem Jakobsweg, das ist doch etwas ganz Besonderes." Auch Luca scheint etwas gerührt und erzählt mir dann warum er mitgekommen ist: Ihn habe schon immer meine individuelle Art zu reisen fasziniert, und wie er es gerade ausspricht, fällt mir ein, dass er sich an trüben Sonntagen gerne meine alten Dias von früheren Reisen aus dem Regal nahm und angeschaut hat.

Die Pilgermesse bildet auch heute wieder einen würdigen Abschluss der Wanderung. Zwar haben wir dieses Mal nicht das Glück wie vor drei Jahren, dass der Botafumeiro, dieses riesige Weihrauchgefäß durch das Querschiff der Kathedrale geschwenkt wird; dennoch ist auch jetzt an dieser Stelle eine einzigartige Stimmung unter den Menschen aus vielen verschiedenen Ländern der Welt zu verspüren.

Meine Gedanken sind heute besonders bei Sebastian, meinem Patenkind und Sonja, seiner Frau, deren Hochzeit ich im Herbst des letzten Jahres mitfeiern durfte. Sonja ist jetzt in der 22. Woche schwanger. Eigentlich ein wunderbares Ereignis, die beiden haben sich sehr auf das Kind gefreut. Dennoch hat sie das Schicksal schwer getroffen, denn das Rezidiv eines bösartigen Uterustumors hat sie vor eine ganz schwierige Lebensentscheidung gestellt: Sofortige oder spätere Totaloperation. Mit dieser Situation konfrontierten sie mich vor einigen Wochen und baten mich um Hilfe. Sie hatten herausgefunden, dass es europaweit nur einen Experten in Essen für dieses seltene Karzinom gab. Es sei jedoch äußerst schwierig, einen Kontakt zu diesem Mann herzustellen. Ich schickte am nächsten Morgen der Sekretärin ein Fax mit den wichtigsten Verlaufsdaten und bat sie, das Schreiben dem Professor, der sich gerade im OP befand, vorzulegen. Bereits in der Mittagspause erhielt ich seinen Anruf zu Hause. Wir vereinbarten einen Vorstellungstermin für die kommende Woche. Für Sonja und Sebastian war die Untersuchung und Beratung wegweisend. Sie haben sich für das Kind entschieden. Ich bete für sie, dass alles gut geht...
Jetzt, wo ich diese Zeilen schreibe, weiß ich: es ist gut ausgegangen. Das Wunder heißt Benedikt Sebastian!

Wovon waren meine drei Jakobwege geprägt? Allen gemein waren die außergewöhnlichen Begegnungen und der Austausch mit bis dahin unbekannten Menschen. Während der Camino Francés sich besonders durch die abwechslungsreichen Landschaften und schönen Wege auszeichnete, hat mich beim ersten Teil des

Portugiesischen Jakobsweges die Liebenswürdigkeit und Freundlichkeit der einheimischen Bevölkerung beeindruckt und im zweiten Teil das gemeinsame Erleben mit Luca.

Morgen werde ich mit Luca an den Atlantik nach Fisterra zum sogenannten Ende der Welt fahren. Das hätte ich vor drei Jahren zwar zeitlich auch noch gut geschafft, ich fühlte mich aber mental dazu nicht mehr in der Lage. Dieser Ort wurde lange Zeit fälschlicherweise als der westlichste Punkt des Kontinents angesehen. Der Tradition folgend verbrennen Pilger am Kap einen Teil ihrer Kleidung und damit symbolisch einen Teil des alten Menschen, der sie vor Beginn des Weges waren.

Wenn´s nach mir geht, war dieser nicht mein letzter Jakobsweg, aber das entscheide ich nicht allein.

Und Luca? Der fliegt jetzt erst einmal zu seinen Freunden nach Mallorca. Wer weiß – vielleicht wird er irgendwann einmal sagen: Damals, als ich mit Papa auf dem Jakobsweg war…

Der Jakobsweg aus Luca's Sicht

Wie fängt man diesen Kommentar in dem Buch der Bücher, geschrieben von DEM Schriftsteller, meinem Vater, an?

Rückblickend kann ich sagen, dass von der 120 Kilometer langen Reise durch herrliche Landschaften, malerische Dörfer, aber auch durch hässliche Industrieviertel durchaus etwas „hängengeblieben" ist.

Allen, denen ich davon erzählt habe, die auch schon einmal den Camino erlebt haben, sagten mir vor der Abreise, der Weg sei etwas Spezielles, der lässt dich nicht mehr los. Meine Antwort darauf war immer nur: „Ja, mal schauen." Aber jetzt ist es wirklich so. In gewisser Weise lässt er mich nicht mehr los, da ich ziemlich oft auf den gemeinsamen Weg zurückblicke.

Man denkt über die Begegnungen, Strapazen und über die Ankunft nach. Das alles lässt mich oft schmunzeln, angenehme Erinnerungen werden geweckt. Da gab es zum Beispiel diesen verrückten, kleinen Italiener. Der Mann, Anfang 60, sah so hilflos auf der Suche nach dem Weg aus. Offensichtlich wollte er die Zeichen an der Wand ausfindig machen, die den Jakobsweg weisen. Ich sprach ihn auf Englisch an. Es wurde wild gestikuliert und als dann seine drei Damen dazukamen, wurde es trotzdem nicht viel besser, auch wenn sie so taten, als würden sie Englisch verstehen. Als wir die Italiener später wiedertrafen, hatte ich dann meinen Vater als Dolmetscher und wollte ihnen meine oben genannte Absicht klarmachen. Er sagte ihnen, dass ich ihm auf Englisch mitteilen wollte, wo der Weg weiterführt, worauf er in seiner Sprache erwiderte: „Ich verstehe nichts außer Italienisch", schaute zu mir hoch und meinte: "Sieh dir deinen Vater an, der spricht perfekt Italienisch, warum du nicht?!"

Es gab für mich persönlich spirituelle Momente auf der Wanderung, an die ich von Zeit zu Zeit zurückdenke und die meinen Körper mit Gänsehaut geflutet haben. Ich war auf dem Weg und dachte mir, es geht hier immer nur in eine Richtung, man kommt nirgendwo zweimal an. Dabei ist mir aufgefallen, das ist wie der Lebenslauf. Es gibt da diese Band, bei der ich mittlerweile soweit gehe, zu sagen, dass ich sie als (m)einen Lifestyle bezeichnen würde. Mir fiel schlagartig ein Songzitat von Green Day ein. Es stammt aus einem Lied, das die Band für einen verstorbenen Freund geschrieben hat und handelt davon, wie sie mit dem Tod umgegangen ist:

Got to make a plan,
Got to do what´s right,
Can´t run around in circles,
If you wonna build a life.

Das war so zutreffend, dass es mich definitiv bis heute fesselt. Zusammenfassend könnte man sagen, es war eine Reise mit vielen Begegnungen jeglicher Art, unkonventionellen Unterkünften und einem guten Lauf.

Der Geist von Santiago
Frankfurt Hahn – Bocholt
Mittwoch, 11.Juli 2012

Die Wanderung ist beendet, der Geist vom Camino kommt mit. So könnte man das letzte Erlebnis meiner Rückreise von Santiago beschreiben.

Der Flieger von Santiago de Compostela nach Frankfurt Hahn hat bei der Ankunft um 17.00 Uhr eine Stunde Verspätung, sodass ich meinen Anschluss nach Köln verpasse. Vor der Eingangshalle komme ich mit zwei jungen Burschen, Anfang Zwanzig, ins Gespräch. Sie erzählen begeistert von ihrer Wanderung auf dem Camino Frances, die sie leider jedoch schon nach der zweiten Etappe beenden mussten, da sich einer von ihnen eine Fußverletzung zugezogen hatte. Sie warten auf den Vater eines der Jungs, der sie vom Flughafen abholt. Ich erfahre, dass sie in Haltern wohnen und frage, ob sie mich eventuell ein Stück mitnehmen könnten. Zehn Minuten später sitzen wir im Auto. „Ich bin Carsten. Wo soll es denn hingehen?", fragt mich der Vater, ein sportlicher Typ, etwas jünger als ich. „Ich wohne in Bocholt, aber du kannst mich am besten an der Ausfahrt nach Köln rausschmeißen, da wohnt mein Bruder", antworte ich ihm. Nach etwa anderthalb Stunden dort angekommen ignoriert er sämtliche Ausfahrten und fährt weiter auf der A3 in Richtung Norden. Kurz vor Oberhausen sage ich, „Oberhausen wäre auch nicht schlecht, von da komme ich noch mit dem Zug weiter nach Bocholt." „Hast Du da auch einen Bruder sitzen?", grinst er mich an und fährt auch an Oberhausen vorbei. Nach etwa drei Stunden kommen wir in Haltern an. Die Jungs freuen sich, dass sie bald zu Hause sind, ich überlege mir, wie ich von hier weiterkomme. Carsten nimmt die Autobahnabfahrt in Haltern Lavesum und biegt plötzlich in die Landstraße Richtung Reken ab. Langsam schwant mir, was er vor hat... und in der Tat: nach weiteren 40 Minuten liefert er mich in Bocholt ab. - Einfach so!

Buch 3
Von Cáceres nach Salamanca

Begegnung mit einem Engel auf der Vía de la Plata

Für meinen lieben Vater, der zehn Tage nach meiner Rückkehr
und fünf Wochen vor seinem 99. Geburtstag verstorben ist.

Kapitel 1
Ein neuer Weg

„Nach dem Spiel ist vor dem Spiel". So lautet der legendäre Spruch Sepp Herbergers.

„Nach dem Jakobsweg ist vor dem Jakobsweg", hieß es für mich mal wieder, als ich schon einige Monate nach der Rückkehr mit Luca vom Portugiesischen Jakobsweg im Juli 2012 bereits gedanklich bei meiner nächsten Camino - Wanderung war. Obwohl ich gerade erst meine Aufzeichnungen über unsere gemeinsamen Erlebnisse ausgearbeitet hatte, spukten in meinem Kopf Ideen für eine neue Pilgerreise herum. Die Vía del la Plata zog mich in ihren Bann. Fast 1000 Kilometer ist der Weg lang, der von Sevilla in Andalusien nach Santiago verläuft und überwiegend der Streckenführung der Vía Romana folgt, die in Astorga in den Camino Francés mündet.

In der Zwischenzeit hatte ich einige Bücher von Jakobspilgern gelesen und ihre Erfahrungen mit meinen verglichen. Sehr beeindruckt war ich von dem Buch „Abenteuer Jakobsweg, Höhen und Tiefen einer langen Reise", in dem Meik Eichert seine Wanderung von Köln nach Santiago sehr emotional und spannend beschreibt. Er äußert sich über manche Begegnung kritisch, aber nie respektlos. Stattdessen hinterfragt er, warum der Mensch sich in der Weise verhält, wie er ihn erlebt. Über die Vía de la Plata fand ich nur ein Buch, nämlich das von Felix Bernhard, der das unmöglich erscheinende wahr gemacht und mit dem Rollstuhl den Weg bewältigt hat.

Vía de la Plata. Der Name führt leicht in die Irre. Wie selbstverständlich übersetze ich ihn mit Silberweg. Tatsächlich aber stand die arabische Sprache Pate, heißt Balata doch „gepflasterter Weg". Denn die Araber liefen voller Hochachtung auf der von den Römern errichteten Pflasterung, die allen Wetterunbilden und den Belastungen von Truppenbewegungen trotzte. Nur auf dieser Grundlage war den maurischen Heeren im achten Jahrhundert die Eroberung fast der gesamten iberischen Halbinsel gelungen.

Die Neugierde hatte mich wieder gepackt. Es sollte eine ganz neue Herausforderung mit den mir bekannten Besonderheiten des Pilgerns sein. Cordula Rabe schreibt in ihrem Reiseführer: „Die Pilgerunterkünfte der Vía de la Plata sind nicht vergleichbar mit dem Standard des Camino Francés. Lange Strecken ohne Einkehrmöglichkeiten sind eher die Regel als die Ausnahme. Insgesamt sind die Pilger hier stärker auf sich allein gestellt. Es gibt weniger Mitwanderer oder Rat und Unterstützung durch Hospitaleros. Doch genau dies kann die Wanderung zu einem sehr eindringlichen und ursprünglichen Erlebnis machen, bei dem der Kontakt mit der streckenweise sehr kargen Natur in meist dünn besiedelten Regionen, mit den jahrhundertealten Spuren der Vergangenheit und nicht zuletzt die Begegnung mit sich selbst im Vordergrund stehen...Je nach Jahreszeit sollte man aber auch darauf vorbereitet sein, nicht nur alleine zu wandern, sondern auch die Nächte alleine in den Unterkünften zu verbringen. Das macht zum einen den Reiz der Vía de la Plata aus, ist aber nicht jedermanns Sache. Immer wieder geben Pilger (auch jüngere Menschen) auf oder legen längere Pausen ein, weil sie schlecht vorbereitet sind, die Besonderheiten einer Fernwanderung, die Einsamkeit oder Hitze im Süden Spaniens falsch einschätzen."

Heiliger Santiago – das kann ja heiter werden! Beim Lesen dieser Zeilen sehe ich mich schon mit glücklichen schwarzen Ibéricoschweinen auf den Wiesen der Dehesas übernachten.

Immer wieder frage ich mich: Was macht den besonderen Reiz des Pilgerns aus? Der Camino - Experte und Autor Raimund Joos schreibt über die „wahre" Geschichte des Jakobsweges: Es gibt weder Grund zu einer sentimentalen Verherrlichung der Vergangenheit oder der Gegenwart des Weges, noch wird es anderseits gelingen, seinen (heiligen) manchmal fast süchtig machenden Zauber zu ergründen, zu erklären oder zu leugnen."

Ich versuche es trotzdem. Luca, mein letzter Caminobegleiter auf dem Portugiesischen Jakobsweg hatte zu Weihnachten 2013 einen kleinen Bildband über die Weisheit des Pilgerns von Anselm von Grün von seiner Oma geschenkt bekommen. In ihm finde ich einige Gedanken, die mir sehr zutreffend erscheinen und sich mit meinen eigenen Erfahrungen decken:
„Ich habe Angst, mich auf den Weg zu machen. Denn der Aufbruch wird mich in die Einsamkeit treiben. Ich weiß nicht was mich auf meinem Weg erwartet. .... Seit jeher ist der Weg ein Ursymbol für das, was den Menschen ausmacht. Als Pilger suche ich auf dem Weg das Geheimnis meines Lebens. Ich gehe mich frei von allem, was mich bestimmt, bis ich mich selbst spüre und bei mir ankomme... Ich werfe fremde Bilder ab, die mich einengen, gehe letztlich auf die Wahrheit zu, auf mein eigenes Ich. ..... Die Herberge ist mein Zufluchtsort, eine Unterkunft auf Zeit, auf meinem Weg – unterwegs."

Die Vía de la Plata erstreckt sich über die spanischen Provinzen Andalusien, Extremadura, Kastilien y León und Galizien. Extremadura – wie sich das schon anhört! Extrem hart heißt es wörtlich übersetzt. Im übertragenen Sinn wohl eher extrem trocken... dachte ich jedenfalls. Weit gefehlt! Auch das große Latinum bringt mich nicht weiter. Historisch gesehen stammt es aus der Zeit der Reconquista und leitet sich von extremos del Duero („Jenseits des Flusses Duero") ab, aus der Perspektive der christlichen Rückeroberer gesehen.

Mit einer Bevölkerungsdichte von 26 Einwohnern pro Quadratkilometern zählt die Extremadura zu den am dünnsten besiedelten Regionen Europas (Spanien: 88, Deutschland: 231). Sie ist zudem eine der ärmsten Provinzen Westeuropas. Der wesentliche Grund liegt in der jahrhundertelangen wirtschaftlichen Ausrichtung auf die Landwirtschaft, während Industrie und Tourismus bis heute eine untergeordnete Rolle spielen. Auf der anderen Seite ist die Extremadura ein ökologisches Paradies, das in Europa seinesgleichen sucht.

Nie im Leben wäre ich ohne den Jakobsweg hier hingekommen!

Neben den Einflüssen und kulturellen Hinterlassenschaften der Römer und Araber ist es das Land der Konquistadoren wie Hernán Cortés und Francisco Pizarro. Eine etwas verklärte Auslegung lese ich in einer Reisebeschreibung einer organisierten Fahrt von Studiosus-Reisen: „Wunderschöne Renaissancepaläste umringen die Plaza Mayor von Trujillo, (das etwa 20 Kilometer entfernt von meiner Anfangsetappe in Cáceres liegt) auf der Francisco Pizarro – in der Jugend Schweinehirte, später Eroberer Perus – sein bronzenes Pferd Richtung Amerika treibt. Ein gutes Beispiel für viele steile Karrieren verarmter Edelleute der Extremadura. Diese Amerikaheimkehrer, beladen mit dem Gold der neuen Welt, wurden Baulöwen."

In dem Geschichtsbuch von Manfred Mai, das ich Carlo zu Weihnachten geschenkt habe, liest es sich freilich etwas anders: „Zur Verteidigung ihres Landes unterhielten die Inkas eine schlagkräftige Armee, die den spanischen Eindringlingen überlegen war. Deshalb versuchte es deren Anführer Franzisco Pizarro mit einer hinterhältigen List. Er bat den Inkaherrscher zu einem freundlichen Gespräch ohne Waffen und nahm ihn, als er darauf einging, trotzdem gefangen. Pizarro verlangte von den Inkas, einen großen Raum zu füllen, wenn sie ihren Herrscher lebend wiederhaben wollten. Die Inkas brachten goldene Gefäße und Kunstgegenstände in riesigen Mengen, aber Pizarro hielt sein Wort nicht. Er ließ den Inkaführer töten."

Auch Hernán Cortés (geboren 1485 in Medellín/Extremadura) war nicht viel besser und vergaß bei der Eroberung und Bekehrung Mexikos alle seine christlichen

Grundsätze.

Meine Planungen hinsichtlich der Vía de la Plata beginnen Anfang 2013. Tausend Kilometer sind mir zu viel. Ich muss und will ja auch noch arbeiten. So überlege ich mir, ab Mérida, dem „spanischen Rom", der Hauptstadt des ehemaligen Lusitaniens, loszulaufen. Das sind 771 Kilometer nach Santiago. Es erscheint mir immer noch zu weit und so entscheide ich mich am Ende schließlich für Cáceres als Start für meine Pilgerreise, fast exakt 700 Kilometer von Santiago entfernt. Die Strecke lässt sich gut in drei Reiseabschnitte aufteilen.

Einen kleinen Vorgeschmack von der Vía de la Plata hatte ich bereits Ostern 2013 bei meiner Andalusien-Rundreise erhalten, als ich mit Kerstin die erste Etappe von Sevilla nach Guillena gewandert bin. Eine Herausforderung stellte dabei die Überwindung eines überschwemmten Weges dar.

Meinen ursprünglichen Plan, im April 2014 zu starten, muss ich kurz vor dem Abflug verwerfen, da in der Praxis nicht vorhersehbare personelle Änderungen anstehen. Nachdem ich die Dinge einigermaßen geregelt habe, verlege ich die Abreise auf den 13. September 2014.

Um mit der prognostizierten Einsamkeit fertig zu werden, kommt mir die Idee, humorige Gedichte von Heinz Erhardt, Joachim Ringelnatz, Wilhelm Busch und Eugen Roth mitzunehmen und auswendig zu lernen… vielleicht auch kein schlechtes Training für die ins Alter gekommenen grauen Zellen.

Bevor es endlich losgeht, kann ich nur hoffen, dass es mir nicht so wie den Ameisen in dem Gedicht von Ringelnatz geht:

In Hamburg lebten zwei Ameisen,
Die wollten nach Australien reisen
Bei Altona auf der Chaussee
Da taten ihnen die Beine weh
Und da verzichteten sie weise
Denn auf den letzten Teil der Reise
So will man oft und kann doch nicht
Und leistet dann recht gern Verzicht

Kapitel 2
Bocholt – Madrid – Cáceres
Samstag, 13. September 2014

Seit Tagen bin ich kribbelig. Ein besseres Wort fällt mir für meine Gemütslage nicht ein: aufgeregt, nervös, angespannt, erwartungsvoll …. von allem ein bisschen, vielleicht auch ein bisschen mehr und das, obwohl ich mich schon das vierte Mal zu einer Jakobswegwanderung auf die iberische Halbinsel begebe.

Der Wecker klingelt um 3.15 Uhr. Meine innere Uhr funktioniert noch, denn ich wache fünf Minuten vorher auf. Kerstin bringt mich zum Flughafen nach Düsseldorf. Bevor wir uns verabschieden, hängt sie mir noch einen Schutzengel an den Rucksack. Ich bin gerührt über diese liebevolle Geste, ahne in diesem Moment jedoch noch nicht, dass ich seinen Schutz später einmal dringend benötigen werde.

Meine Sitznachbarin im germanwings-Flieger nach Madrid studiert fleißig ihren Andalusien – Reiseführer und da meine Erinnerungen an Sevilla, Jerez, Tarifa und Conil aus dem letzten Jahr noch recht frisch sind, ergibt sich ein angeregtes Gespräch über mögliche Routen, die sie mit ihrer Begleiterin in Andalusien einschlagen kann.

Auch am Flughafen in Madrid nutze ich meine Erfahrung aus dem Trip in die spanische Hauptstadt im April. Im Nu bin ich über die Circular-U-Bahn an der Busstation Mendez Alvarez. Bereits eine Stunde später gegen 11.00 Uhr sitze ich im Bus nach Cáceres, wo ich bei angenehmen 25 Grad gegen 15.00 Uhr ankomme und mein vorgebuchtes, sehr zentral gelegenes Hotel aufsuche. Der Empfang ist freundlich. Ich lege meinen Rucksack ab, mache mich frisch und begebe mich in die zum Weltkulturerbe gehörende Altstadt.

Die mittelalterlichen Gemäuer bieten in der Tat im Zusammenspiel mit dem Sonnenlicht ein beeindruckendes Szenario. Nachdem ich von der Plaza Mayor durch den Arco de Estrella gelaufen bin, gelange ich in das eigentliche von der Stadtmauer umgebene Barrio Monumental. Wie an einer Perlenschnur aufgereiht befinden sich dort die Catedral de Santa María (16.Jahrhundert), der Palacio de los Golfines de Abajo (Ende 15. Jahrhundert), in dem die katholischen Könige zu Gast waren und in dem sich Franco vor seinem Marsch auf Madrid 1936 zum Generalissimo der faschistischen Falange proklamieren ließ, sowie die Casa de las Ciguenas (Haus der Störche, 15. Jahrhundert).

Bei einem Café con Leche ruhe ich mich auf der Plaza Mayor aus, um mehr über die Geschichte der Stadt zu erfahren. Bis zum 15. Jahrhundert zierten stolze Geschlechtertürme die Silhouette von Cacares. Dann ließ Königin Isabella sie schleifen – als Strafe, weil die Stadt sie im Thronfolgestreit nicht unterstützt hatte.

Als die damals noch islamische Stadt im Jahr 1170 vorübergehend in christliche Hände fiel, wurde hier der Orden der Jakobsritter gegründet, der sich den Schutz der Pilgerwege und die Rückeroberung des maurischen Spaniens durch die Christen zum Ziel setzte.

Jetzt um 16.00 Uhr erscheint die Stadt noch ausgestorben. In der Folgezeit füllt sie sich jedoch immer mehr mit Menschen aller Altersklassen, so dass gegen 19.00 Uhr ein buntes Treiben herrscht. Für mich wird´s langsam Zeit zu essen, der Magen knurrt. Ich möchte unbedingt die Spaghetti de Casar de Cáceres probieren, eine örtliche Spezialität mit einer Camembert ähnlichen Soße. Die schwarzhaarige rassige Schönheit, die mich bedient, erläutert mir jedoch freundlich aber bestimmend, dass es Essen erst ab 21.00 Uhr gibt. Perdone, ich hatte vergessen, dass ich in Südspanien bin. Andere Länder, andere Sitten! Da ich aber nicht so lange warten will, beschließe ich, die Kalorien in flüssiger Form zu mir zu nehmen und zumindest den hiesigen Weißwein zu testen. Zu meiner Freude werden zu den Getränken Tapas gereicht, und auf diese Weise darf sich mein Magen doch noch an fester Nahrung erlaben.

Als um 21.30 Uhr die historischen Gebäude vom Flutlicht angestrahlt werden, entsteht eine teils festliche, teils mystische Stimmung. Die Atmosphäre hier auf der Plaza Mayor mit den tobenden Kindern erinnert mich an meine allererste Station auf dem Jakobsweg in Leon im Sommer 2009. Genau wie damals befällt mich in diesem Moment Melancholie. Ich fühle mich einsam, wie gerne würde ich jetzt die Gesellschaft meiner Liebsten genießen. Stattdessen beobachte ich neidvoll die fröhliche, ausgelassene Stimmung in den Familien an den Nachbartischen.

Warum tue ich mir das immer wieder an, allein zu reisen? Hätte es nicht auch mal eine Pauschalreise getan bei dem Stress, den ich zuletzt in der Praxis hatte? Nein, es gibt etwas, das mich immer wieder antreibt, diesen Weg zu gehen. Plötzlich vermischt sich die Melancholie mit dieser Kribbeligkeit und mir wird auf einmal klar, dass dieser Ausdruck nichts anderes ist, als eine niedliche Umschreibung eines Urgefühls: Angst! ICH HABE ANGST! - Angst davor, mich zu verlaufen, Angst davor, mein Tagesziel nicht zu erreichen und in der menschenleeren Weidelandschaft übernachten zu müssen, Angst vor der Einsamkeit, Angst, mich körperlich übernommen zu haben. Denn bei der mäßigen sportlichen Vorbereitung in den letzten Wochen kann ich meinen Fitnesszustand nicht real einschätzen. Ich muss mir eingestehen, dass ich nicht der furchtlose Abenteurer bin, der ich gerne sein möchte. Anderseits wird mir auch bewusst, dass Angst ein wichtiger Schutzinstinkt ist und, dass das kontrollierte Risiko mich hier und da auch gerettet hat. Bisher hatte ich eigentlich doch immer ein gutes Gefühl dafür, was für mich möglich ist und was nicht. Nur weil es „kribbelt", muss man ja nicht gleich eine Pauschalreise buchen. Nach wie vor bin ich neugierig, möchte Neues entdecken und nicht nur vorgesetzt bekommen. Mir fällt einer meiner Lieblingssprüche ein: Ängste kann man nur überwinden, wenn man sich ihnen stellt!

So mache ich mir Mut für die kommenden zehn Tage. Bevor ich jedoch tapasgesättigt mit angenehmer Bettschwere mein Hotel aufsuche, erkunde ich noch den Weg, den ich morgen früh aus der Stadt heraus nehmen muss, um auf die Vía de la Plata zu gelangen. Sicher ist sicher!!

Kapitel 3
Cáceres – Embalse de Alcántara
Sonntag, 14. September 2014

Gut ausgeschlafen und frisch geduscht stehe ich morgens um 7.30 Uhr vor der Rezeption des Hotels, erledige die Formalitäten, schnalle den Rucksack auf und möchte am liebsten sofort loslaufen. Ich trete nach draußen und stelle fest, dass es ist stockdunkel ist. Die Erklärung ist banal: Wir liegen hier in der Nähe der portugiesischen Grenze einige Längengrade westlicher als in Nordrhein-Westfalen, und so ist es kein Wunder, dass die Sonne mehr als eine Stunde später als bei uns aufgeht. 60 Kilometer westlich, in Portugal, wäre die Uhr der Zeitzone angepasst eine Stunde zurückgestellt, aber ein Land wie Spanien in zwei Zeitzonen aufzuteilen, ist organisatorisch wahrscheinlich nicht so einfach. Wie auch immer, mein Talent, mich zu verlaufen, ist mir noch in wenig guter Erinnerung von meinen letzten Wanderungen und so gibt es für mich keine Zweifel, abzuwarten bis es hell wird.

In der Bar nebenan bekomme ich zu dem Café con Leche einen Tostado mit Tomatenmarmelade. Schmeckt etwas exotisch, aber immerhin habe ich so eine kleine kalorische Grundlage für meine ersten Kilometer. Als ich das Lokal verlasse, folgt mir ein ca. fünfzigjähriger Spanier und wünscht mir ein herzliches „Buen Camino". Wie oft habe ich es schon gehört, es klingt so vertraut, und gerade jetzt kann ich es gut gebrauchen. Er verrät mir noch, dass er vor einigen Jahren den Camino Primitivo im Norden Galiciens gelaufen ist und dann endlich setze ich mich in der Morgendämmerung gegen 8.15 Uhr in Bewegung.

Ich passiere die Herberge, an der ich mir gestern noch einen Stempel geholt habe und finde auch recht schnell die Stierkampfarena, hinter der es auf einem Seitenstreifen entlang der moderat befahrenen Landstraße Richtung Casar de Cáceres geht. Der azurblaue Himmel, die Weite der nahezu baumlosen Landschaft und die Ruhe an diesem unspektakulären Sonntagmorgen lässt schon bald eine euphorische Stimmung in mir aufkommen. Das alte Camino-Feeling kommt zurück! Ja, jetzt weiß ich wieder, warum ich mir das „angetan" habe. Außer mir sehe ich weit und breit keinen, der so früh schon auf den Beinen ist…außer einen: Wenn ich nach links schaue, erkenne ich einen ständigen lautlosen Begleiter: Meinen Schatten.

Die gut neun Kilometer nach Casar de Cáceres laufe ich in zwei Stunden. Es scheint, als habe ich meinen Rhythmus schon gefunden, denn das entspricht in etwa dem Tempo, das ich von meinen früheren Wanderungen kenne. Die etwa 5000 Einwohner zählende, heute Morgen noch sehr verschlafene Ortschaft nutze ich für den Kauf eines frischen Baguettes, ein paar Nektarinen und einer 1,5 Liter Wasserflasche.

An der Hauptstraße, die durch den Ort führt, sehe ich mehrfach Hinweisschilder zu der größten extremenischen Stadt Bajadoz. Das „Massaker von Badajoz" erinnert mich an die jüngere unselige Geschichte Spaniens, über die ich mich in dem hervorragenden Buch von Lydia Hohenberger und Jürgen Strohmeier vor meiner Abreise informiert habe:
Die Extremadura spielte eine wichtige Rolle in der Strategie Francos. Im Kampf gegen die demokratisch gewählte Regierung war seinen Truppen schnell die Eroberung des Nordwestens Spaniens bis Cáceres gelungen, im Süden großer Teile Andalusiens. Entscheidend für ihren weiteren Vormarsch war die Schaffung einer Verbindung zwischen den beiden besetzten Gebieten. Diese gelang am 14. August 1936 in der Schlacht von Badajoz. Die Republikaner hatten gegen die Panzer der Falangisten keine Chance. Die Franquistas schreckten selbst vor der Erschießung von Kindern und massenhaften Vergewaltigungen nicht zurück. Widerständler wurden niedergemetzelt. Das Blut floss in Strömen. Schließlich trieben Francos Schergen ihre Gegner in der Stierkampfarena zusammen, wo die Massentötungen einen grausamen Höhepunkt erreichten.
Homo homini Lupus.

Ich durchquere fast die ganze Ortschaft, aber ein weiterer Café con Leche ist mir nicht vergönnt, alle Bars und Cafés sind noch geschlossen. So nehme ich meine Mahlzeit auf einer Bank am Ende der Hauptstraße ein und stärke mich ein wenig für die kommenden 25 Kilometer, die laut Guide recht öde werden sollen.

Vor einer kleinen Kapelle vergewissere ich mich noch einmal bei einem Bauern, ob die Richtung stimmt und dann geht es über die Originalroute der Vía Romana durch eine Weidelandschaft mit Korkeichen, auf der überwiegend Schafe und Kühe grasen. Die berühmten schwarzen Schweine lassen sich noch nicht blicken. Zwischendrin fallen immer wieder Fotovoltaik-Anlagen ins Auge, mit Hilfe derer die Spanier zunehmend ihre Energieressourcen nutzen.

Nach fünf Kilometern lege ich meinen Rucksack ab, schaue über die herbe, aber nicht unfreundliche Hochebene auf die in der Ferne liegenden Gebirge und betrachte den kleinen an meinem Rucksack baumelnden Schutzengel. Ich nehme die Stille ganz bewusst wahr und frage mich, was mich gerade so ruhig und zufrieden macht. Es ist eigenartig, hier bin ich ganz allein, es ist einsam, aber ich fühle mich im Gegensatz zu gestern auf der mit Menschen gefüllten Plaza Mayor nicht einsam. Bin ich schon bei mir angekommen?

Bevor ich ins Philosophieren gerate, nehme ich noch einen großen Schluck aus der Flasche, schnalle meinen Rucksack auf und setze meine Wanderung fort. Mittlerweile ist es 12.30 Uhr und ich habe noch mehr als 20 Kilometer vor mir bis zur nächsten Herberge am Alkantarasee (ohne Verlaufen wohlbemerkt!). Wenn ich auch in jüngeren Jahren schon die ein oder andere Nacht an exotischen Plätzen wie vor – beziehungsweise - in den Bahnhöfen von Karachi und Madras, in der mexikanischen Kakteenwüste oder am Strand von Santa Monica in Kalifornien verbracht habe, so halten sich meine Bestrebungen, hier auf den Weiden zu übernachten, in sehr engen Grenzen.
Inzwischen ist es wärmer geworden. Ich schätze so 28-30 Grad. Immer wieder muss ich Gattertore öffnen, um den insgesamt gut ausgeschilderten Weg fortzusetzen. Nur einmal biege ich für ein paar hundert Meter falsch ab, korrigiere meinen Irrtum aber schnell.

Zum ersten Mal entdecke ich einen echten römischen Wegweiser. Wie viele Römer, Araber, Reconquistatoren und Pilger haben sich schon auf dem Weg in den Norden daran orientiert! - Und jetzt darf ich mich in diese illustre Gesellschaft einreihen! Auf einer Anhöhe dieses schönen Weges finde ich das beschriebene alleinstehende, weiße Haus, von wo ich auf den majestätisch liegenden Alcántarasee und die Ortschaft Cañaveral blicken kann. Wenn alles normal läuft, werde ich dort Morgen Vormittag eine Kaffeepause einlegen.

Kurz bevor es von dieser Hochebene auf die Nationalstraße geht, wird´s schwierig, denn alle beschriebenen Wege und Wegalternativen sind Makulatur, da Umbauarbeiten an Straßen und Brücken die Wanderung auf den empfohlenen Pfaden unmöglich machen. Ich folge brav der Umleitung und lande irgendwann wieder auf einem Wanderweg, der zwar entlang des Sees verläuft, aber nicht mit der üblichen Kennzeichnung versehen ist. Es bleibt mir nichts anderes übrig, als nach Gefühl zu laufen. Dieses verlässt mich zum Glück nicht und so erreiche ich dann nach einigen Kilometern die um den Alcántarasee führende Nationalstraße. Auf dem Asphalt spüre ich meine Knochen und Gelenke, eine gewisse Müdigkeit lässt sich nicht abstreiten. Vier Kilometer vor dem Ziel habe ich noch immer keinen anderen Pilger entdeckt. Ich überquere den Río Almonte und Río Tajo über den Stausee, durch den die alte Vía Romana führt und lande schließlich an dem Feldweg, der links zu der Herberge führen soll. Nur kurz überlege ich, in dem etwas verfallen aussehenden Hotel an der Ecke zu übernachten. Da die Herberge nur 500 Meter weiter entfernt liegen soll und ich Lust auf die Begegnung mit anderen Pilgern habe, kostet es mich trotz schwerer Beine nicht allzu viel Überwindung, die letzten Schritte für heute auch noch zu tun. Gedankenversunken und voller Vorfreude, mein erstes Etappenziel erreicht zu haben, laufe ich an der auf einer Anhöhe liegende Herberge vorbei, als seien 35 Kilometer noch nicht genug gewesen. So erreiche ich nach weiteren 1000 Metern das Ufer des Sees, bevor ich mich notgedrungen auf den Rückweg mache. Endlich an dem etwas futuristisch anmutendem Gebäude angekommen, erwarten mich drei nette Menschen auf der Terrasse mit den hämischen Worten: „Wer nicht hören will, muss fühlen." Sie hatten mich an der Herberge vorbeilaufen sehen und mir zugerufen.

Schuhe aus, ein kühles Bier vor der Nase und den Blick auf den in der Abendsonne leuchtenden See - das ist der Traum, den ich jetzt leben darf. Marco, Marita, Will und Manfred sind schon etwas länger da, später kommt noch Jean-Michel dazu. Marco aus Braunschweig und Marita aus Schweden, beide gut vierzig, sind bereits ab Sevilla gemeinsam unterwegs. Sie haben sich im letzten Jahr auf dem Camino Francés kennengelernt. Marco und Marita haben sich heute Morgen bereits um vier Uhr von Cáceres auf den Weg gemacht, um der Hitze zu entgehen. Sie hatten wohl zu Beginn ihrer Wanderung einschlägige Erfahrungen in Andalusien gemacht, wo sie sich zeitweise bei über vierzig Grad Celsius über die Piste schleppen mussten. Die Idee, so früh loszulaufen, war allerdings auch nicht besonders glorreich, denn in der Dunkelheit seien sie von Hunden angegriffen worden und hätten sich einige

Male über ihre unterschiedlichen Laufstile gestritten.

Marita, die etwas verlebt aussieht und mich mit ihrem Bürstenschnitt an die irische Sängerin Sinead O´Conner erinnert, ist zu meiner Überraschung der Meinung, ich spräche gut Englisch, was sich nicht annähernd mit meiner eigenen Wahrnehmung deckt. Vielleicht hat sie auch schon ein paar Biere mehr getrunken. Scheinbar sitzt sie ja hier schon etwas länger in der Sonne. Wie auch immer, diese „Schmeichel-einheit" aus dem Mund einer Schwedin lasse ich mir nur allzu gerne auf der Zunge zergehen.

Was ist das denn? Ein winziges schwarzes Ferkel läuft durchs Haus. Nein, so nied-lich, wie das hier gerade durch die Gegend hoppelt, möchte ich mir das jetzt nicht als köstlichen Ibéricoschinken vorstellen!

Um 22.00 Uhr ziehe ich mich ins Schlafgemach zurück. Da die Herberge sechs Zim-mer hat, kann jeder von uns ein eigenes beziehen. Was für ein Luxus! Ich kann mich nicht erinnern, schon mal solch ein Privileg in einer Herberge genossen zu haben. „Zug nach Lissabon" heißt das Hörbuch, das Marcus, der passionierte Hörbuchkon-sument, mir auf meinen MP3-Player gespielt hat und das mich zum Ausklang des Tages in den Schlaf führen soll. Ich hatte das Buch von Paul Mercier zunächst nur bis Seite 130 gelesen, bevor mir Mama eindringlich riet, es doch zu Ende zu lesen. Dann hat es mich absolut fasziniert und auch die Verfilmung mit Martina Gedeck und Jeremy Irons war sehr beeindruckend. Es gibt zwei Gründe, warum gerade dieses Buch gut zu meinem Weg passt: Erstens bin ich mit Luca 2012 den Portugiesischen Jakobsweg gelaufen und zweitens wirft es einige philosophische Fragen auf, die mich beschäftigt haben.

„Liebe gibt es nicht" spricht Amadeo, Arzt in der Zeit der Portugiesischen Nelken-revolution und Protagonist des Buches. „Begierde, Wohlgefallen und Geborgenheit" seien die Attribute der Anziehungskraft zwischen Menschen. Begierde sei das flüch-tigste Gefühl, aber irgendwann vergehe auch die Geborgenheit – das Empfinden, in jemandem aufgehoben zu sein. Am Ende bliebe nur Loyalität; dabei handele es sich jedoch nicht um ein Gefühl.

Diese Betrachtung muss ich erst einmal sacken lassen und nehme sie zur Verarbei-tung mit in meine Träume.

Kapitel 4
Embalse de Alcántara – Grimaldo
Montag, 15. September 2014

Voller Vorfreude auf den kommenden Tag sitze ich mit Marco am Frühstückstisch. Alle anderen sind um 8.30 Uhr bereits unterwegs. Marco legt heute eine Pause ein. Es sei das erste Mal auf seinen diversen Jakobswegen, dass er sich das zugestehe, aber zum einen könne er mit seinen kaputten Füßen kaum mehr laufen und zum anderen müsse er sich ja nichts beweisen. Er werde mit dem Taxi zur nächsten Busstation und von dort aus 40 Kilometer mit dem Bus fahren, um morgen wieder auf Marita zu treffen.

Kurz überlege ich, wie ich mich wohl in solch einer Situation verhalten würde und setze mich dann in Bewegung. Ich überquere die Nationalstraße und gelange auf die Vía, die als Feldweg auf eine Hochebene ansteigt. Heute Morgen ist es noch recht frisch, aber klar, sodass ich immer wieder grandiose Aussichten auf den See habe. Nach zwei Kilometern sehe ich Jean-Michel auf einem Stein sitzend. Er hat sich in dem der Herberge angrenzenden Restaurant, das zufällig von Franzosen betrieben wird, ein Baguette gekauft und nimmt hier zwischen struppigen Ginsterbüschen sein Frühstück ein. „Ich brauche eine Pause, bin zu alt für ein schnelles Tempo", sagt er in gut verständlichem Deutsch. „Wie alt bist du denn?", frage ich ihn und erwarte so eine Zahl zwischen fünfzig und sechzig. „In diesem Frühjahr bin ich siebzig geworden", antwortet er mit charmantem französischem Akzent. Ich muss wohl ganz schön perplex ausgesehen haben, kann es kaum glauben und verabschiede mich bis auf weiteres erst einmal von ihm. Vielleicht trifft man sich ja nochmal auf dem Weg.

An drei freundlichen, Spalier stehenden Eseln vorbei, gelange ich auf eine Schotterpiste, die neben der Autobahn entlang führt. Die Ortschaft Cañaveral, die ich bereits gestern von weitem gesehen habe liegt geschätzte zwei Kilometer links von mir. Dort wartet die verdiente Kaffeepause auf mich. Immer weiter laufe ich entlang der Schotterpiste und achte auf die beschriebene Abzweigung nach links, aber sie kommt nicht. Bevor ich an dem Dorf vorbei bin, überlege ich mir, einfach auf Sicht durchs Gebüsch zu waten. Dieses ist jedoch von der Schotterpiste durch einen hohen Stacheldraht getrennt. Darüber zu klettern erscheint mir zu gefährlich.

Nach weiteren tausend Metern gestehe ich mir ein, dass ich weit zuvor eine Abzweigung übersehen haben muss. Der Frust sitzt tief, zumal es mittlerweile ziemlich heiß geworden ist und meine Wasservorräte zur Neige gehen. Nachdem ich mich eine dreiviertel Stunde zurückgequält habe, ist mir klar, dass ich tatsächlich auf dem Irrweg bin, denn sonst wäre mir ja Jean-Michel entgegengekommen.

Weitere zehn Minuten später kommt er!

Wir fragen einen Lastwagenfahrer. Er meint, irgendwann käme eine Abzweigung nach links ins Dorf. „Nein, nicht nochmal in diese Richtung", flehe ich Jean-Michel an. Er erhört mich und so marschieren wir gemeinsam zurück. Nach einer halben Stunde sehen wir ein Tor und fragen uns, ob wir dadurch müssen. Plötzlich sieht Jean-Michel ein zerfetztes Papierschild am Zaun, Wir setzen die Fragmente zusammen und lesen zu unserer Freude das Wort CAMINO. Ein paar hundert Meter weiter kommen auch die gewohnten Wegweiser, so dass wir sicher sein können, wieder auf dem rechten Pfad zu sein.

Dann gibt es erneut eine unklare Kennzeichnung. Ins Dorf, das wir sehnsüchtig erreichen möchten, zeigt der Pfeil nach links. Ich bin sicher, dass wir richtig sind, Jean-Michel meint jedoch nach fünfhundert Metern, wir sollten umkehren. „Ok, Hans Michael, Du bist mir vorhin gefolgt, jetzt bin ich bereit, nachzugeben!" Nach ein, zwei Kilometern wird auch Jean-Michel bewusst, dass wir an dem Ort vorbeilaufen werden. „Au revoir, Cañaveral, so oft habe ich dich gesehen und trotzdem haben wir uns nie kennengelernt!"

An einer Abzweigung, die in ein steiles Waldstück führt, machen wir eine Pause. Ich fühle mich total schlapp, brauche jetzt ein paar Kalorien. Da wir keine Gelegenheit bekommen haben, unsere Vorräte in Cañaveral aufzufrischen, muss ich mich mit dem steinharten Baguette begnügen, das ich gestern Morgen in Casar de Cáceres gekauft hatte.

Den Berg herauf muss ich kämpfen. Ich erinnere mich an Lucas Worte, der mir vor der Abreise geraten hat, wenn du nicht mehr kannst, denk an Schweini im WM – Finale. Obwohl Jean-Michel in der Regel etwas langsamer läuft als ich, wirkt er zurzeit noch recht fit. Er erzählt mir, dass er während der Schulzeit als Austauschschüler in Mönchengladbach gewesen sei und lange Zeit bei BASF in Paris gearbeitet habe. An seiner Person kann ich hinsichtlich der allgemeinen Auffassung, Franzosen hätten kein Interesse an Fremdsprachen, einige Vorurteile abarbeiten; denn außer Deutsch und Englisch spricht er auch gut Spanisch, das er in der Sprachschule in Salamanca gelernt hat. Ich bin froh, dass ich ihn getroffen habe und jetzt nicht allein bin.

Bevor wir in Grimaldo, dem avisierten Ziel ankommen, müssen wir noch einen schmalen Bach überspringen. Dann endlich haben wir es gegen 17.00 Uhr geschafft, etwa drei Stunden später als einkalkuliert.

Welch eine Genugtuung, als der frische Salat mit Zutaten der Region und das kühle Bier vor uns stehen! Vor dem netten Lokal, das zu der kleinen Herberge gehört, sitzt bereits eine 72-jährige Pilgerin aus Irland. Wir fragen uns, wie sie es so schnell hierher geschafft hat. Die Antwort kommt unerwartet, ist aber plausibel: Die freundliche Guardia Civil hat sie an der Autobahn neben der Schotterpiste aufgefangen und mit ihrem Wagen zur Herberge gefahren. Die alte Dame wirkt keineswegs deprimiert, sondern versprüht die reinste Lebensfreude. Sie verrät uns, dass sie einmal im Jahr allein für sechs Wochen wandern gehe und davon könne sie keiner, auch ihr Ehemann nicht abhalten.

Eine Stunde später treffen laut fluchend zwei Männer vor der Herberge ein. Wilhelm und Hermann haben schon einiges erlebt auf ihren Pilgerreisen, aber eine solch katastrophale Wegführung sei ihnen noch nicht untergekommen. Die beiden sind aus Papenburg, 61 Jahre alt und gerade pensioniert. Sie müssen sehr fit sein, denn sie haben das gemacht, was ich mich nicht getraut habe: sie sind an der Schotterpiste über den Zaun geklettert und haben sich durch die Büsche geschlagen. Wilhelm erzählt, dass er im letzten Jahr einige Wochen Hospitalero in Salamanca gewesen sei.

In Grimaldo wohnen 61 Menschen, einer von ihnen ist jeden Abend hier, ein 87 Jahre alter gepflegter und adrett gekleideter Herr. Sein ganzes Leben habe er in diesem Dorf verbracht. Ja, Fernsehen gäbe es hier auch schon lange, interessiere ihn aber nicht. Die wahren Geschichten des Lebens würde er hier vor der Bar erfahren. Jeden Abend träfe er auf neue Pilger, die ihm Einblick in die weite Welt ermöglichen. Bevor wir uns in die bescheidenen Gemächer unserer kleinen Herberge zurückziehen, bestellt der Pariser Gourmet sein zweites Menü - jetzt erfüllt er doch ein gewisses Klischee.

Kapitel 5
Grimaldo – Carcaboso
Dienstag, 16. September 2014

Entgegen der Wetterprognose können wir die ersten Kilometer unserer heutigen Etappe trockenen Fußes zurücklegen, dann fängt es schließlich doch an zu regnen. Unter dem Schutz einer Korkeiche versehen wir unsere Rucksäcke mit einem Plastiküberzieher. So einen Ganzkörperkeep wie Jean-Michel besitze ich leider nicht, aber ich bin ja nicht aus Zucker. Es geht auch ohne, zumal der Wettergott netterweise nach zwanzig Minuten ein Einsehen hat und den Regen einstellt. Wir laufen von einer Weide zur nächsten und müssen dabei immer wieder ein neues Gatter öffnen. „Ob die Bauern das bei uns in Deutschland und Frankreich wohl auch zulassen würden?", fragt sich Jean-Michel.

Es bietet sich uns ein paradiesischer Anblick: Bis zum Horizont ziehen sich die knorrigen Eichen über weite Ebenen und sanfte Hügel. Bedingt durch minimale Luft- und Wasserverschmutzung und geringe Bevölkerungsdichte sowie mangels großer Industriewerke scheint hier noch der Traum von einer intakten ökologischen Welt Realität zu sein. 35 Prozent der extremenischen Fläche werden von parkähnlichen Weidelandschaften aus überwiegend Stein- und Korkeichen, genannt Dehesas, bedeckt. Auf den für Getreideanbau ungeeigneten Böden bilden die Dehesas eine Kulturlandschaft. Die Bäume liefern Kork- und Brennholz, die Eicheln (Belota) dienen den iberischen Schweinen als Nahrung.

Wieder einmal bin ich beeindruckt von Jean-Michels Sprachkünsten. Er benutzt das Wort Stacheldrahtzaun auf Deutsch. Das kenne ich weder auf Englisch noch auf Italienisch, geschweige denn auf Spanisch.

Von weitem sehen wir Kühe, die uns den Weg versperren. Oder sind es doch Stiere? Mutig schreiten wir auf die Tiere zu. Sie scheinen Respekt zu haben von unserem selbstbewussten Auftritt und machen freundlicherweise Platz.

Die Zeit vergeht schnell, da Jean-Michel und ich uns einiges aus unserem Leben zu erzählen haben. Was gestern und vorgestern noch unmöglich erschien, wird endlich Realität: Wir finden nach zehn Kilometern in einer verschlafenen Ortschaft eine Bar, in der wir einen erquickenden Café con Leche bekommen; dazu ein Bocadillo mit dem unschlagbaren Jamón Ibérico …. Was will man mehr?!

Bei herrlichen 25 Grad und Sonnenschein setzen wir unsere Wanderung an der wenig befahrenen Landstraße fort, passieren Paprikafelder und Tabakplantagen und diskutieren, ob die Ursprungsregion des Kaffees Äthiopien oder Südamerika ist. Um 14.30 Uhr kommen wir in dem völlig verlassenen, zumindest um diese Zeit tot erscheinenden Galisteo an; nicht tot genug allerdings, als dass Jean-Michel nicht ein Lokal finden könnte, in dem es Menüs gibt. Ich begnüge mich mit einem Salat und fülle meine Wasservorräte auf.

Etwa zwölf Kilometer haben wir noch vor uns. Nachdem wir die Puente Romana passiert haben, stoßen wir an einen Kreisverkehr, an dem uns ein Schild mit dem Schriftzug „Camino" auf einen Feldweg weist. Das ging aber jetzt einfach, denken wir, ganz ohne Reiseführer. Nichts ist einfach!! Nach drei -, vierhundert Metern stellen wir fest, dass es zwar ein Camino ist, aber eben nicht der Camino de Santiago. Anstelle des Feldweges müssen wir weiter auf der Landstraße wandern. Drei Kilometer laufen wir schweigend hintereinander. Dann braut sich etwas zusammen. Der Himmel wird grauer und grauer, schließlich ist er schwarz und dann dauert es nur eine Minute, bis sich die Schleusen öffnen. Wie aus Kübeln beginnt es plötzlich zu schütten. Im Nu sind wir völlig durchnässt bis auf die Unterhose. Da nutzt Jean-Michel auch sein Ganzkörperkondom nichts, zumal er nicht mehr rechtzeitig schafft, es sich überzuziehen. Dennoch, er bleibt gelassen. "C´est la vie", murmelt er vor sich hin.

Auf der linken Seite sehe ich ein einzelstehendes Haus. Da könnten wir Unterschlupf finden! Als wir näher herankommen, sieht man, dass es verlassen und von einem hohen Zaun umgeben ist.

Endlich! Ein Auto nähert sich. Schnell den Daumen heraus, aber es hält nicht an. Trampen ist in Spanien nicht gerade ein Vergnügen. Diese Erfahrung hatte ich früher schon gemacht.

Es folgt ein Gewitter, wie ich es noch nicht erlebt habe. Zwischen Blitz und Donner liegen Millisekunden. Gleich wird es irgendwo einschlagen. Langsam wird es auch dem coolen Franzosen mulmig. „Auf den Boden legen", schießt es mir durch den Kopf. Bevor ich den Gedanken in die Tat umsetzen kann, hält ein Auto an. Die Beifahrertür geht auf und es schallt uns in einem nuscheligen Tonfall ein „Peligroso, peligroso" entgegen.

Sieht so ein Engel aus? Kein glitzerndes weißes Gewand, keine Flügel, kein Engelsgesicht! Stattdessen Stoppelbart, struppige Haare, Kippe zwischen den drei noch verbliebenen Zähnen! Alter? Schwer zu schätzen, vielleicht um die Fünfzig. So schnell wir können, quetschen wir uns mit den sperrigen Rucksäcken in die kleine klapprige Kiste, die bei uns schon lange auf dem Schrott gelandet wäre.

Nach 1,5 Kilometern ist der Engel in seinem Dorf angekommen, bietet uns jedoch an, bis zu der fünf Kilometer entfernten Herberge weiterzufahren. Die Offerte nehmen wir liebend gern an, denn auch wenn das Gewitter etwas nachgelassen hat, es regnet weiterhin Bindfäden. Jean-Michel reicht dem Engel eine 10-Euro-Note herüber, aber damit können sie im Himmel scheinbar nichts anfangen, denn er lehnt dankend ab und murmelt noch etwas in seinen Bart, was ich nicht verstehe.

In der Herberge hängen wir erst einmal unsere nassen Klamotten auf und ruhen uns eine Weile aus, um uns von dem Schock zu erholen. Dann meint Jean-Michel, er werde mal eben in dem nebenan liegenden Restaurant einen Tisch reservieren. Ich hatte es bei all der Aufregung schon vergessen: das zweite Menü des Tages stand noch an! Bereut habe ich es nicht. Drei hervorragende Gänge mit einer noch hervorragenderen Flasche Ribiera del Duero und das Ganze für neun Euro pro Person! Bei unserer angeregten Unterhaltung fällt es uns nicht schwer, den Beinahe-Weltuntergang vom Nachmittag zu vergessen. Wir kommen auf unsere Erfahrungen in den Vereinigten Staaten zu sprechen und stellen fest, dass wir beide die Freundlichkeit und Unkompliziertheit der Amerikaner, aber auch ihre Ignoranz hinsichtlich der Dinge, die jenseits des großen Teiches geschehen, kennengelernt haben. Als ich 1980 in der Greyhoundstation von New York ankam, wurde ich gefragt, ob ich direkt mit dem Bus aus Deutschland angereist sei. „I just came along the Bering Street", habe ich damals geantwortet. Jean-Michel wurde häufiger gefragt, wie es dem König von Frankreich ginge.

Diesen Tag werde ich in meinem Leben nicht vergessen. Ich hätte nichts dagegen, wenn der nächste etwas weniger turbulent von statten gehen würde.

Kapitel 6
Carcaboso – Plasencia
Mittwoch, 17. September 2014

Das war eine Nacht zum Abgewöhnen! Immer wieder wache ich auf. Das Essen war vorzüglich. Daran kann es nicht liegen. Das Bett ist auch o.k., es hat sogar frisch bezogene Bettwäsche und da Jean-Michel der einzige ist, der mit mir in dem kleinen Zimmer schläft, liegt es auch nicht an einem Schnarchkonzert. Es gelingt mir zwar mit Hilfe des Autogenen Trainings immer wieder einzuschlafen, aber um sechs Uhr beende ich meine Schlafbemühungen und schaue draußen nach, wie das Wetter werden wird. Regen, Regen, Regen. Wahrscheinlich sitzt der Gewitter -Schock von gestern doch tiefer als vermutet. An dem Gedanken, mich heute wieder der Nässe auszusetzen, kann ich nicht allzu viel Attraktives finden.

Als Jean-Michel die trüben Aussichten zwei Stunden später realisiert, zögert er nicht lange mit seiner Entscheidung, an dieser Stelle seine Pilgerreise zu beenden. Stattdessen will er noch einmal mit dem Bus nach Cáceres fahren und die Kunstschätze der Stadt etwas genauer unter die Lupe nehmen. Sein Flug geht ohnehin in einigen Tagen von Sevilla zurück nach Paris und keiner kann ihn zwingen, seine Wanderung unter allen Umständen bis zum bitteren Ende fortzusetzen.

Eine Weile überlege ich noch, alleine weiterzulaufen, bin hin- und hergerissen und entscheide mich schließlich zum allerersten Mal seitdem ich pilgere, einen Tag Pause zu machen oder die Reise ganz abzubrechen. Obwohl ich mir ja nichts beweisen muss, ein schlechtes Gewissen habe ich trotzdem.

Nach einem flüchtigen Frühstück in der Kneipe neben der Herberge nehmen Jean-Michel und ich den Bus nach Plasencia, der in zwanzig Minuten den Busbahnhof erreicht. Da Jean-Michel noch zwei Stunden Zeit bis zur Abfahrt nach Cáceres hat, gehen wir gemeinsam ins Zentrum der Stadt, wo ich eine kleine Pension nahe der Plaza Mayor finde. Die Aussicht, am Nachmittag mit einem Nickerchen mein Schlafdefizit zu kompensieren, lässt meine Entscheidung bereits in einem rosigeren Licht erscheinen. Wir besichtigen gemeinsam die Altstadt und nehmen die Gelegenheit wahr, in der Kathedrale dem Allmächtigen ein Dankeschön dafür zu sagen, dass er uns gestern einen Engel geschickt hat. Mit ein paar Tapas und einem Glas Rotwein in einer coolen Bar lassen wir unsere gemeinsame Wegstrecke ausklingen und Jean-Michel versichert mir noch zum Abschied, dass er für mich gerne den Reiseführer machen möchte, wenn ich nach Paris komme.

Dank der Lage an der Vía de la Plata war Plasencia jahrhundertelang eine Handelsstadt, was für Wohlstand in der Region sorgte. Dieser ist auch heute noch erkennbar an den mächtigen Adelspalästen, die sich harmonisch ins Stadtbild einfügen. Die Menschen in der Stadt verehren Inés Suaréz, die im 16. Jahrhundert von Plasencia aus als arme Näherin nach Südamerika aufbrach, um Chile zu erobern. Isabel Allende hat ihr in ihrem Roman „Ines meines Herzens" ein Denkmal gesetzt.

Ohne Zeitplan schlendere ich nach einem ausgiebigen und erholsamen Mittagsschlaf durch das Städtchen und genieße es, heute kein besonderes Ziel mehr erreichen zu müssen. Ich schaffe es sogar, ein paar Geschenke für die Lieben zu Hause zu besorgen. In der Zeitung lese ich, dass das Unwetter gestern in Cáceres erheblichen Schaden angerichtet hat. Eine Schule musste evakuiert werden, Autos seien im Schlamm versunken.

Abends nutze ich die Chance, mir vor einer der vielen Bars die Champions- League-Spiele anzuschauen. Für 1,20 Euro bekomme ich ein Bier und darf mir dazu einen Teller mit Tapas aussuchen. Das Ganze wiederhole ich noch zwei Mal und so bin ich am Ende des Fußballspiels die stolze Summe von 3,60 Euro los. Increíble, wo kann man so etwas noch erleben!

Zurück in der Pension lasse ich mir den Code für das W-Lan – Netz geben und kommuniziere noch bis tief in die Nacht mit Stefan. Es tut zwar einerseits gut, mit einem vertrauten Menschen in Kontakt zu sein, anderseits hat Stefan auch eine betrübliche Nachricht für mich: Papa geht es schlecht. Er isst nicht mehr und kommt nicht mehr aus dem Bett.

Kapitel 7
Plasencia – Oliva de Plasencia
Donnerstag, 18. September 2014

Als ich frisch und munter in meiner kleinen Pension aufwache, ahne ich noch nicht, dass auch heute ein sehr emotionaler Tag auf mich wartet.

Um den Tag zu planen, muss ich mich entscheiden: laufe ich in das 13 Kilometer entfernte Oliva de Plasencia, um wieder auf den Jakobsweg zu gelangen oder nehme ich mir ein Taxi. Auch wenn mich mein Gewissen plagt, ich entscheide mich für letzteres; nicht, weil ich zu faul bin, sondern weil das Zentrum von Plasencia etwas abseits von der Vía de la Plata liegt und ich keine Wegbeschreibung zu der Herberge habe. Heiliger Santiago, bitte verzeih mir - Was bin ich für ein Luxuspilger geworden! Dagegen war Hape Kerkeling ja ein wahrer Einzelkämpfer!! Andererseits bin ich froh, dass ich nach der kleinen Krise noch mal den Antrieb bekommen habe, die Wanderung fortzusetzen. Die beiden Kölner Frohnaturen Luca und Marcus hatten mir mit ihren SMSen Mut gemacht. Eine Zeitlang hatte ich gar erwogen, meine Pilgerreise ganz abzubrechen.

Da ich auf Grund der Planung noch reichlich Zeit habe, nutze ich sie für ein gemütliches Frühstück in der schon gut gefüllten Bar im Zentrum, in der ich mich gestern von Jean-Michel verabschiedet habe. Mein Weg dorthin führt über die Calle del Queso (Käsestraße). Darunter steht: Dedicado a Hernán Cortez. „Haben die Spanier jetzt eingesehen, dass es der blanke Terror war, den Cortez in Mexico veranstaltet hat oder ist es eine besondere Auszeichnung?", frage ich mich.

Als ich das Zimmer meiner Pension betrete, kullern mir wie aus dem Nichts plötzlich Tränen über die Wangen. Ich gehe ins Bad, um sie abzuwischen, aber es nutzt nichts, ich kann sie nicht stoppen. So lasse ich den Tränen einfach freien Lauf. Die WhatsApp-Kommunikation mit Stefan hat mich gestern doch wohl mehr berührt, als vermutet. Mir wird in diesem Moment klar, dass auch die besten Gene ihre Grenzen haben und jeder Körper irgendwann entkräftet ist. Arbeitsdienst, Militärdienst, sechs Jahre Soldat im zweiten Weltkrieg, teilweise in Russland, Kopfsteckschuss und Flugzeugabsturz - all das hat Papa überlebt. Achtundneunzig Jahre ist er jetzt alt. Wenn es wirklich nicht mehr weitergeht, dann soll es so sein. Ich weine, da ich Abschied von meinem Vater nehmen muss.

Überwältigt von meinen Gefühlen werfe ich mich aufs Bett, verschließe meine verquollenen Augen und schaue mir den Film an, der gerade in meinem Kopfkino abläuft.
Ich sehe Papa, wie er mich als vier, fünfjährigen Jungen auf Hausbesuche mitnahm. Irgendwie war ich stolz auf ihn und umgekehrt war er es wohl auch auf mich. Damals habe ich nicht alles verstanden, was er mit den anderen Erwachsenen besprach, ich hatte auch noch keine Ahnung, was eine Silikose (Steinstaub) ist und warum der für mich alte, aber in Wahrheit noch gar nicht betagte Mann im Sessel so kurzatmig war. Ich spürte gefühlsmäßig, dass Papa in dieser gemütlichen Wohnung mit dem kuscheligen Plüsch - Sofa und der angenehmen Ofenwärme ein herzliches Verhältnis zu den Leuten hatte. Sie begegneten ihm mit Respekt, hatten aber keine Berührungsängste. „Doktor trinken Sie noch ein Schnäpsken mit?", wurde er am Ende der Untersuchung gefragt, als er seine Tasche wieder zusammenpackte. Natürlich lehnte Papa in der Regel höflich ab; was aber nie liegenblieb war die Schokolade für den kleinen Thomas.

Papa hatte Mitleid und Verständnis für die Bergleute. Was er überhaupt nicht ertragen konnte, waren die Schmarotzer, die sich auf Kosten der Solidargemeinschaft einen Krankenschein erschleichen wollten.

Ich sehe Papas entsetztes Gesicht, als wir 1977 auf der Via Barbaroux vor dem

Haus stehen, in dem Jörg und ich zu Beginn unseres Studiums in Turin eine Wohnung bezogen hatten. Zwei Stunden lang hatte es ihm die Sprache verschlagen, nachdem er realisierte, dass die leicht bekleideten Damen auf der Via Barbaroux dem angeblich ältesten Gewerbe der Menschheit nachgingen.

Inzwischen waren wir ja umgezogen nach Pecetto in ein kleines Dorf auf den grünen Hügeln jenseits des Po's. Hier waren wir bestens integriert, spielten Fußball im Dorfverein und kannten die meisten Mitbewohner des Ortes. Jeder von uns hatte einen Spitznamen, meiner war Angeletto – „Das Engelchen". Keine Ahnung, wie die Italiener auf diesen für mich schmeichelhaften Namen gekommen waren. Eines Abends hatte ich einen Tisch bei den „Schwestern" bestellt, ein einfaches Lokal mit selbstgemachter Pasta und vielen anderen Piermonteser Spezialitäten. Nachdem wir einige Gänge hinter uns hatten und bereits mehr als gesättigt waren, brachten sie uns noch wie üblich den großen Käseteller. Dummerweise stellten sie ihn Papa vor die Nase, der sich höflichkeitshalber genötigt sah, den ganzen Teller leer zu essen.

Immer schon war er kulinarischen Genüssen gegenüber nicht abgeneigt. Auch wenn seine Sinne hinsichtlich des Sehens und Hörens in den letzten Jahren stark nachgelassen haben, so waren seine olfaktorischen Neuronen bis zuletzt bestens in Schuss. Mamas Kochkünste werden regelmäßig über den grünen Klee gelobt. Auch in Bologna, wo ich mit Rainer das letzte Jahr bis zum Physikum absolvierte, hatten mich meine Eltern besucht. Während ich mit Mama und ihrer Schwester Ulla einen Ausflug nach Florenz machte, blieben Papa und sein Schwager Helmut in Bologna. Als wir abends zurück waren, erzählten sie stolz von ihrer Turmbesteigung. Sie hatten einen der Geschlechtertürme im Zentrum der Stadt erklommen, was mir damals noch verwehrt war. Kein Bologneser Student hätte es vor Abschluss des Studiums gewagt, diesen Turm zu besteigen, da er laut ungeschriebenem Gesetz ansonsten niemals zum Examen gekommen wäre.

Papa war immer sehr genügsam. Ich sehe ihn auch in Berlin Wedding auf der Brüsseler Straße, wo es ihm in meiner Altbauwohnung ohne Dusche nichts ausmachte, auf dem Sofa zu übernachten. Als wir unweit meiner Wohnung auf dem berühmten Aussichtsturm an der Bernauer Straße über die Mauer in den Osten auf den Todesstreifen, die getrennten Häuser und das Stadion der Weltjugend blickten, gab es keine zwei Meinungen. Alle unsere heftigen politischen Diskussionen während meiner Schulzeit waren in diesem Moment vergessen. Zwischen uns bestand unausgesprochene Einigkeit, dass dieses Monster irgendwann wieder weg musste. Vorstellbar war es zum damaligen Zeitpunkt Anfang der achtziger Jahre jedoch nicht. Heute kann ich meinen Bruder Stefan in seiner Wohnung in Berlin Pankow, die etwa 300

Meter vom ehemaligen Stadion der Weltjugend entfernt liegt, problemlos besuchen. Damals war Pankow gefühlsmäßig von Westberlin weiter entfernt als New York.

Langsam komme ich wieder zu Bewusstsein. Ich lasse mir von der netten Dame an der Rezeption ein Taxi bestellen. Auf dem Weg nach Oliva de Plasencia rollen noch einmal Tränen über meine Wangen. Die Sonnenbrille verhindert, dass der Taxifahrer es bemerkt, aber eigentlich ist es mir auch egal, was er von mir denkt. Dankbar darüber, dass ich wieder auf dem Jakobsweg angekommen bin, versehe ich ihn mit einem nicht ganz angemessenen Trinkgeld.

Die als eine der schönsten Schlafstätten auf der gesamten Vía de la Plata gepriesene Herberge finde ich rasch, muss jedoch feststellen, dass sie um die Mittagszeit geschlossen ist. Ein Hinweisschild verweist auf die Handynummer von Monica, die an anderer Stelle im Dorf wohnt. Bevor ich die Beschreibung dorthin kapiert habe, bringt mich ein freundlicher junger Spanier zu ihrem Haus. Sie sagt, ich möge mich eine halbe Stunde gedulden, dann käme sie, um mir die Tür zu öffnen. Ich nutzte die Zeit, um die besondere Stimmung des Tages in meinen Aufzeichnungen festzuhalten.
In der Tat stellt sich heraus, dass dieses, sich über zwei Stockwerke erstreckende Bauernhaus, das mich mit seinen Holzbalken und dem gemütlichen Esszimmer an eine Hütte in den Alpen erinnert, eine außergewöhnlich angenehme Atmosphäre verbreitet. Da ich der erste bin, darf ich mir einen Platz in einem Dreibettzimmer auf der unteren Etage aussuchen.

Es ist jetzt 15.00 Uhr, blauer Himmel und herrlicher Sonnenschein. Ich mache einen Spaziergang durchs Dorf und suche mir ein nettes Plätzchen unter einem Baum, um in meinem E – Book zu lesen. Auf dem Rückweg kommt mir auf dem Dorfplatz endlich mal wieder ein Pilger entgegen, der die Herberge sucht. Ich führe ihn zu Monicas Haus und wir verabreden uns für 18.30 Uhr in der einzigen Kneipe im Ort, in der es auch etwas zu essen gibt.

Für Hans Ulrich ist es auch selbstverständlich, dass zu einem guten Pilgermenü ein anständiger Wein gehört. Er ist Schweizer aus Graubünden. Als ich ihm meinen Namen sage, fällt ihm ein, dass er auf dem Gymnasium in Bern in einer Klasse mit Thomas Heinemann war, dem Sohn des früheren Bundespräsidenten. Natürlich kennt er mein Hörbuch „Nachtzug nach Lissabon", denn schließlich beginnt die Geschichte ja in Bern. Hans Ulrich erzählt mir, dass er auch drei Kinder hat, aber im Gegensatz zu mir 25 Jahre alleinerziehender Vater war, da seine Frau während der Schwangerschaft mit dem dritten Kind an Krebs erkrankte und kurz nach der

Geburt des Kindes verstarb. Trotz dieser traurigen Geschichte wirkt er fröhlich und in sich ruhend. Ein Grund dafür dürfte sein, dass er vor zwei Jahren in Burgos auf dem Camino Francés Mariza aus Peru kennen und lieben gelernt hat. Im nächsten Jahr will er mit ihr nach Lima fliegen, um bei ihrem Vater um ihre Hand anzuhalten. Er ist fünfundsechzig Jahre alt. Mit seiner Ausstrahlung und seinem Aussehen wirkt er mindestens zehn Jahre jünger.

Ich freue mich jetzt schon, dass ich mich morgen früh nicht allein auf den Weg machen muss, sondern einen so angenehmen Begleiter dabei haben werde.

Kapitel 8
Oliva de Plasencia – Aldeanueva del Camino
Freitag, 19. September 2014

Gut ausgeschlafen nehmen wir morgens um 7.30 Uhr in der schönen Essküche zusammen mit zwei Radpilgern, die später noch in der Herberge eingetroffen sind, das von Monica vorbereitete Frühstück ein.

Als wir unsere Sachen zusammenpacken, ruft Hans Ulrich mich zu sich. „Hey, Du hast doch Chirurgenhände, versuch Du es mal!" Seine Brille war hinter die Heizung gerutscht und steckte fest. Mit einigen Instrumenten aus der Küche war es ihm in mehreren Anläufen nicht gelungen, sie hervorzuholen. „Die Chirurgenhände hätte ich gerne, aber ich kann´s ja trotzdem mal probieren", entgegne ich ihm. Tatsächlich gelingt es mir recht schnell, sie mit zwei Messern zu greifen. Dass ich sie so rasch herausbekam, lag jedoch nicht an den Chirurgenhänden, sondern wohl eher daran, dass ich im Gegensatz zu ihm eine Brille auf der Nase hatte.

Der Himmel ist verhangen mit dunkelgrauen Wolken, als wir die Herberge um 8.30 Uhr verlassen. Auf dem schönen gut eingezäunten Feldweg grasen unter Eichen scheinbar friedliebende Stiere. Es dauert nicht lange bis wir uns wieder regenklar machen müssen. Auch Hans Ulrich besitzt so einen praktischen Ganzkörperschutz. Mir macht es heute überhaupt nichts aus, wenn ich nass werde, ich bin nur froh, dass ich nicht allein durch die Gegend laufe.

Nach knapp zwei Stunden führt uns eine etwa fünfzig Meter breite mit alten Eichen durchsetzte Cañeda (das sind Wege, die die Schafsherden benutzen, um den Weidenwechsel zwischen den Sommerweiden des Nordens und den Winterweiden des

Südens zu nutzen) zum Höhepunkt der Etappe, ja vielleicht sogar dem Wahrzeichen der gesamten Vía de la Plata, dem Arco de Caparra. Mit den übrigen Überresten der römischen Ansiedlung steht er hier etwas verloren in der Landschaft. Einst war er Teil der monumentalen Römerstadt Caparra. Als Station auf dem bedeutenden Handelsweg Mérida – Astorga profitierte die Stadt von den fahrenden Händlern und Reisenden. Der Reichtum floss in zahlreiche Pracht - und Luxusbauten wie das Amphitheater.

Da es heftig regnet, verweilen wir nicht lange an der historischen Stätte. Endlich, kurz hinter dem Bogen, sehe ich glückliche schwarze Schweine munter durch die Gegend hüpfen. Ein wunderbares Beispiel für artgerechte Haltung! Mir kommen gerade die grauenhaften Bilder in den Sinn, die wir bei uns aus dem Fernsehen von zusammengepferchtem Vieh in mitteleuropäischen Masthöfen kennen.

Dagegen haben es die Frischlinge in der Extremadura richtig gut. Nachdem sie bei einem Gewicht von ca. 100 Kilogramm von der Muttersau getrennt werden, kommen sie unter strenger tierärztlicher Betreuung auf die Weide, wo sie nun selbst die Nahrung in den Eichelhainen suchen müssen. 160 bis 170 Kilogramm müssen die Schweine auf die Waage bringen, um reif für den besonderen Jamón Ibérico de Belota zu sein.

Wir wandern weiter auf der Caneda und landen an einem Gatter, an dem wir einen Pfeil nach links erkennen. Klar ist nur nicht, ob es vor dem Tor auf dem Feldweg oder hinter dem Tor auf der Straße weitergeht. Wir nehmen den Feldweg und müssen nach 1000 Metern feststellen, dass wir uns falsch entschieden haben. Eine Möglichkeit auf die nebenan liegende Straße zu gelangen, wäre die, über den Zaun zu klettern, der den Weg von der Straße trennt. Auf Grund der Erfahrung, die Hans Ulrich vor ein paar Tagen gemacht hat, kehren wir lieber zurück. Er hatte an der Umleitung vor dem Alkantarasee seinen Rucksack über den Zaun geworfen, war dann aber selbst nicht hinübergekommen. Zudem ist der Boden vom Regen so aufgeweicht, dass man sehr schnell abrutschen könnte.

Nach fünf Stunden Dauerregen klart der Himmel endlich auf. Auf einem Mäuerchen nutzen wir die Gelegenheit für eine kleine Erfrischungspause. Der dazugehörende Kaffee bleibt mal wieder eine Illusion. Weit und breit keine Bar zu sehen!

Erneut wird mir bewusst, dass es in der freien Natur beim Laufen einfacher ist, den Gedanken freien Lauf zu lassen, die einzelnen Gedankenfragmente zusammen zu puzzeln und gewisse Schlüsse daraus zu ziehen. Aber auch das konzentrierte

Zuhören und Einlassen auf einen Gesprächspartner fällt unter diesen Bedingungen zuweilen leichter. Diese Erfahrung macht man sich heute auch in psychosomatischen Kliniken bei Gesprächen zwischen Patient und Therapeut zu Eigen.

Durch zunehmendes Vertrauen und aufrichtiges Interesse an dem Leben des Anderen lassen wir uns schnell auch auf sehr persönliche Themen ein. Hans Ulrich erzählt, dass er in seine Gesangslehrerin verliebt gewesen sei und sie zum Essen eingeladen habe, was sie damals ablehnte. „Nachdem ich Mariza kennengelernt hatte", beginnt er seinen Satz, als ich ihn unterbreche: „Stopp, ich weiß, was jetzt kommt", sage ich, „Ihr Interesse war geweckt und sie wollte der Einladung nun nachträglich folgen", ergänze ich. Typisch, erst durch die neu entstandene Konstellation wird ihr bewusst, was sie verpasst hat.

Vertieft in Beziehungsfragen stehen wir plötzlich vor der Autobahn, an der der Feldweg endet. Das ist der Tribut, den wir zollen müssen. Wir nehmen es an dieser Stelle mit Humor und suchen in Ruhe die Abzweigung, an der wir uns verlaufen haben.

Weiter geht es durch das Ambroz – Tal mit Blick auf den Calvitero, den mit 2401 höchsten Berg der Extremadura. Über eine schöne hügelige Dehesa gelangen wir gegen 5.00 Uhr zu der langgestreckten Hauptstraße von Aldeanueva. Wir passieren auf der linken Seite die wenig einladende öffentliche Herberge und suchen lieber die neue saubere und recht moderne Herberge, die 300 Meter weiter im Zentrum des Dorfes liegt. Sie heißt La Casa de mi Abuela, also das Haus meiner Großmutter. OK, 13 Euro für eine Übernachtung in einem Schlafsaal mit zehn Etagenbetten ist nicht gerade ein Schnäppchen, aber uns ist Omas Häuschen das wert. Da wir den Saal allein beziehen, können wir uns ein schönes Plätzchen am Fenster aussuchen. Die nette Dame an der Rezeption spricht sehr gut Deutsch. Kein Wunder, denn auf Nachfrage erzählt sie, dass sie über 20 Jahre in Hessen gelebt hat.

Hans Ulrich lädt mich auf ein Bierchen ein, bei dem es natürlich nicht bleibt, aber wir sind uns einig, dass wir uns nach weit über 30 Kilometern auch die nachfolgenden Biere verdient haben. Mit einem vorzüglichen Drei-Gänge-Menü beschließen wir den Tag und gönnen unseren müden Knochen die wohlverdiente Ruhe in der Herberge.

Statt im Nachtzug nach Lissabon befinde ich mich auf meinem MP3 Player versehentlich beim Günther Prinzip, dem Coaching Buch von Stefan Frädrich. „Raus aus der Komfortzone" heißt es dort. Glücksgefühle entstehen, wenn man sich anstrengt, etwas Neues wagt und „Günther", den inneren Schweinehund überwunden hat.

Ganz ohne Anstrengung erhalte ich vor dem Einschlafen besagtes Glücksgefühl, als ich Laras SMS lesen darf. In den letzten Wochen hatte ich durch ihre Mitarbeit in der Praxis reichlich Gelegenheit, ihre freundliche, warme Ausstrahlung zu genießen.

Kapitel 9
Aldeanueva del Camino – Calzada de Bejár
Samstag, 20. September 2014

Während ich noch unter der komfortablen, sauberen Dusche stehe, bereitet Hans Ulrich schon das Frühstück vor. So nett, wie er das macht, merkt man ihm seine langjährigen Erfahrungen als alleinerziehender Vater an. Er bemerkt, dass er gerne deutsche Gedichte lese, insbesondere von Wilhelm Busch. Ich krame in meinen Unterlagen herum und finde eines, das mir mein Freund Andreas geschickt hat. Leider kann ich es noch nicht frei rezitieren und lese es daher vor:

Die Selbstkritik hat viel für sich
Gesetzt den Fall, ich tadle mich
So hab ich erstens den Gewinn
Dass ich so hübsch bescheiden bin;
Zum zweiten denken sich die Leut´,
Der Mann ist voller Redlichkeit;
Auch schnapp ich drittens diesen Bissen
Vorweg den andern Kritikküssen;
Und viertens hoff ich außerdem
Auf Widerspruch, der mir genehm
So kommt es denn zuletzt heraus,
Dass ich ein ganz famoses Haus.

Bei wolkenverhangenem Himmel starten wir unsere Etappe, die, wenn es gut geht nur 22 Kilometer lang sein wird und uns etwa in der Mitte in Banos de Montemayor einen Kaffee bescheren könnte.

Zunächst einmal müssen wir mit der N630 vorlieb nehmen, was nicht gerade pures Wandervergnügen bedeutet. Feldwege wechseln sich mit Passagen auf der Nationalstraße ab, bis wir nach drei Stunden gemächlichen Schrittes in Banos de Montamyor, einem der ältesten Heilbäder Spaniens landen. Wie erhofft haben wir heute kein Problem, eine Bar zu finden, in der wir ausgiebig unseren Café con

Leche genießen können. Hinter dem Ort ändert sich die Landschaft schlagartig. Es wird gebirgiger, gleichzeitig flankieren Laubwälder den Weg durch das Tal des Río Cuerpo, der die Grenze zwischen der Extremadura und der Kernprovinz Spaniens Castilla y León bildet. An einer besonders schönen Stelle mit traumhaftem Blick auf die von der Sonne beschienene Berglandschaft machen wir erneut Rast. Hans Ulrich, der für eine Zeit lang zum Stadtarchitekten von Chur gewählt worden war, bildet mich zum Experten für den schweizerischen Kanton Graubünden aus. Ich erfahre, dass die kleine (etwas über 30.000 Einwohner) Kantonshauptstadt Chur mit Oper und Symphonieorchester kulturell bestens aufgestellt ist, lasse mir von ihm das Grenzwegli, einen Wanderweg an der Grenze nach Italien, beschreiben, lerne einige typische kulinarische Spezialitäten des Kantons kennen und bin erstaunt, dass die vierte Amtssprache der Schweiz, das Retroromanisch, nur von 50.000 Menschen gesprochen wird und dazu noch in fünf verschiede Idiome aufgeteilt ist. Von seinem Aussehen, seiner Ausstrahlung und seiner Art zu sprechen, erinnert mich Hans Ulrich an den kürzlich verstorbenen Schauspieler Maximilian Schell.

Wir wandern teilweise über das alte römische Straßenpflaster und genießen weiterhin die wunderschöne Landschaft. Ich bin so froh, dass ich mich in Plasencia noch einmal aufgerafft habe, den Weg weiterzugehen. Noch ein kräftiger Anstieg, dann haben wir es am frühen Nachmittag nach Calzada de Bejár geschafft. Die gemütliche, rustikale Herberge liegt direkt am Eingang des kleinen Bergdorfes. Auch von hier aus haben wir eine prächtige Aussicht auf das malerische Tal.

Als ich meine Wanderschuhe ausziehe, staune ich nicht schlecht, auf wie vielen Blasen ich gelaufen bin, ohne dass es mich groß gestört hatte. Wen wundert's, wenn man bedenkt, dass ich vorgestern über 30 Kilometer mit regendurchtränkten feuchten Füßen marschiert bin.

Von hier aus in Calzada de Bejár gibt es zwei Optionen für mich: entweder noch zwei Etappen mit Hans Ulrich weiterlaufen bis Melide und dann mit dem Taxi oder Bus nach Salamanca fahren oder hier in Calzada de Bejár Schluss machen und noch zwei Tage in Salamanca ausspannen. Die gesamte Strecke nach Salamanca würde ich jedenfalls nicht mehr wandernd schaffen. Ich entscheide mich heute Abend für die zweite Variante.

Bevor es in den Schlafsaal geht, den wir heute Abend mit zwei Mitpilgern teilen müssen, sitzen wir noch eine Stunde am Kamin und zeigen uns Bilder von unseren Lieben zu Hause. Eines kann mir Hans Ulrich nicht wirklich plausibel erklären, nämlich, wie er es schafft, sich beim Verlaufen über sich selbst lustig zu machen. Da muss ich noch eine Menge lernen, um über eine so große Gelassenheit verfügen zu können.

Im „Nachtzug nach Lissabon" wird die Szene geschildert, in der Amadeo mit ärztlicher Kunst Mendez, einem Vasallen Salazars – genannt der „Schlächter von Lissabon" – blutüberströmt auf der Straße liegend das Leben rettet. Wie handelt man richtig? – Bedingungslos dem Eid des Hippokrates folgen oder das Volk von einem Tyrannen befreien? Wie hätte ich mich in solch einer Situation verhalten? Diese Frage hatte ich mir schon seinerzeit beim Lesen des Buches sowie beim Betrachten des Filmes gestellt.

Kapitel 10
Calzada de Bejár – Salamanca
Sonntag, 21. September 2014

Hans Ulrich und ich genießen unser letztes gemeinsames Frühstück, bevor er weiter nach Fuenterroble de Salvatierra wandert und ich per Taxi herunter nach Bejár und von dort aus weiter mit dem Bus nach Salamanca fahre. Draußen ist es recht frisch. Wir befinden uns in einer Höhe von 800 Metern. Hans Ulrich meint, je 100 Meter mehr Höhe bedeute ein Grad Temperatur weniger.

„SA-LA-MAN-CA", artikuliert er langsam Silbe für Silbe. „Wir sollten noch Arabisch lernen" sagt er, „das hört sich doch viel klangvoller als beispielsweise Zürich an". … „Oder Bocholt", füge ich hinzu. Recht hat er, eine neue Sprache zu erlernen ist immer ein gutes Ziel, es muss ja nicht gleich Arabisch sein.

Im Bus nach Salamanca ertönt mein ausnahmsweise nicht abgestelltes Handy. Stefan teilt mir mit, dass es mit Papa zu Ende geht, er gar keine Nahrung mehr zu sich nehme. Wir einigen uns darauf, dass wir ihn zu Hause lassen, aber Infusionen für ihn organisieren werden, denn auch wenn es sein Wunsch war, nicht mehr ins Krankenhaus eingewiesen zu werden – wir können ihn ja nicht verhungern lassen.

Der Weg vom Busbahnhof von Salamanca in die Stadt ist mir vertraut von der Reise im April. Noch einmal laufen Tränen über mein Gesicht. Die Herberge werde ich hier um 11.00 Uhr nicht aufsuchen. Erstens öffnet sie erst um 16.00 Uhr und zweitens bin ich hier schließlich nicht pilgernd angekommen. Das wäre ja glatter Betrug, auf den ich mich nicht einlassen möchte. Wenn ich noch das Bedürfnis habe, Pilger zu treffen, werde ich das sicher in dem Garten neben der Herberge können.

Ich habe Glück, finde unmittelbar neben einem der prachtvollsten Plätze der Welt, der Plaza Mayor von Salamanca in einem kleinen Hotel ein schönes Zimmer. Nachdem ich mich meiner etwas streng riechenden Kleidung entledigt und eine wohltuende Dusche genommen habe, schlendere ich durch die strahlende Stadt mit ihren in der Sonne leuchtenden goldgelben Fassaden. Ich empfinde eine angenehme Vertrautheit zu dieser Stadt, die Teil des UNESCO – Weltkulturerbes ist. Ähnlich habe ich es 1993 erlebt, als ich auf meiner letzten Weltreise aus dem lauten, unruhigen Hongkong im eher beschaulichen Auckland ankam, das ich einige Jahre zuvor mit Marcus kennengelernt hatte.

Salamancas Weltruhm geht vor allem auf die Gründung der Universität im Jahr 1218 zurück. Sie ist mit Bologna, Paris und Oxford damit die älteste Universitätsstadt in Europa. Noch heute ist sie eine der bedeutendsten spanischen Universitätsstädte, was sicherlich einen Teil ihres Charmes ausmacht. An der beeindruckenden Casa de las Conchas, dem von dem Santiagoritter Talavera Maldonado 1514 errichteten, mit über 300 Jakobsmuscheln verzierten Stadtpalast, vorbei, begebe ich mich in Richtung Neue und Alte Kathedrale, die ich bereits im April ausführlich mit Kerstin besichtigt hatte. Das Einzigartige an dieser Konstruktion ist, dass sich durch die Verschachtelung der alten (Baubeginn um 1150) und der neuen Kathedrale (Baubeginn 1513, Vollendung 1733) romanische, spätgotische und barocke Baustile vereinigen.

Am späten Nachmittag suche ich auch noch den idyllischen Garten neben der Herberge auf, um mich in Ruhe meinen Aufzeichnungen zu widmen. Ich habe gerade den Stift und mein Tagebuch in der Hand, als mich ein etwa 65-jähriger Mann auf meiner Parkbank anspricht und etwas Belangloses fragt. Er wartet auf Einlass in die Albergue und scheint einen gewissen Redebedarf zu haben. Seit 35 Jahren sei er selbstständiger Unternehmer in Landsberg am Lech und ob ich denn wüsste, dass sie dort zurzeit einen berühmten Gast beherbergen würden, fragt er mich. „Ja klar kenne ich den", antworte ich ihm ohne seinen Namen zu nennen. Keinen Tag habe der Uli bisher in einer normalen Zelle verbracht, entweder war er auf einer Sanitätsstation oder sonst wo, ereifert er sich so ganz unbayerisch. Auch seinen Tonfall verbinde ich überhaupt nicht mit einem süddeutschen Dialekt. Spätestens als er mich fragt, ob ich wüsste, wie der FC gespielt habe, bestätigt sich die Vermutung, dass er nicht den FC Bayern, sondern den 1. FC Köln meint.

Der kölsche Bayer berichtet von einem Schotten auf dem Jakobsweg, der einen weit über fünf Kilogramm schweren Kocher mit sich schleppte, den er irgendwann bewusst zur Verringerung seines Rucksackgewichtes in einer Herberge liegen gelassen habe. Hundert Kilometer weiter seien ihm Pilger freudestrahlend entgegen gekommen, um ihm das Gerät zu überreichen, das er vergessen hatte.

Inzwischen haben sich noch Wilhelm und Hermann aus Papenburg zu uns gesellt, die heute auch – natürlich per pedes – in Salamanca eingetroffen sind. Wir sind uns einig, dass eigentlich nur die Jakobswege in Spanien mit ihren historischen Wurzeln den wahren Reiz ausmachen, andererseits fragen wir uns alle, die wir hier sitzen, warum wir uns immer wieder diese Strapazen antun. „Als ich vor etlichen Jahren das erste Mal auf dem Jakobsweg war, traf ich einen Typen, der mir erzählte, dass er bereits zum zehnten Mal auf dem Camino wandert", erzählt der kölsche Bayer. „Muss der bekloppt sein", habe er damals gedacht – „Und jetzt bin ich schon selbst zum achten Mal hier", fügt er hinzu.

So relativieren sich meine Bedenken vom Anfang meiner Ausführungen. Scheinbar sind wir alle einer gewissen Sucht verfallen.

Was wird in Erinnerung bleiben von dieser Reise?

Ich habe zwei außergewöhnliche Menschen kennengelernt, die Gelassenheit und Ruhe ausstrahlen, die trotz ihres Alters zuversichtlich und optimistisch sind, die immer wieder neue Herausforderungen suchen und die keinen anderen Menschen für Schicksalsschläge oder Schwierigkeiten in ihrem Leben verantwortlich machen. Möglicherweise haben sie Marc Aurel gelesen und seine Philosophie verinnerlicht, denn der Römische Kaiser hatte bereits vor 2000 Jahren gesagt, „das Glück hängt von der Beschaffenheit deiner Gedanken ab". Glück, so glaubte er, ist eine Sache der Einstellung. Er erkannte, dass seinem eigenen Glück nichts so sehr im Weg stand, wie sein innerer Richter, der es einfach nicht lassen konnte, Dinge und Menschen zu beurteilen und damit schlechte Laune, Frust und Enttäuschungen zu produzieren.

Die Reise wird auch immer verbunden sein mit dem Abschied von meinem Vater. Während ich diese Zeilen schreibe, schaut mir Papa bereits aus dem Himmel auf die Finger. Einen Tag nach meiner Rückkehr bin ich mit Carlo nach Herne gefahren. Als er seinen Opa so abgemagert in seinem Bett liegen sah, musste er bitterlich weinen. Man verstand ihn nicht mehr, er befand sich bereits zwischen dem diesseits und jenseits. Irgendwann nahm Carlo seine Hand und ich entdeckte ein zufriedenes Lächeln in seinem Gesicht als er merkte, dass eine Reaktion zurückkam. Für Carlo war es das erste Mal mit seinen 16 Jahren, dass er mit der Begegnung eines sterbenden nahen Menschen konfrontiert wurde. Einige Wochen zuvor hatte er ihn noch fröhlich dirigierend bei der Diamanten-Hochzeit meiner Eltern gesehen. Diese

Erfahrung wird ihn prägen.

Wieder einmal habe ich das für meine Pilgerreisen typische emotionale und mentale Auf und Ab erlebt, aber auch den Unterschied zwischen Vía de la Plata und Camino Francés erfahren. Hier ist man durch die reduzierte Infrastruktur wesentlich mehr auf sich selbst angewiesen, dort steht mehr der spirituelle Charakter im Vordergrund. Als ich bei blauem Himmel mit dem Bus in Salamanca auf die Puente Romana mit dem traumhaften Blick auf die beiden Kathedralen zufuhr, habe ich mir gewünscht, hier noch einmal mit meinem Rucksack zu Fuß anzukommen. Zum ersten Mal konnte ich mein gestecktes Ziel nicht ganz realisieren. Aber was nicht ist, kann ja noch werden, denn eines habe ich ja inzwischen begriffen:

Nach dem Jakobsweg ist vor dem Jakobsweg.

Buch 4

Von Calzada de Bejár
nach Puebla de Sanabria

Mit Cro auf der Vía de la Plata

Meiner lieben Mutter

Prolog

Es war an einem dieser wolkenverhangenen, schneetreibenden Tage Ende Januar 2014 auf dem pädiatrischen Kongress in Obergurgl, an dem ich mich gefragt habe, ob ich mich dem unfreundlichen Wetter auf der Piste aussetzen oder besser die Pause auf dem Sofa ausdehnen soll. Gut, dass ich mich nach inneren Ringkämpfen für die erste Variante entschieden habe. Das Liftfahren hatte auch in den letzten Jahren immer wieder etwas Meditatives. Allein auf der beheizten Gondelbank sitzend und über dieses und jenes sinnierend kam mir der Gedanke, Carlo einzuladen, mich auf meiner für Juni geplanten Fortsetzung der Vía de la Plata - Wanderung zu begleiten.

Noch vor ein paar Monaten wäre es sicher nicht mehr als eine Schnapsidee gewesen. Im letzten halben Jahr hatte Carlo jedoch einen enormen Entwicklungssprung gemacht, der in mir die Hoffnung nährte, es könne ihm ebenso wie seinem Bruder Luca vor drei Jahren gefallen, mir ein paar Etappen Gesellschaft zu leisten. Ich schlug vor, dass er von Calzada de Bejár nach Salamanca mitwandern und dann nach Deutschland zurückkehren sollte, während ich noch eine Woche weiter allein laufen würde.

Es gab nur ein Problem. Konnte ich Carlo zumuten, allein von Salamanca zurück nach Madrid zu fahren und von dort aus nach Deutschland zu fliegen? Er war erst siebzehn und bisher noch nicht einmal allein mit dem Zug gereist. Ich war schon etwas überrascht, als er sagte, er traue es sich zu und sähe darin eine Herausforderung. Das bestätigte mich noch einmal in meiner Wahrnehmung hinsichtlich seines gesteigerten Selbstbewusstseins. Was aber blieb, waren meine eigenen Bedenken. Genaugenommen nicht nur meine, sondern auch die seiner Mutter.

Irgendwann kam mir in den Sinn, ich könnte jemanden für zwei Tage nach Salamanca einfliegen lassen, der ihn dann mit zurück nach Deutschland nimmt. Meine erste Wahl fiel auf seinen Patenonkel Marcus aus Köln, der jedoch absagen musste, da er bereits eine Urlaubsreise gebucht hatte. Als nächster fiel mir Luca ein. Da er viel und gerne auf Achse ist, nahm er das Angebot mit größtem Vergnügen an und hatte auch schnell bei seiner Filmproduktionsfirma in Köln einen freien Tag ausgehandelt. Ich stellte jedoch eine Bedingung: Auf keinen Fall durfte er Carlo davon in Kenntnis setzen, denn für ihn sollte es eine große Überraschung werden.

Kapitel 1
Bocholt – Madrid – Salamanca
Mittwoch, 17. Juni 2015

Ein etwas holpriger Start

Sorry, Carlo, dass ich gerade mit dieser Geschichte mein erstes Kapitel beginne, aber mittlerweile können wir ja auch genüsslich darüber schmunzeln. Letztlich aber ist sie der aufregende Start unseres gemeinsamen Abenteuers und wenn´s schlecht gelaufen wäre, hätte sie schon das Ende unserer lang ersehnten Reise sein können.

Am Tag vor dem Abflug waren wir bereits mit unseren fertig gepackten Rucksäcken zu Luca nach Köln gefahren, um am nächsten Tag bequem mit der S-Bahn zum Köln Bonner Flughafen zu gelangen. So war der Plan.

Nachdem Luca sich am Mittwochmorgen um 9.00 Uhr zu seiner Arbeit aufgemacht hat, hole ich Brötchen für ein gemütliches Frühstück. Wir haben ja noch viel Zeit bis zum Abflug um 15.30 Uhr. Ich stelle gerade die Kaffeemaschine an, als Carlo plötzlich auffällt, dass er seinen Pilgerausweis in Bocholt liegen gelassen hat. Meine Reaktion ist nicht gerade überschwänglich freundlich, denn die Erfahrung in einer Pilgerherberge zu übernachten, sollte ihm nicht fehlen und ohne Pilgerausweis ist es eigentlich unmöglich, dort Einlass zu bekommen.

Ich hatte mich gerade mit dem Verzicht auf Übernachtungen in Pilgerherbergen abgefunden, als Carlo erneut einen Stoßseufzer des Erschreckens von sich gibt: „Papa, ich hab auch meinen Reisepass vergessen." Jetzt bedurfte es schon der Gelassenheit eines Dalai Lamas, um nicht aus der Haut zu fahren. Verzweifelt laufe ich wie ein aufgescheuchter Tiger durch die Wohnung, um einen klaren Gedanken zu fassen. Es ist mittlerweile 10.00 Uhr. Kurzfristig schreibe ich die Pilgerreise schon ab und stelle mir als Ersatz ein paar ruhige Tage auf der Nordseeinsel Langeoog vor. Plötzlich erfolgt die Wende und der alte Kampfgeist kommt zurück. Nein, so schnell gebe ich nicht auf! Wenn alles optimal läuft, schaffen wir die 130 km nach Bocholt und zurück nach Köln noch pünktlich bis zum Abflug. Also heißt es, Kaffeemaschine ausstellen, Rucksäcke schnappen und ab ins Auto!

Wahrscheinlich war es die LAN – Party in der Nacht zuvor, die bei Carlo alles durcheinandergebracht hat. Aber zum Glück erinnert er sich noch, dass er die Ausweise auf seinem Schreibtisch liegen gelassen hat.

Wir passieren relativ schnell die langgestreckte Baustelle auf der A3 und kommen auch sonst gut durch. Im Radio berichten sie über Feierlichkeiten anlässlich des 17. Junis, unseres früheren Nationalfeiertages. Ist ja schon fast in Vergessenheit geraten, dass im Juni 1953 ein Volksaufstand in der DDR mit Panzern der Sowjet – Armee brutal zerschlagen wurde. Mindestens fünfzig Menschen verloren dabei ihr Leben.

Kurz nach halb zwölf kommen wir in Bocholt an. Carlo holt schnell seine Dokumente und so sind wir bereits fünf Minuten später wieder im Auto in Richtung Köln. Unsere Stimmung wird zunehmend euphorischer. Ohne Staus oder andere Komplikationen erreichen wir schließlich um 13.30 Uhr den Kölner Flughafen. Glück gehabt!!!

Da wir pünktlich in Madrid landen, erwischen wir noch den 19.00 Uhr - Bus direkt vom Flughafen nach Salamanca. Für unsere erste Übernachtung in Salamanca hatte ich bewusst ein Hotel gebucht, das in der Nähe des Busbahnhofes liegt, um am nächsten Tag schnell nach Calzada de Bejár zu kommen – dort, wo ich im letzten Jahr meine Wanderung beendet hatte. Wir lassen es uns aber nicht nehmen, um 22.00 Uhr noch in die City zu laufen, um einen ersten Eindruck von Salamanca bei Nacht zu ergattern. Für mich ist er ja nicht neu, Carlo scheint ähnlich wie ich von dem Flair der Stadt beeindruckt zu sein.

Kapitel 2
Salamanca – Calzada de Bejár – Fuenterroble de Salvatierra
Donnerstag, 18. Juni 2015

Der Wecker schmeißt uns um sieben Uhr aus den Federn. Gleichzeitig erhalte ich eine WhatsApp Message von Matthias. Wie zum Start meiner früheren Pilgerreisen, wünscht er uns viel Glück auf dem Camino. Die Nachricht bringt mir einen zusätzlichen positiven Schub für die anstehende Wanderung. Eine treue Seele, mein Freund und Kollege Matthias!

Nach einem spanischen Frühstück mit Bocadillo und Milchkaffee in der unserem Hotel direkt gegenüberliegenden Bar des Busbahnhofes, buchen wir den 8.30 Uhr – Bus Richtung Norden nach Bejár. Die Fahrt dauert etwa eine Stunde. Bevor wir uns ein Taxi nach Calzada de Bejár nehmen, dem Ort, an dem ich im letzten Jahr meine Wanderung abgebrochen habe, stärken wir uns noch einmal mit einem Café con Leche. Wer weiß, wann wir den nächsten bekommen!

Wie so oft in Spanien verwickelt der Taxifahrer uns in ein Gespräch über Fußball. Eine große Überraschung ist es nicht gerade in dieser Region, dass er ein Fan der Königlichen ist. Er könne sich auch vorstellen, mit anderen Vereinen zu sympathisieren, der einzige Verein, bei dem das absolut nicht möglich sei, ist der FC Barcelona. Da er mit dem VfL Bochum vermutlich nichts anfangen kann, erzähle ich ihm, dass ich in der Bundesliga für Borussia bin und ich eine ähnlich geartete Abneigung zu einem Club in Bayern mit ihm teile.

Kurz vor elf Uhr stehen wir vor der Herberge, in der ich im vergangenen Jahr meine letzte Nacht auf dem Weg von Cáceres nach Salamanca verbracht habe. Fast exakt hier, genau gesagt zehn Kilometer vor Calzada de Bejár endet die autonome Gemeinschaft Extremadura und es beginnt die autonome Gemeinschaft Castilla y León. In ihrem geographisch riesigen Areal wohnen nur etwa 2,5 Millionen Einwohner. Die Comunidad Autonoma de Castilla y Leon besteht aus neun Provinzen: Avila, Burgos, León, Palencia, Segovia, Salamanca, Soria, Valladolid und Zamora. Die Hauptstadt ist Valladolid. Die beiden Königreiche Castilla und León wurden 1230 unter König Fernando endgültig zum Königreich Castilla y León geeint. Burgos wurde die Hauptstadt. Durch die Heirat Isabell I. von Kastilien mit Fernando II. von Aragon (1469) und die Eroberung der letzten arabischen Bastion Granada (1492) entstand aus den beiden mächtigen Königreichen der neue spanische Staat. Das Kernland Castilla y León ist die flächenmäßig größte autonome Region Spaniens und Heimat der spanischen Hochsprache, dem Castellano. Auf der flachen, kargen Meseta, dem zwischen 700 und 900 m hoch gelegenen, dünn besiedelten zentralspanischen Hochland herrscht ein raues Klima mit sengend heißen Sommern und extrem kalten Wintern. Auch die Zwischenjahreszeiten sind nicht so angenehm wie im Süden. Die Kastilianer sagen daher: „Nueve meses de invierno y tres meses de infierno" (Neun Monate Winter und drei Monate Hölle).

In Anbetracht der relativ späten Startzeit sind die gut 20 Kilometer nach Fuenterroble, die wir uns für heute vorgenommen haben, gerade passend für den ersten Wandertag, der uns mit Sonnenschein und nahezu optimalen Temperaturen um 28 Grad verwöhnt. Ich bin gespannt auf die in den Führern von Cordula Rabe und Raimund Joos beschriebene Kultherberge von Don Blas in Fuenterroble.

Carlo ist froh, dass es endlich losgeht. Er legt einen ordentlichen Schritt vor, erfreut sich an dem Anblick der Dehesas mit ihren knorrigen Eichen und meint, dass er sich das Wandern nicht so leicht vorgestellt hat. „Wenn ich nicht wüsste, dass wir in Spanien sind, würde ich hier Löwen und Nashörner erwarten". Scheinbar stellt er sich so eine afrikanische Savanne vor. Obwohl ich die Savanne auch nur von Bildern kenne, kann ich Carlos Assoziation nachempfinden.

Welch ein Glück, dass ich mit Carlo diesen Weg gehen darf. Selbstverständlich ist das nicht. Elf Wochen zu früh geboren, sehe ich ihn noch intubiert und beatmet im Inkubator. Das Hauptproblem war das Atemnotsyndrom Grad vier. Damals habe ich mich immer wieder gefragt, wie sich dieser kleine Mensch weiterentwickeln wird, ob er mal eine normale Regelschule besuchen kann, ob Behinderungen entstehen würden. Mit zwei Jahren habe ich die ersten Schritte mit ihm an der Hand gemacht. Mit vier Jahren las er seinem Opa die Überschriften aus der Zeitung vor.

Nachdem wir über einen Bach jongliert sind, landen wir auf einer Landstraße, der wir nach rechts folgen sollen. Was wir aber überlesen, ist, dass es zwei hundert Meter danach wieder nach links einen schmalen Bergweg hochgeht. So tappen wir bereits nach acht Kilometern zum ersten Mal in eine Irrwegfalle. Fröhlich laufen wir zwei, drei Kilometer weiter, bis uns ein Kleintransporter überholt. Er hält plötzlich an, ein älterer Mann in Arbeitskleidung steigt aus und redet wild gestikulierend auf uns ein. Zunächst können wir seine Gesten nicht richtig interpretieren. Dann realisieren wir, er will uns zu verstehen geben, dass wir nicht mehr auf dem Camino sind. Wir bedanken uns höflich und machen kehrt. Der Frust, wieder zurückgehen zu müssen, hält sich in Grenzen. Es überwiegt eher die Freude, dass uns ein netter Mensch wieder auf den richtigen Pfad geführt hat.

Gegen 14.00 Uhr erreichen wir die 85 Einwohner große Ortschaft Valverde de Valdelacasa. Eine kleine Pause haben wir uns verdient. Langsam könnten wir auch etwas Kalorienreiches gebrauchen. Ich halte den gerade zufällig durch das Dorf fahrenden Gemüse – und Obsthändler an. Er wirft ein paar Tomaten, Nektarinen und Pfirsiche in eine Tüte und verlangt einen Mondpreis. Nach kurzen Verhandlungen gibt er sich auch mit der Hälfte zufrieden. Mit einem gutgläubigen Pilger kann man es ja mal versuchen, wird er sich gedacht haben.

Carlo und ich genießen die saftigen, süßen Früchte auf dem Mäuerchen der Dorfkirche mit Blick auf die Weidelandschaft und den blauen Himmel. Ich bin fürs Erste gesättigt, für Carlo konnte das natürlich noch nicht alles gewesen sein. In der Dorfbar vertilgt er noch ein Riesenbaguette mit Lomo (Schweinefleisch).
Dann geht´s steil bergauf. Wir nähern uns langsam den ausgedehnten Ebenen des kastilischen Hochlandes. Steigungen und zunehmende Hitze machen Carlo allmählich zu schaffen. Wir müssen das Tempo deutlich drosseln und sind froh, als wir um

17.00 Uhr das Eingangsschild unseres ersten Etappenziels passieren. Jetzt noch über die 300 Meter lange Hauptstraße bis zum Ortsende – dann stehen wir vor dem großen Pfarrhaus von Don Blas, das unsere erste Übernachtungsstätte sein soll. Man zeigt uns die gesamte Anlage mit über 70 Betten in mehreren Anbauten. Wir dürfen die Casita Americana mit ihren acht Betten ganz für uns allein nutzen. „Was hat die Hütte mit Amerika zu tun" frage ich Don Blas. Sie sei mit Hilfe einer amerikanischen Spende aufgebaut worden, antwortet er. Einerseits ist das natürlich ein seltenes Privileg, einen Raum alleine nutzen zu können, andererseits entgeht Carlo so die typische Herbergs - Atmosphäre mit dem Erfahrungsaustausch von Pilgern unterschiedlicher Herkunft. Allerdings sind wir auch die einzigen Fußpilger heute. Vier Fahrradpilger übernachten in einem anderen Raum. Don Blas meint, es sei wegen der Hitze typisch für diese Zeit, dass wenige Pilger einträfen und für einen Anfänger sei dann vielleicht doch eher der Camino Francés -auch wegen seiner größeren spirituellen Ausstrahlung- geeignet.

Nachdem ich in dem örtlichen Lebensmittelgeschäft Proviant für die morgige gut dreißig Kilometer lange Strecke besorgt habe, suchen wir die nächste Bar in der Nachbarschaft der Herberge auf, um unseren Hunger zu stillen. Ein spanisches Omelett mit Kartoffeln reicht nicht. Carlo hat Bärenhunger und vertilgt noch zwei Bocadillos. Obwohl er fast dreimal so viel isst wie ich, schleppt er kaum ein Gramm Fett mit sich herum. Wo lässt er das alles bloß? Er kann jetzt das genugtuende Gefühl nachempfinden, welches mich regelmäßig nach einer anstrengenden Etappe ereilt: Müde und erschöpft auf der einen Seite, aber glücklich und zufrieden mit dem geschafften Tagespensum auf der anderen Seite. Carlo drückt es mit blumigen Worten und mit einem breiten Grinsen im Gesicht aus. Dank Free WIFI, das es hier an jeder Ecke gibt, widmet er sich seinen sozialen Kontakten auf Facebook und ich beginne in meinem mitgebrachten Buch von Tommie Bayer mit dem Titel „Die kurzen und die langen Jahre" zu lesen. Es versetzt mich politisch, musikalisch und vom Lifestyle her in die Zeit meiner Jugend, denn es beginnt Ende der sechziger Jahre.

Um 22.00 Uhr fallen wir hundemüde in unsere Betten. Carlo freut sich auf den nächsten Wandertag. So soll es sein. Mal schauen, wie seine erste Herbergsnacht wird.

Kapitel 3
Fuenterroble de Salvatierra – San Pedro de Rozados
Freitag, 19. Juni 2015

Als wir morgens um halb acht gut ausgeschlafen am Kaffeetisch sitzen, staunt Carlo nicht schlecht, was uns geboten wird: Ein reichhaltiges Frühstück mit frisch gepresstem Orangensaft, wilden Pfirsichen und vielem mehr. Die Leute sind wirklich sehr nett hier, packen uns sogar noch Obst ein – und das alles für eine freiwillige Spende! Don Blas fragt uns noch, ob wir genug Proviant dabei hätten, denn für die nächsten 30 Kilometer würden wir keine Gelegenheit haben, etwas Essbares zu erwerben.

Wie zu erwarten, sind wir heute um diese Zeit vermutlich die einzigen, die nach einem kurzen Weg über die Straße durch die steppenartige Gegend weit abseits vom Verkehr wandern. Diese Gegend, parallel zur Sierra de la Duena verlaufend, scheint absolut menschenleer zu sein. Wir genießen bei ruhigem, sonnigem Wetter das, was man hier am besten genießen kann, nämlich Stille.

Nach einem kleinen Picknick unter einer Korkeiche geht es ständig bergauf. Nicht so sehr der Anstieg macht uns zu schaffen, sondern die brummenden Insekten, die nicht nur die Ruhe stören, sondern auch unangenehmen Juckreiz auf unserer Haut verbreiten.

Bei den Windmühlen erreichen wir das Kreuz von Santiago, den mit 1150 Metern höchsten Punkt dieser Passage mit einer grandiosen Aussicht auf die Sierra. Die Insekten sind wir weitgehend losgeworden. Wir beschließen daher, an dieser Stelle eine Pause zu machen, und in Anbetracht der Nähe zum Himmel für Carlos Opa und meinen Vater eine Gedenkminute einzulegen. Noch einmal wird mir bewusst, dass ich die emotionalen Momente beim Abschied von Papa zu Hause in Bocholt im üblichen Trott niemals so intensiv wahrgenommen hätte, wie auf meinem letzten Camino, als mir in Plasencia klar wurde, dass er sterben würde.

Der Weg bergab durch die Eichenwälder ist relativ leicht zu schaffen, dann aber kommt ein sehr lang gezogener öder Abschnitt ohne viel Abwechslung entlang von Weiden parallel zu einer Landstraße, auf der alle 45 Minuten mal ein Auto zu sehen ist. Allmählich könnte mal wieder ein Wegweiser kommen. Die Option, diesen Weg wieder zurück laufen zu müssen, möchte ich nicht zu Ende denken. Außerdem habe ich hier ja noch die Aufgabe, Carlo Mut zu machen, denn Kräfte und Motivation schwinden langsam.

Endlich, an der Stelle, an der wir den weitgehend ausgetrockneten Bach Arroyo de los Mendigos über eine Brücke überqueren müssen, können wir unsere vertrauten Symbole Sonne und Muschel wieder entdecken. Auch wenn es nach der Brücke wieder über die Straße bergauf geht, sollten die letzten sechs, sieben Kilometer kein Problem mehr sein.

Wie man sich doch irren kann. Carlo fühlt sich jetzt um ca. 14 Uhr nicht im Stande, noch einen einzigen Schritt zu gehen. Vielleicht klappt es besser, wenn ich ihm seinen Rucksack abnehme. Ja - aber nur kurzfristig! Erst als er auf die Idee kommt, seinen Kopfhörer mit der Musik von seinem Handy aufzusetzen, läuft es besser bei ihm. Nein, das ist erheblich untertrieben. Er steigt nicht den Berg hinauf, er tänzelt ihn - fast möchte ich sagen rappend – hinauf.

Die Sonne brennt heftig, als wir zwischen drei und vier Uhr in San Pedro de Rozados ankommen. Der Weg zur Herberge ist von der Beschreibung her etwas verworren, sodass ich eine alte Dame, die gerade in ihrem Garten beschäftigt ist, frage. Scheinbar gibt es zwei Herbergen. Wir nehmen die nächste um die Ecke und stehen vor einer Wohnung mit den Jakobswegsymbolen und der Aufschrift Albergue. Es sieht alles merkwürdig verlassen aus. Als wir dann die unverschlossene Tür einfach mal aufstoßen, flitzt ein kleiner Kater an uns vorbei, aber keine Menschenseele ist zu sehen. Es gibt zwei Schlafräume mit zwei beziehungsweise drei Etagenbetten, auf denen ein Anmeldebogen liegt, versehen mit dem Hinweis, dass die Hausherrin um 19.00 Uhr eintreffen werde. Die Betten sind frisch bezogen, alles wirkt sehr sauber. Carlo sucht sich die obere Etage eines Bettes aus und legt sich unverzüglich zur Ruhe. Aus dem Stand heraus springt der flinke Kater geschmeidig auf sein Bett. Das schlaue Tier hat wohl sofort gemerkt, wo es die meisten Sympathien ergattern kann. Während sich Carlo innerhalb von Sekunden im Land der Träume befindet, erkunde ich das Dorf, um mir einen Platz zum Schreiben zu suchen und das verdiente Bier einzulösen. Die Sehenswürdigkeiten halten sich in Grenzen und erst nach intensiver Suche finde ich in dem um diese Zeit scheinbar gottverlassenen Ort eine Bar.

Pünktlich, wie auf dem Zettel notiert, erscheint abends die freundliche Herbergsmutter, um unsere Übernachtungsgebühr von acht Euro zu kassieren. Sie ermahnt uns noch, mit dem ausgehändigten Schlüssel zur Nacht die Tür zu verschließen, da Boris, der Kater, so geschickt sei, ohne Hilfe die Türklinke betätigen zu können. Wir beschließen den Abend in dem Lokal um die Ecke, wo wir für sieben Euro ein reichhaltiges und sehr schmackhaftes Drei - Gänge - Menu erhalten. Zufrieden, alles so gut angetroffen zu haben, erörtern wir die Planungen für den nächsten Tag. Auch heute bleiben wir allein in der Herberge.

Kapitel 4
San Pedro de Rozados – Salamanca
Samstag, 20. Juni 2015

Um halb acht Uhr verlassen wir gut ausgeschlafen unsere Hütte. Kaum haben wir die Tür geöffnet, wuselt Boris bereits putzmunter um uns herum. Wir verabschieden uns von ihm und laufen aus dem Dorf heraus in einen traumhaft schönen Morgen mit der aufgehenden Sonne, die ihr gedämpftes Licht über Kuhweiden und Äcker verbreitet. In Morille haben wir gegen neun Uhr ein Frühstück eingeplant.

Um halb neun treffen wir bereits in dem am heutigen Samstagmorgen noch sehr verschlafenen Morille ein. Die Bar neben der Herberge im Zentrum des Ortes soll um neun Uhr öffnen. Das steht zumindest draußen dran und wird uns auch von einer älteren Dame bestätigt. Da auf der knapp zwanzig km langen Strecke bis Salamanca laut Guide keine weiteren Geschäfte zu erwarten sind, beschließen wir die halbe Stunde zu warten. Wir vertreiben uns die Zeit auf einer Parkbank mit Lesen und freuen uns auf Kaffee und Brötchen.

Als die Bar um viertel nach neun immer noch verschlossen ist, fragen wir die alte Dame erneut. Ja, so genau würde man es hier mit den Zeiten nicht nehmen. Es könnte auch zehn Uhr werden bis zur Öffnung. Das erscheint uns dann doch zu unsicher und wir sind uns schnell einig, unseren Weg nüchtern fortzuführen. Ein Paar Nüsse als Notration habe ich ja noch in der Tasche. Direkt hinter der Bar geht es wieder aufs Land. Immer wieder müssen wir bergauf und bergab Gatter öffnen, um dem Jakobsweg über die Weiden zu folgen. Zum ersten Mal sehen wir auf einer Anhöhe weit in der Ferne die Konturen von Salamanca.

Um 11 Uhr macht Carlo schlapp. Er schleicht, wie eine Schildkröte. Vielleicht fehlen ihm auch die nötigen Kalorien. Von den paar Nüssen kann sich so ein junger, noch im Wachstum befindender Körper, nicht wirklich ernähren. Bereits gut sichtbar ist das Dorf Miranda de Azan. Es liegt zwar etwas abseits der Piste, aber jetzt um diese Zeit müsste es dort etwas zu essen geben. Ca. eine halbe Stunde dürfte es dauern, bis wir dort sind – normalen Schrittes wohlbemerkt –. Wenn wir so weiterlaufen, wie jetzt, sind wir in zwei Stunden noch nicht da. Mit der Aussicht auf Kalorienreiches kann ich Carlo motivieren, einen Schritt zuzulegen und so schaffen wir es noch vor 12 Uhr, das Dorf zu erreichen.

Bevor wir lange suchen, fragen wir nach der nächsten Bar. Bratkartoffeln mit Chorizowurst entdecke ich an der Theke. Eine kräftige reichhaltige und fettige Mahlzeit, die mich sättigt. Carlo dagegen vertilgt noch ein riesiges Baguette mit Jamón Ibérico. Das müsste reichen bis ins neun Kilometer entfernte Salamanca. Wir nehmen noch eine Flasche Wasser mit und machen uns durch sanft hügelige Felder auf den Weg zu unserem Ziel.

Es dauert vielleicht 40 Minuten, bis Carlo merkt, dass es kaum eine Stelle an seinem Körper gibt, die ihm nicht weh tut. Rien ne va plus – nichts geht mehr bei ihm. Der Begriff „Schmerzverstärkungssyndrom", geistert in meinem Kopf herum. Mit seiner Hochsensibilität, bei der man zuweilen denkt, er könne in die Gehirne anderer Menschen schauen und deren Gedanken lesen, ist Carlo prädestiniert dafür. Schon als kleines Kind ist er bei einer Fülle von Wahrnehmungen fast durchgedreht und beruhigte sich erst wieder, nachdem ich ihn in ein reizarmes Umfeld entführt hatte. Ein geeignetes Mittel gegen die gesteigerten Schmerzempfindungen sind Ablenkungsmanöver, die die Gedanken umleiten. Da Carlo sehr empfänglich für Musik ist, setze ich auf die Songs auf seinem Handy. Keine schlechte Idee, aber leider ist sein Akku leer!

Ich biete ihm meinen MP3-Player an. Da sind zwar keine Powerrapper, wie auf seinem Handy drauf, aber vielleicht reicht ja auch ein Softrapper, wie Cro. „Hey Kids, mein Name ist Carlo" singt der Rapper – das gefällt Carlo, gibt ihm neue Energie und verdrängt tatsächlich seine Schmerzen. Bald schon sehen wir die Silhouette von Salamanca. Auf einer Anhöhe halten wir an, um die reizvolle Ansicht der Stadt im Foto festzuhalten. Nur noch zwei, drei Kilometer durch die Vororte, dann haben wir es geschafft.

Kurz vor dem Ziel nutzt auch die Beschallung nichts mehr. Wahrscheinlich auf Grund der sehr würzigen Chorizowurst und der ausgegangenen Wasservorräte steht Carlo kurz vor dem Verdursten. Er weigert sich, weiterzulaufen. Ich sage ihm, er solle sich ganz ruhig verhalten, einfach hinlegen und abwarten. Ich würde dann in Salamanca ein Taxi bestellen, das ihn an dieser Stelle abholen könne. Meine Strategie geht auf: Ich hatte ihn bei seiner Ehre gepackt. So rafft er sich mit allerletzter Kraft auf und schleppt sich noch eineinhalb Kilometer weiter, bis wir schließlich an dem Platz stehen, an dem ich schon im vergangenen Jahr davon geträumt hatte, noch einmal mit dem Rucksack auf den Schultern anzukommen, nämlich an der Ponte Romana mit Blick auf die alte und neue Kathedrale.

Wir schlendern über die römische Brücke in die Stadt und suchen das Hostal Concejo an der Plaza de la Liberdad auf, das mir bereits im letzten Jahr als sehr geeignete Unterkunft in Salamanca diente. Womit ich überhaupt nicht rechne, ist, dass der freundliche Herr an der Rezeption auf meinen Hinweis, ich sei im letzten Jahr schon einmal hier gewesen, erwidert: „Ja, ich kann mich gut erinnern, das war im September." Willkommen bei Freunden!

Wir erhalten ein sehr schönes Zimmer mit Pariser Balkon und Blick auf die im Vergleich zur benachbarten Plaza Major eher ruhigen Plaza de la Liberdad. Carlo ist erstaunt über die Größe des Zimmers: ein riesiges Doppelbett für ihn und noch ein zusätzliches großes Bett für mich! Nach einer angenehmen warmen Dusche mache ich mich auf, um die lebendige südländische Atmosphäre in der Stadt zu genießen, während Carlo ein ausgedehntes Nickerchen vorzieht.

Als ich zurück bin, sagt Carlo: „Papa – du bist jetzt sechzig und ich siebzehn, kannst du mir mal verraten, warum du so fit bist?" Eine passende Antwort fällt mir nicht ein, aber das Bewusstsein, dass es so ist und Dankbarkeit dafür spüre ich sehr wohl.

Später laufen wir noch einmal gemeinsam los und ich freue mich, Carlo die Schönheiten der mir inzwischen sehr vertrauten Stadt zeigen zu können. Wir sind froh, ohne Zeitdruck alles etwas langsamer angehen zu lassen. Die Temperaturen sind inzwischen auf weit über 30 Grad gestiegen. Mir wird mal wieder bewusst, dass der Wärme - Höhepunkt nicht wie bei uns um die Mittagszeit liegt, sondern so zwischen 16.00 und 17.00 Uhr. Carlo und ich reden über unser Leben und sinnieren darüber, warum alles so gekommen ist. In dem schönen Garten neben der Pilgerherberge zeigt er mir mit welchen Fitness - Übungen man welche Muskelgruppe bedient. Was Muskeln angeht, kann ich in der Tat nicht mit ihm mithalten.

Um halb zwölf Uhr wird Carlo dann doch müde, möchte ins Bett. „Nein Carlo, bitte jetzt noch nicht!", schießt es mir durch den Kopf. Auf die lange vorbereitete Pointe möchte ich nicht verzichten! Luca hatte mir vor vier Stunden eine SMS geschickt, dass er wegen einer Verspätung des Ryanair – Fliegers von Köln den 19.00 Uhr Bus nicht bekommen habe und er daher den letzten Bus vom Flughafen in Madrid um 21.00 Uhr nehmen müsse.

Zum Glück kann ich Carlo überreden, noch einen Drink auf der immer noch sehr belebten und wunderschön beleuchteten Plaza Major einzunehmen. Als ich Lucas nächste SMS von seiner Ankunft am Busbahnhof in Salamanca bekomme, muss ich mir noch etwas einfallen lassen, um Carlo weiter hinzuhalten. Ich gebe ihm mein Handy mit der Bitte, herauszufinden, welche besonderen Funktionen es besitzt. Er entdeckt, dass es eine Slow Move – Einstellung hat. So filmt er eine Kindergruppe auf der linken Seite des Platzes, schwenkt dann langsam herüber zur Mitte, dann nach rechts und schreit plötzlich auf: „Nein, das gibt´s doch nicht, ist das hier `Verstehen Sie Spaß´?" Völlig unerwartet hatte er Luca vor der Linse. Der Schlingel war inzwischen, ohne ein Wort zu sagen, heimlich an unseren Tisch geschlichen. Das ungläubige Gesicht Carlos werde ich nicht vergessen. Sekunden später liegen wir uns in den Armen. Ich freue mich diebisch über den gelungenen Coup.

Da ich für morgen einen wanderfreien Tag eingeplant habe, um den Sonntag mit meinen Jungs zu verbringen, haben wir trotz fortgeschrittener Stunde noch reichlich Zeit, das unerwartete Wiedersehen zu feiern. Obwohl Carlos Freude, seinen Bruder hier zu treffen, riesig ist, sieht er auch die Kehrseite der Medaille, denn die Herausforderung, die Rückreise alleine anzutreten, war ihm inzwischen sehr wichtig geworden.

Kapitel 5
Salamanca
Sonntag, 21. Juni 2015

Endlich mal wieder ausschlafen! Kein Wecker klingelt. Dafür ist es bereits halb elf, als wir an dem Kaffeetisch vor dem Hotel sitzen. Luca ist begeistert von dem lebendigen südländischen Flair dieses Platzes.

Wir nutzen den Tag, um die vielen historischen Ecken Salamancas zu entdecken, die sich harmonisch in das Stadtbild einfügen. Zwischendurch erfreuen wir uns immer wieder an der Tapas - Kultur der Region. An der Casa de las Conchas (Haus der Muscheln) vorbei, geht es zur Universität, die 1214 von Alfonso IX gegründet wurde und an der unter anderen Berühmtheiten auch der Nationaldichter Spaniens Miguel de Cervantes (1547-1616) studierte. Hier soll er seinen Roman „Don Quijote de la Mancha", begonnen haben. 2002 wurde er vom Osloer Nobelinstitut zum besten Buch der Welt gewählt. An der Hauptfassade dürfen die Jungs den Frosch auf dem Totenkopf suchen, der sich in dem reichhaltigen Ornament- und Wappenschmuck versteckt hat. Er gilt den Studenten als Glücksbringer und ist zu einem Wahrzeichen Salamancas geworden.

Wir besichtigen die alte und neue Kathedrale, an dessen Fassade es auch etwas zu entdecken gibt, nämlich einen Astronauten, den die Restauratoren in den Reliefs versteckt haben. Die leuchtende Sonne lässt die Sandsteinfassaden der historischen Gebäude heute Mittag mal wieder in einem goldenen Licht erscheinen.

Am Nachmittag, als Carlo und Luca sich im Hotel ausruhen, besorge ich ihnen die Bustickets für morgen und etwas Proviant für die Rückreise nach Madrid. Wo könnte man einen so wunderbaren Tag in Salamanca am besten ausklingen lassen? Natürlich auf der Plaza Major. Noch einmal genießen wir die abendliche Stimmung, die von diesem Platz ausgeht. Während Carlo und ich uns um 22.00 Uhr ins Bett verabschieden, ist Luca noch auf eine nächtliche Expedition aus. Morgen wird es für mich nicht ohne Wecker gehen, denn für die 37 km nach El Cubo de la Tierra muss ich wohl zehn Stunden einkalkulieren.

Kapitel 6
Salamanca – El Cubo de la Tierra del Vino
Montag, 22. Juni 2015

Heute Morgen um sechs Uhr ist es noch stockdunkel. Eigentlich nicht meine Zeit, um aufzubrechen, zumal es manchmal nicht einfach ist, den Weg zurück auf den Camino aus einer großen Stadt heraus zu finden. Nachdem ich durch das Hauptportal der Plaza Major bin, erreiche ich über die lediglich von Straßenkehrern belebte Einkaufsmeile den Stadtrand. In den Vororten öffnen die ersten Cafés. Die Wegbeschreibung in meinem Führer ist gut verständlich, so dass ich bereits nach einer Stunde wieder auf dem ländlichen Camino bin.

Die Stimmung ist auch heute mit der aufgehenden Sonne über den Feldern prächtig, aber ich merke schnell, dass ich etwas vermisse. Carlo fehlt. Nun, der Wechsel zwischen Gesellschaft und Alleinsein ist mir nicht unbekannt von meinen früheren Caminotouren. Jetzt gerade ist es etwas anders, melancholischer. Ich beschließe, in Anbetracht der langen Distanz bis El Cubo, mich heute körperlich ein wenig mehr auszupowern, so spüre ich die Einsamkeit nicht so sehr.

Nach 17 km erreiche ich Calzada de Valdunciel um viertel nach neun. Hier habe ich eine Frühstückspause eingeplant. Den erhofften Café con Leche kann ich mir abschminken. War doch ein bisschen optimistisch, anzunehmen, dass um diese Zeit schon eine Bar geöffnet haben könnte. Dann vertilge ich mein Manchegokäsebaguette und die Pfirsiche eben auf einer Bank.

Über einen Feldweg gelange ich an das Flussbett der Rivera de Canedo, das zurzeit ausgetrocknet ist. So habe ich Glück, es durchwaten zu können und es nicht über einen längeren Umweg umgehen zu müssen. Noch zwanzig Kilometer bis El Cubo de la Tierra, aber die ziehen sich gewaltig.

Zeitweise sehe ich keine Markierungen mehr und bin mir nicht sicher, ob ich noch auf dem richtigen Weg bin. Durch Umbauten an der Autobahn, zu der ich parallel laufe, stimmt die Wegbeschreibung nicht mehr. Der Blick auf die andere Seite ist geprägt durch eine flache, nur mit Feldern kultivierte Landschaft, die sich durch eine extreme Übersichtlichkeit auszeichnet. Das Auge findet kaum markante Anhaltspunkte in dieser gleichmäßigen Gestaltung. Mentale Stärke ist gefordert. Extrem heiß, keine Menschenseele weit und breit – ich muss gestehen, dass es schon mal schönere Momente beim Wandern gab. Auf der Autobahnseite erscheint dann doch eine kleine Abwechslung, nämlich das Gefängnis von Topas. Da es im meinem Führer beschrieben ist, gibt es mir zumindest das angenehme Gefühl, mich nicht verlaufen zu haben.

Bis zum angestrebten Ziel ändert sich wenig. So bin ich froh, um viertel vor drei das Ortsschild von El Cubo passieren zu können. Gleich zu Beginn des Dorfes finde ich einen Hinweis zu einer privaten Herberge. Aus meinem Führer weiß ich, dass es im Ortskern noch eine öffentliche Herberge gibt, aber meine Füße wollen nicht mehr weiter. Der Kopf sagt, je näher, desto besser.

Äußerlich schon mal ganz nett mit einer angrenzenden Pferderanch öffnet mir eine freundliche ältere Dame die Tür und bietet mir ein Zimmer für 12 Euro an. Ein Zimmer für mich ganz allein, ein Schlafgemach mit frischer Bettwäsche – das klingt verlockend, ich zögere keinen Moment.

El Cubo de la Tierra del Vino – der Eimer des Weinlandes - welch ein Name für eine Ortschaft. Ich frage die Señora, wie man auf so einen verrückten Namen gekommen ist. Wie so häufig steckt eine Geschichte dahinter. Da der Ort auf der Hälfte des Weges zwischen Salamanca und Zamora liegt, haben der Legende nach schon die Römer hier Rast gemacht und wohl reichlich dem Wein gefrönt. Im 19. Jahrhundert kam es dann zu einer Reblausplage, die die Weinstöcke zerstörte. Seither konzentriert sich die Landwirtschaft auf den Getreideanbau.

Kein Bier vor Vier – heißt es im Volksmund. Das ist mir heute völlig egal. Die Señora fragt mich, ob ich Wasser möchte. „Nein bitte nicht, davon hatte ich unterwegs genug", antworte ich ihr. Stattdessen bestelle ich gleich zwei Dosen eiskaltes Bier. Das habe ich mir verdient. Ich gönne es mir ohne schlechtes Gewissen. Das Gehirn möchte belohnt werden.

Nachdem ich mein Handy entsperrt habe, erhalte ich eine Nachricht von den Jungs, dass sie bereits im Bus nach Madrid sind, es ihnen gut geht und sie sich ein wenig wundern, dass ich schon an meinem Tagesziel bin.

Nach der Dusche gehe ich in den Ort, um Proviant für morgen zu besorgen. Der Himmel zieht sich dunkelgrau zu, es fängt an zu grummeln. Erinnerungen an mein Gewittertrauma von Plasencia im letzten Jahr werden wach. Was bin ich froh, dass ich heute rechtzeitig hier eingetroffen bin und bereits eine Bleibe gefunden habe. Später fallen ein paar Tropfen, aber das Unwetter bleibt aus.

Um 19.00 Uhr verwöhnt uns die Señora mit einem vorzüglichen Menu in ihrem gemütlichen Wohnzimmer: Gemüsesuppe, pochierte Eier, Salat, Schweinefleisch mit Rosmarinkartoffeln, Obst, Weißwein, Rotwein und Kaffee. Am Tisch sitzen Mutter (Rebecca) und Tochter (Elly) aus Seattle, Claudia aus der Bretagne und David aus Cardiff.

David, ca. sechzig, von rundlicher Gestalt mit gutmütigen, sanften Gesichtszügen übernimmt die Gesprächsführung. Er ist gar nicht als Jakobs - Pilger unterwegs, sondern bereist Spanien mit dem Motorrad. Da wir in einer privaten Herberge untergebracht sind, ist der Pilgerausweis hier keine Bedingung. Er bringt immer wieder neue Themen auf den Tisch, fragt uns, was wir vom Schottland – Referendum halten oder will von uns wissen, wie wir zu dem in dieser Region immer noch sehr populären Bull – Fighting (Stierkampf) stehen. Einmal zum Kampfstier erkoren, hätten die Tiere ein sehr privilegiertes Leben, und wenn sie den Kampf gewännen, gehe es ihnen bis zu ihrem natürlichen Tod überdurchschnittlich gut, meint David. So richtig will sich jedoch keiner von uns auf diese Diskussion einlassen.

Mich interessiert mehr die Geschichte seines Heimatlandes. Als hätte er auf die Frage gewartet, fängt der stolze Waliser an zu referieren:
Galicien, die Provinz, in die wir pilgern wollten, habe doch die gleichen keltischen Wurzeln, wie sein Heimatland. Seine Augen glänzen, als er von dem Nationalsport der Waliser und den aufregenden Duellen mit England spricht, nämlich Rugby. Noch nie habe das Waliser Team bei einer Weltmeisterschaft gefehlt. Und dann zählt er auf, welche Persönlichkeiten alle aus Wales stammen: Die Schauspieler Richard Burton, Timothy Dalton und Antony Hopkins, die Sänger Tom Jones und Sherley Bassey, sowie der zurzeit sehr aktuelle Schriftsteller Ken Follett. „Und warum trägt, der Sohn von Queen Elisabeth den Namen Prince of Wales?", will ich wissen. Das gehe auf das Jahr 1283 zurück, erklärt er mir, als die Engländer unter König Edward I Wales eroberten. Seitdem führt der englische bzw. britische Thronfolger den Titel

„Prince of Wales".

Es ist äußerst interessant, David zuzuhören, aber mir raucht der Kopf, ich muss ins Bett. 32 Kilometer habe ich morgen bis Zamora zurückzulegen.

Im Bett nehme ich mir noch Zeit, ein paar Seiten in meinem Buch zu lesen. Der Protagonist verliert seine Tochter durch Meningitis. Unweigerlich lande ich gedanklich bei Benjamin. Vor ein paar Wochen traf ich seine Mutter bei einer Fahrradtour mit Kerstin im holländischen Dinxperlo, neben Carlos ehemaliger Schule. Wir haben einen Kaffee zusammen getrunken und nett geplaudert. Helmut Schmidt schreibt in seinem letzten Buch „Was ich noch sagen wollte" über bekannte und unbekannte Vorbilder. Benjamins Mutter gehört für mich definitiv dazu. Wie sie ihr Schicksal – den Sohn und kurze Zeit später auch noch den Mann zu verlieren - verarbeitet und welche Ausstrahlung sie hat, das nötigt mir allerhöchsten Respekt ab: Sie stellt nicht Schuldsuche und Verbitterung in den Vordergrund, sondern setzt sich selbst für andere verwaiste Eltern ein.

Kapitel 7
El Cubo de la Tierra del Vino – Zamora
Dienstag, 23. Juni 2015

Auch heute muss ich wohl wieder alleine laufen. Claudia, die ihre Freundin verletzt in Salamanca zurückgelassen hat, fühlt sich nach den letzten zwei einsamen Wandertagen nicht stark genug für die 32 Kilometer bis Zamora und will den ersten Abschnitt mit dem Bus zurücklegen, die beiden Amerikanerinnen wollen das Gleiche mit dem Taxi machen. In Zamora wird man sich dann wahrscheinlich wiedersehen.

Kurz nach sieben Uhr gehe ich durch den Ort über eine kleine Brücke links auf einen Kiesweg, der dann über etwa eine Stunde parallel entlang stillgelegter Bahngleise verläuft. Der Blick ist zwar immer noch auf Weizenfelder gerichtet, aber die landschaftliche Monotonie der letzten Tage ist zunächst einmal vorbei. Leicht hügelige Wege durch Wäldchen und Pappelhaine unterbrechen die Eintönigkeit. Nach einer weiteren Stunde gelange ich auf eine Anhöhe, auf der sich ein weiter Blick auf den Ort Cabanas de Sayago bietet, der jedoch links der Vía liegt und somit nicht durchquert werden muss. Der Ort, den ich heute nach 13 Kilometern bei optimalen Temperaturen um 23 Grad passiere, heißt Villanueva de Campean.

Hier in Villanueva de Campean bekomme ich meinen ersten erhofften Café con Leche am Morgen. In der Bar liegt eine Zeitung aus mit dem Titelbild von überschwemmten Straßen in Zamora nach dem Gewitter gestern Abend. Noch einmal werde ich an den Engel erinnert, der mich letztes Jahr aus dem Unwetter vor Carcaboso befreit hat. Ich begreife gerade mein Glück, dass ich dieses Mal verschont geblieben bin.

Die knapp zwanzig Kilometer nach Zamora laufe ich ohne größere Unterbrechung in einem durch. Physisch habe ich keine Probleme, aber ich merke, wie mich die Einsamkeit zu quälen beginnt. Da wird die belebte Stadt Zamora eine willkommene Abwechslung bieten. Vielleicht liegt es an dieser Vorstellung, dass ich bereits um 14.00 Uhr das Ufer des Río Duero mit Blick auf die Trümmer der Römerbrücke und die alten Wassermühlen erreiche. Postkartenidylle ist der passende Ausdruck für die malerische Aussicht auf die Altstadt.

Über die Puente di Piedra, der romanischen Brücke aus dem 12. Jahrhundert, gelange ich auf die historische Seite Zamoras. Meine Wegbeschreibung zur Herberge brauche ich nicht, da mir die Lokalisation der Albergue noch gut in Erinnerung aus dem letzten Jahr ist, als ich von Salamanca aus einen Ausflug hierhin gemacht hatte.

Vor der Rezeption, an der jeder einzeln hereingebeten wird, hat sich eine kleine Schlange gebildet. Zerstreuung finde ich während der Wartezeit im Gespräch mit einem lustigen Japaner, der scheinbar hier als Aushilfe anheuern möchte. Als ich dann an der Reihe bin, stellt mir die junge attraktive Dame an der Rezeption einige Fragen, unter anderem will sie wissen, welche Caminos ich bisher gelaufen bin. Anstatt mit „En el ano passado", beginne ich meinen Satz italienisch mit „L' anno scorso". Schnell stellt sich heraus, dass die Schöne aus meiner Studienstadt Bologna stammt und so lässt es sich nicht verhindern, dass die nach mir kommenden Pilger in Folge unserer lebhaften Unterhaltung etwas Geduld aufbringen müssen.

Nach der Dusche schlendere ich durch die gut überschaubare Stadt, in der sich vom Plaza Mayor bis zur Kathedrale oberhalb des Flusses Duero ein Prachtbau an den anderen reiht. (Palacio de los Condes de Alba y Aliste, Iglesia de la Magdalena und Iglesia de San Pedro y Ildefonso). Die meisten Kirchen stammen aus dem 11./12. Jahrhundert, weshalb Zamora „Museum der Romanik" genannt wird. Berühmt ist Zamora für seine Prozessionsfiguren in der Karwoche, die die Semana Santa Symbole anderer Städte in Spanien an Originalität überbieten. Das imposanteste Gebäude ist ohne Zweifel der Dom (1151-74) mit seiner byzantinischen Kuppel, die zudem gotische und neoklassizistische Merkmale aufweist. Eine Führung durch das

Innere der Kathedrale erspare ich mir, da ich es bereits im letzten Jahr kennengelernt hatte.

Irgendwie fehlt mir heute auch ein wenig die Lust und Freude an Besichtigungen, obwohl es ein angenehmer sonniger Tag ist und die Straßen zwar belebt, aber keinesfalls überfüllt sind. Was mich innerlich beunruhigt ist, dass ich morgen wahrscheinlich wieder allein sein werde. Mein Wanderführer empfiehlt eine Etappe von 36 Kilometer. Lang – heiß – einsam: das sind die Attribute, die mir dazu einfallen. Ich setze mich auf eine Bank, starre in der Gegend herum, trinke einen Cappucino in einem Café und laufe erneut etwas ziel -und planlos über die glühend glitzernden Pflastersteine. Plötzlich kommen mir Elly und Rebecca, die beiden Amerikanerinnen aus El Cubo entgegen. Meiner Eingebung folgend frage ich sie mitten auf der Straße völlig spontan, ob wir nicht morgen früh ein Stück zusammen wandern wollen. „Sehr gerne", antworten sie zu meiner Freude. Ich schlage vor, dass wir uns heute Abend in einem Lokal in der Nähe der Herberge treffen, dass ich zuvor ausfindig gemacht hatte.

Innerhalb von Sekunden ändert sich meine Laune um 180 Grad. Die Aussicht, morgen nicht allein laufen zu müssen, macht mich geradezu euphorisch. Das Restaurant entpuppt sich als äußerst gute Empfehlung. Elly, Rebekka, Claudia und ich testen die Speisekarte mit lauter kulinarischen Spezialitäten der kastilianischen Küche, in der jüdische, arabische und christliche Elemente verschmelzen: Sopa de Ajo (Knoblauchsuppe), Pisto manchego (geschmortes Gemüse), Cordero asado (Lammbraten) und Sopa de Boda (Eintopf mit Chorizo). Dazu genießen wir den exzellenten Wein der Region (Ribiera del Duero), den ich auch zuhause an Festtagen bevorzuge.

Als wir uns später in unser Schlafgemach begeben, macht sich Claudia Sorgen um mich „Allein, als einziger Mann in einem Schlafraum mit sechs Frauen – kommen da keine Ängste bei dir auf?", fragt sie mich. „Bis jetzt habe ich mir nichts dabei gedacht", entgegne ich ihr, „aber vielleicht war es ein bisschen naiv und ich lasse besser ein Auge auf heute Nacht."

Kapitel 8
Zamora – Montamarta
Mittwoch, 24. Juni 2015

Das schnarchende Monster neben mir hat mir sicherlich eine Stunde Schlaf heute Nacht geklaut. Dennoch - meine Stimmung ist super. Ich gehe den Tag gelassen an, da ich weiß, dass ich heute nicht allein bin, sondern die Gesellschaft von drei netten Damen teilen darf. Wie weit wir heute kommen? Keine Ahnung, nicht mal darüber habe ich mir Gedanken gemacht.

Nach einem ergiebigen Frühstück in der Herberge machen wir uns auf den Weg. Gerne lasse ich mich heute führen, vertraue mich den Damen an. Elly, die Geschichte – und Spanischlehrerin aus Seattle hat alles im Griff, da mache ich mir keine Sorgen. Schließlich ist sie auch nicht zum ersten Mal auf dem Camino. Mit siebzehn, also in Carlos Alter, hat sie ihre Mutter schon begleitet.

Nach einer guten halben Stunde sind wir raus aus der Stadt auf einem Feldweg. Elly berichtet über die aktuelle Lage in den Vereinigten Staaten. Man macht sich lustig über den politischen Stillstand in den USA. Vor 14 Jahren lief Jurassic Park I im Kino und es gab den Wahlkampf Bush/Clinton. 2015 läuft Jurassic Park II und erneut heißt die Auseinandersetzung vor den Wahlen Bush/Clinton. Ellys politische Richtung ist eindeutig: „No more Bush".

Auch heute dominieren wieder die Weizenfelder bis zum Horizont. Es weht ein angenehmer Wind, die angekündigte Hitze bleibt noch aus bis Montamarta. Aber es ist ja auch erst zwölf Uhr, als wir dort ankommen. Am Ortseingang sehen wir ein restauriertes Haus mit der Aufschrift Albergue. Die Herberge muss neu sein, jedenfalls ist sie in keinem Führer beschrieben. Wir lassen sie uns zeigen und sind erstaunt über den fast luxuriösen Standard. Zwei - Bett – Zimmer mit frisch bezogenen Betten und eigenem Bad. Es erscheint uns sehr verführerisch, hierzubleiben. Elly und Rebecca haben jedoch schon in einer Privatpension vorgebucht und sind ein wenig enttäuscht, dass sie die nicht mehr stornieren können. Manchmal ist es anscheinend besser, nicht alles vorzuplanen.

Aber kann ich mich wirklich nach nur 18 Kilometern Laufen schon auf die faule Haut legen? Auch wenn ich zunächst ein schlechtes Gewissen habe – ich kann.

Bevor wir unser Zimmer beziehen, trinken wir noch einen Café con Leche mit Jerry, den Claudia von einer der früheren Stationen her kennt und der gerade an der Herberge ankommt. Der Kanadier zieht es jedoch vor, um diese noch so frühe Stunde weiterzuwandern. Was ich jetzt noch nicht weiß: An einem der nächsten Tage werde ich noch eine sehr intensive Zeit mit ihm verbringen.

Es dauert nicht lange und ich beginne diesen Nachmittag in vollen Zügen zu genießen. Unter einer schattenspendenden Papel relaxen wir in dem hinter der Herberge liegenden Garten lesend und Musik hörend. Zwischendurch wasche ich ein paar Klamotten und hänge sie zum Trocknen in der Sonne auf. Claudia verrät mir, dass sie in der Reisebrache tätig war und mit Anfang sechzig letztes Jahr in den Vorruhestand gegangen ist, um sich mehr ihren Kindern und vor allen Enkelkindern widmen zu können.

Am späten Nachmittag treffen wir uns noch einmal mit den Amerikanern in der Mitte zwischen unseren Standorten in einem Lokal, das mich mehr an einen Truckstopp erinnert. Mittlerweile haben die beiden sich mit ihrem Zimmer in der Casa Rural arrangiert.

Claudia und ich dürfen uns noch über ein Pilgermenü mit lauter frischen Kräutern und Gemüse aus dem Garten erfreuen, bevor ich allein vor mich hinträumend in dem Garten der Herberge den Tag mit einem Sonnenuntergang über den Weizenfeldern ausklingen lasse.

Heute Abend mache ich etwas, was sonst nie während meiner Pilgerreisen passiert: Ich telefoniere, und zwar mit Mama. Eigentlich hatte ich es schon gestern in Zamora versucht, aber ich kam nicht durch nach Deutschland. Mir wurde auf meinen einsamen Etappen klar, dass das, was sie sich vorgenommen hat, schon sehr außergewöhnlich ist. Völlig klaren Verstandes und darauf vertrauend, dass es die richtige Lösung nach dem Tod von Papa ist, hat sie sich nun entschlossen, nach 91 Jahren Leben in Herne in eine Wohnung nach Bocholt zu ziehen. Chapeau, Mama - das ist wirklich mutig und weiß Gott nicht die Regel. Soll dir erst einmal jemand nachmachen! Ich rufe sie an, um sie in ihrem Entschluss zu stärken, freue mich, dass es ihr gut geht und an ihrer Entscheidung keine Zweifel mehr bestehen.

Kapitel 9
Montamarta - Granja de Moruela - Tábara
Donnerstag, 25. Juni 2015

Gut ausgeschlafen verlassen Claudia und ich um 6.00 Uhr die Herberge und holen Elly und Rebecca an ihrer Casa Rural ab. Sie erwarten uns schon mit einem Kaffee, den sie für uns gekocht haben. Elly scheint auch heute gut vorbereitet zu sein, so dass ich meinen Wanderführer nur zur groben Orientierung gebrauche. Kurz hinter der Ortsgrenze tauchen Ausläufer des Ricobayo – Stausees auf, um ihn herum sattes hügeliges Grün und auf einer Anhöhe eine kleine Kapelle namens Ermita del Carmen – eine Idylle, die mich in dem frühmorgendlichen Dunst in einen Rosamunde Pilcher - Film nach Cornwall versetzt.

Kurz dahinter werden die Konturen einer gigantischen Burgruine sichtbar. Es handelt sich um die Festung Castrotorafe, aus dem 15. Jahrhundert, die im Mittelalter Hauptsitz des Santiagoordens war. Rebecca meint, ich könne doch mal in die Ruine hereingehen, um den Geist von Santiago zu erforschen. Wahrscheinlich handele es sich um ein Mysterium, wie das Wunder von Loch Ness.

Nach fünf Stunden erreichen wir Riego del Camino. Bei noch optimalen Wandertemperaturen um zwölf Uhr wollen wir heute etwas mehr voranschreiten, als gestern. Dass wir am Ende des Tages viel weiterkommen, als geplant, ahnen wir jetzt noch nicht. Zunächst einmal kehren wir zum Relaxen und zur Kalorienaufnahme in einer Bar ein. Die Besitzerin bereitet uns eine klassische spanische Tortilla zu und berichtet von ihren sechs Kindern, von denen eine Tochter in Paris lebt. So ergibt sich reichlich Gesprächsstoff mit Claudia.

Die folgenden sieben Kilometer bis Granja de Moruela sind noch einmal von einem öden Abschnitt der Meseta geprägt. Auf der Hauptstraße des Ortes finden wir die Herberge, die man in etwa so beschreiben könnte: Dunkel, stickig, muffiger Geruch. Sie weckt bei mir eher Assoziationen an einen Bunker, in dem ein paar Feldbetten verteilt sind. Nun, wir haben ja keine Luxusreise gebucht – für eine Nacht wird`s schon gehen.

In der Bar auf der anderen Straßenseite holen Claudia und ich uns den Stempel für unseren Herbergsausweis ab, derweil sich Rebekka und Elly schon mal ein Bett aussuchen und die Vorzüge der Unterkunft erkunden. Der Eintrittspreis für den Bunker beträgt fünf Euro.

Während ich in der Bar noch meine Tagebuchnotizen mache, eilt Elly aufgeregt mit hochrotem Kopf herüber. Ein Heer von Ameisen bevölkere den Schlafraum, die Toiletten seien verstopft, wahrscheinlich gäbe es auch Wanzen, die man ja bekanntermaßen so schnell nicht wieder loswird. Sie habe bereits ein Hotel, etwas außerhalb des Dorfes, ausfindig gemacht. Der Hotelbesitzer würde uns gleich abholen. Es wäre schön, wenn ich sie begleiten würde.

Klar komme ich mit.

Der Hotelbesitzer bereitet uns auf der Fahrt ins Hotel darauf vor, dass man unten im Hotel zurzeit umbaue und es ein wenig staubig sei, die Zimmer oben aber seien ok. Zwanzig Euro soll der Spaß pro Person kosten. Als wir das Hotel betreten, schauen wir uns doch ein wenig fragend an, denn seine Beschreibung der Umbaumaßnahmen erscheint uns allen ein bisschen – gelinde gesagt - unangemessen geschönt. Dennoch akzeptieren wir die Zimmer im oberen Stockwerk, keiner möchte mehr zurück in die Herberge.

Ich habe mein Zimmer noch nicht einmal richtig inspiziert, da rufen mich die Ladies in einem Tonfall des Entsetzens zu sich. Sie sind sich einig. Auf keinen Fall würden sie hierbleiben. Claudia flüstert mir noch zu, sie sei eigentlich nicht so etepetete, aber das hier gehe doch ein bisschen zu weit. Nachdem sie die Überdecken abgezogen hatten, wurden sie mit zerknitterter, scheinbar gebrauchter Bettwäsche, Flecken und Haaren auf den Laken sowie mit Gerüchen konfrontiert, die man sich in einem halbwegs ordentlichen Hotel nicht wünscht. Im Badezimmer liegen noch gebrauchte Rasierklingen und andere Hygiene - Utensilien herum, die üblicherweise vor dem Bezug eines Zimmers entsorgt werden sollten.

Dann doch lieber wieder zurück in den Ameisenbunker!

Ich werde auserkoren, dem Hotelbesitzer die heikle Botschaft zu überbringen, dass wir wieder abreisen würden. Bei der Gelegenheit könne ich ja auch gleich mal fragen, ob es ihm etwas ausmachen würde, uns in die nächste Ortschaft zu transferieren.

Ich rede nicht um den heißen Brei herum, sondern teile ihm ohne Umschweife mit, dass uns die Zimmer zu schmutzig seien und wir in die nächste Ortschaft wollten. Zu unserem Glück lamentiert er nicht lange. Für 20 Euro will er uns Richtung Norden nach Tábara bringen. Das ist zwar sehr nett, für einen Moment kommen mir jedoch Zweifel, da mir so eine ganze Wander - Etappe verloren geht. Nein, in den

Ameisenbunker möchte ich nicht zurück. Es ist jetzt bereits 15.30 Uhr und heute Nachmittag würde ich die 25 Kilometer nach Tábara nicht mehr so ohne weiteres laufend schaffen.

Eine Alternative wäre, nicht, wie geplant, den sanabresischen Weg weiterzulaufen, sondern den Weg nach Astorga einzuschlagen. Denn hier in Granja de Moreruela verzweigt sich der Pilgerweg zu zwei fast gleich langen Varianten (je rund 360 km bis Santiago). Der Camino Sanabres schwenkt nach Osten und führt über Puebla de Sanabria und Ourense (Galicien) nach Santiago. Die andere Route stößt Richtung Norden bei Astorga (Provinz León) auf den Camino Francés. Ich könnte also von hieraus nach Benavente laufen, um nach Astorga zu gelangen. Eine echte Option ist es für mich jedoch nicht, da ich 2009 bereits den Camino Francés von León nach Santiago gepilgert bin.

Nolens volens schließe ich mich den Ladies an und bekomme so die liebliche hüge-lige Landschaft, in die sich der Río Esla ein malerisches Tal gegraben hat, im Auto nur flüchtig zu Gesicht. Auch Claudia, die ursprünglich den Weg nach Astorga gehen wollte, hat sich jetzt für den sanabresischen Weg entschieden und bleibt uns so erhalten.

In Tábara müssen wir durch das Dorfzentrum und dann noch ca. einen Kilometer weiter ortsauswärts laufen, um zu der öffentlichen Herberge zu gelangen. José, der Hospitaliero empfängt uns sehr freundlich. Um den Tisch im Essraum sitzen bereits einige Personen. Wir werden gebeten, uns dazuzusetzen. Dann heißt uns José noch einmal herzlich willkommen, erklärt die Regeln der Herberge und überreicht jedem von uns eine Kette aus Holz mit einem Jakobswegsymbol, die er selbst gebastelt habe. Es folgen noch ein paar grundsätzliche Gedanken zum Jakobsweg, danach ein kleines Dankesgebet. Der leicht pastorale Charakter lässt sich nicht verneinen, alles hält sich aber noch im Rahmen und wirkt nicht überzogen missionierend.

Nachdem ich mir ein Bett in dem großen Schlafsaal ausgesucht und mich anschlie-ßend frisch gemacht habe, laufe ich den Weg zurück in den Ort, um meine Whats-App-Kontakte in der Bar auf dem zentralen Platz abzurufen. Jerry, den ich erstmalig in Montamarta getroffen habe, leistet mir Gesellschaft. Wir fragen uns, warum auf dem Camino die meisten Kirchen geschlossen sind. Jerry, der bereits in Cadiz süd-lich von Sevilla am Atlantik gestartet ist, meint, es hätte historische Gründe, die aus dem Spanischen Bürgerkrieg herrührten.

Die Republikaner hätten damals kaum eine Chance gehabt, sich gegen die Falangisten durchzusetzen, da sie sich nicht nur gegen Franco, sondern auch gegen die Kirche stellten. Franco gab sich als streng gläubiger Christ aus – wobei es eigentlich ein Hohn ist, einen solch blutrünstigen Tyrannen als Christ zu bezeichnen. Auf diese Weise habe er es einfach gehabt, die Kirche für sich zu gewinnen. In schwierigen Situationen habe er bei den Bischöfen Unterschlupf erhalten. Seine Religiosität sei auch der Grund gewesen, dass er mit dem Atheisten Hitler nicht harmonierte. In Guernica habe er zwar den zynischen Angriff der berüchtigten Condor - Legion Hitlers auf sein eigenes baskisches Volk zugelassen - alles nur zur Erprobung der Waffen für den avisierten Weltkrieg – aber letztlich hätten sich die beiden Faschisten Franco und Hitler nicht über den Weg getraut, was schließlich auch zu der Ablehnung Francos an einem Bündnis Spaniens mit Deutschland im zweiten Weltkrieg geführt habe.

Die Politik der Einschüchterung und Abschreckung durch brutales und rücksichtsloses Handeln gegenüber Gegnern und ihren wehrlosen Angehörigen – erprobt bereits im Krieg mit Marokko um die spanischen Exklaven – und die unheilige Allianz mit der katholischen Kirche habe Franco wahrscheinlich den Sieg über die Republikaner ermöglicht. Man müsse sich das einmal vor Augen halten, meint Jerry: Ein Kardinal namens Isidro Goma y Tomas zeichnete General Franco 1939 mit einer Edelnadel für den Jahrestag der Einnahme des Alkazars von Toledo aus, bei der Francos Truppen ein Massaker angerichtet hatten.

In einer historischen Aufarbeitung des Spanischen Bürgerkrieges habe er gelesen, dass Franco in Barcelona ein Blutbad angerichtet habe, indem er einfach nur zur Abschreckung Granaten auf einen belebten Schulhof habe abwerfen lassen. Heute diskutieren wir die Abspaltung Kataloniens von Spanien vor allem in einem ökonomischen Kontext. Dass aber der Hass aus dieser Zeit noch nicht vollends abgelegt worden ist, lässt sich angesichts dieser noch nicht sehr alten historischen Vorkommnisse gut nachvollziehen.

Ein weiterer Grund für den Sieg Francos sei die Unterstützung durch die faschistischen Regierungen Deutschlands und Italiens gewesen, die die Waffenlieferungen der UdSSR für die Republikaner bei weitem übertroffen hätten. Wenn man allein die Bereitstellung von Kriegsgerät und Flugzeugen des Deutschen Reiches betrachte: Es entsandte 600 Flugzeuge, die eine Bombenlast von über 20 Millionen Tonnen in Bilbao, Asturien, Aragonien, Katalonien und bei der Ebro – Schlacht abwarfen.

Noch ist Jerry nicht am Ende seiner spannenden geschichtlichen Ausführungen: Nicht unerheblich für den Sieg Francos sei auch die Tatsache gewesen, dass Franco es verstanden habe, die Falange mit anderen rechtsgerichteten Parteien zu vereinen, während die Republikaner linke Gruppierungen nicht vereinnahmen konnten.

Als wir das Lokal verlassen, fragt Jerry mich, was ich Anfang Juni gemacht habe. Da war ich noch in Bocholt bei der Arbeit, antworte ich ihm. Er habe am 3. Juni ganz allein für sich seinen 60. Geburtstag auf dem Camino verbracht - eine Erfahrung, die für ihn bisher auch einmalig gewesen sei; ob schön oder nicht schön, lässt er offen. Ich erzähle ihm, dass ich meinen sechzigsten ein paar Tage vorher am 18. Mai gefeiert habe. Von da an nennt er mich nur noch „Old Man".

„Musst Du denn nicht mehr arbeiten?", frage ich. „I have to make money", lautet seine Antwort. Bis Mitte Fünfzig habe er bei einer Ölfirma in Kanada gearbeitet und eines Tages relativ spontan gekündigt, da er keine Lust mehr auf die anstrengenden Diskussionen und den Stress mit seinem Chef hatte. Danach habe er an der Börse spekuliert und eine Menge Geld verdient. Dann gab es wieder Verluste. Zum Glück sei er aber rechtzeitig ausgestiegen, so dass sein Geld jetzt voraussichtlich bis zu seinem achtzigsten Lebensjahr reichen werde. Was danach komme, wisse er noch nicht, da er nicht auf eine Rente zugreifen könne. Seit zwei Jahren pilgere er auf verschiedenen Jakobswegen in Spanien und Frankreich.

Abends in der Herberge sitzen wir mit 15 Pilgern aus Frankreich, Spanien, Ungarn, USA, Kanada und Holland zusammen. Ich frage mich, ob ich wirklich der einzige Deutsche bin. Bevor das Essen auf den Tisch kommt, darf sich jeder einen Zettel aus einem Topf ziehen, auf dem eine Lebensweisheit steht. Meine lautet:
Si al final del Camino, no encuentras lo, que estabas buscando, localiza un camino nuevo porque la respuesta que esperas no se ha movido de su sito… „Wenn du am Ende des Caminos nicht gefunden hast, was du suchtest, mache einen neuen Camino aus, denn die Antwort, die du erhoffst, hat sich nicht von der Stelle bewegt. Schließlich präsentiert José die Paella, die er für uns zubereitet hat. Sie ist ein Gedicht. Gesättigt sitzen wir nach dem Essen noch auf der Terrasse zusammen und üben Völkerverständigung. Es stellt sich heraus, dass noch eine weitere Deutsche, Annette, aus Aachen dabei ist. Sie hat früher als Erzieherin gearbeitet und pilgert jetzt mit einem Franzosen, den sie auf einer früheren Reise kennengelernt hat. Was sie mir erzählt, kann ich kaum glauben: Mit einer Gruppe Gleichgesinnter sei sie von Brüssel nach Istanbul gelaufen.

Aber woher haben die Leute alle die Zeit dafür? Bin ich eigentlich der einzige, der noch arbeiten muss? Die beiden Franzosen aus der Bretagne, so um die Fünfzig, sind auch schon fast tausend Kilometer unterwegs. Sie sind den Jakobsweg von

Valencia nach Zamora (Camino Levante) gepilgert. Dort gibt es so gut wie keine Infrastruktur, was Unterkünfte angeht. Ihre Rucksäcke mit Zelten, Kochgeschirr und einigen Dingen mehr wiegen jeweils 25 Kilogramm. Ich kann sie kaum heben.

Es ist ein geselliger Abend. Am Ende freue ich mich, dass ich mich in einen vollen Schlafsaal mit fünfzehn Personen zurückziehen darf und weder in einem Ameisenbunker, noch in einem heruntergekommenen, verdreckten Hotel übernachten muss.

Kapitel 10
Tábara – Santa Croya de Tera
Freitag, 26. Juni 2015

Nach einer erholsamen Nacht ohne Schnarcher macht uns José um sieben Uhr noch ein Frühstück und entlässt uns dann mit einigen warmen Worten auf den Pilgerweg. Die Jacke, die ich in den ersten Tagen früh morgens noch anziehen musste, brauche ich gar nicht mehr auszupacken, da die Temperatur bereits jetzt schon bei 20 Grad liegt. Anfangs sind noch die üblichen Weizenfelder zu durchqueren, dann wird es hügeliger und abwechslungsreicher durch die östlichen Ausläufer der Sierra de la Culebra.

Die Sierra de la Culebra beherbergt mit 30 bis 60 Paaren eine der größten Populationen von iberischen Wölfen auf der spanischen Halbinsel. Bis ins 18. Jahrhundert lebten in den damals noch dichten Eichen- und Kastanienwäldern auch Bären. Bären und Wölfe bekommen wir zwar nicht zu Gesicht, was wir aber entlang des Jakobsweges in dieser Region immer mal wieder wahrnehmen, sind die sogenannten Bodegas: Höhlen, die in die lehmige Erde gegraben sind und überirdisch an den Türen in den Hängen erkennbar sind. Fast jede Familie soll früher ihre eigene Bodega gehabt haben, in der sie Wein kelterte, der zur täglichen Ernährung gehörte, wie Wasser und Brot.

Claudia, Elly, Rebekka und ich halten jeweils ein wenig Abstand. Jeder von uns läuft sein eigenes Tempo. Nach einer halben Stunde erreicht mich Jerry. Auf Grund unseres interessanten Gespräches gestern Nachmittag wird schnell klar, dass wir eine Weile zusammen wandern werden, um mehr von uns zu erfahren.

Jerry ist in Limerick (Irland) aufgewachsen und mit 27 nach der Hochzeit mit seiner Frau nach Calgary ausgewandert. Er hat drei Kinder und lebt seit einigen Jahren getrennt von seiner Frau. Wir diskutieren, warum es dazu gekommen ist und finden Parallelen in den Abläufen unserer Leben. Beruf, Sport, Kinder und persönliche Entwicklung standen im Vordergrund. Wir haben vergessen, unsere Partnerschaften zu pflegen und gemeint, alles würde automatisch funktionieren. Ein großer Irrtum, den wir – so schwören wir – im nächsten Leben nicht mehr begehen würden. „Besser schon in diesem Leben", präzisiere ich unsere Absicht. Zur Vertiefung solcher Gedanken hat Jerry im letzten Jahr einige Tage im Kloster in Fatima (Portugal) verbracht.

Es dauert nicht lange, dann sind wir beim Sport. Jerry hat über einen längeren Zeitraum eine Jugendfußballmannschaft in Calgary betreut, mit denen er auch Turniere in Europa gespielt hat. Mehr noch als taktische Schulung habe ihn immer interessiert, warum es bei gleicher Begabung der eine zum Profispieler schafft und der andere in der Versenkung landet, obwohl die Intensität der persönlichen Förderung gerade beim letzten besonders groß war.

„Wer ist der beste kanadische Spieler, den du kennst?", fragt er mich. Ich komme nicht drauf, aber als er Owen Hargreaves, den früheren Bayern- und Manu-Spieler nennt, der auch aus Calgary stammt, muss ich ihm zustimmen. Der war nicht nur ein außergewöhnlich guter Spieler, sondern ist darüber hinaus auch ein sehr sympathischer Mensch.

Ich berichte Jerry von meiner gestrigen WhatsApp - Kommunikation mit meinem Bruder Stefan. Er hatte mir geschrieben, dass er Christian Hochstätter, dem Manager vom VfL Bochum, eine Mail bezüglich der Wechselabsichten des Spielers Michael Gregoritsch geschickt hatte. Keine fünf Minuten habe es gedauert, da hatte er Hochstätter an der Strippe. Ok, Stefan arbeitet bei der Berliner Zeitung, aber damit hatte er nicht in seinen kühnsten Träumen gerechnet, dass der Manager ihn postwendend anrufen würde. Eine dreiviertel Stunde hätten sie dann über die Wechselmodalitäten und andere Interna beim VfL diskutiert.

Stefan sollte es auch mal bei José Mourinho probieren, schlägt Jerry vor. Allerdings habe er doch gewisse Zweifel, ob auch der ihn so schnell zurückrufen würde.
Jerry erzählt, als er vor einigen Wochen in Schottland war, sei eine Pressekonferenz mit Jürgen Klopp im Fernsehen übertragen worden. Man spekulierte damals, dass er nach seinem Rücktritt in Dortmund zu Real Madrid wechseln würde. Der Reporter habe ihn gefragt, ob er schon Spanisch könne. Kloppos knappe Antwort war: „Una cervezza por favor". Ich kann mich vor Lachen kaum auf den Beinen halten.
Wir reden über verpasste Chancen. Als Jerry vor zwei Jahren in Santiago angekom-

men sei, habe er sich mit einer Nacht in dem sündhaft teuren Parador - Hotel auf der Praza do Obradoiro, dem Platz der Kathedrale, belohnt. Die letzten Etappen bis Santiago sei er mit Nora, einer dreißigjährigen attraktiven Norwegerin gelaufen. Es habe sich in dieser Zeit eine Verbundenheit und wohl auch ein bisschen mehr entwickelt. Abends sei er dann von dem Besuch Noras überrascht worden. Sie habe ihm signalisiert, dass sie sich in ihn verliebt habe. Wie ein sechsjähriger Schulanfänger habe er herumgestammelt, kaum ein vernünftiges Wort herausbekommen und sich in der Nacht so darüber geärgert, dass er nur eine halbe Stunde in dem teuren Hotel geschlafen habe.

Ich revanchiere mich mit einer Geschichte aus meiner Studentenzeit: Als ich mit Mitte Zwanzig die USA und Kanada per Anhalter und Greyhound - Bus bereiste, landete ich bei Toronto unweit der Niagarafälle in einer Jugendherberge. Abends kam ich in dem gemütlichen Kaminzimmer mit einem etwa gleichaltrigen Pärchen aus der Pfalz ins Gespräch. Der junge Mann verabschiedete sich gegen elf Uhr ins Bett, während Oda und ich noch weiter plauderten. Ich kann mir Namen nur schwer merken, aber von ihr weiß ich sogar Vor - und Nachnamen: Oda von Ungelen. Klingt halt schöner als Peter Schulz, Horst Meyer oder – Thomas Schmidt. Das aber ist vermutlich nicht der Grund, warum ich ihn mir gemerkt habe. Es war eher die Intensität unseres Gesprächs und auch das nonverbale Verständnis bis in den frühen Morgen hinein.

Kürzlich besuchte ich eine Sonntagsmesse, in der ein Pastor über das Thema Zuhören, Verstehen und Empathie predigte. Er zitierte Alfred Hitchcock, der einmal gesagt haben soll: „Ein Mann ist erst ein richtiger Ehemann, wenn er auch die Worte versteht, die seine Frau n i c h t gesagt hat." Mir wurde in dem Moment klar, dass ich in jener Situation damals und auch noch häufig danach nonverbale Signale einer Frau nicht immer richtig interpretiert habe.

Oda und ich gingen am nächsten Tag unterschiedliche Wege und haben uns über ein, zwei Jahre nicht mehr gesehen. Erst als ich zum Praktischen Jahr in Luzern verweilte, habe ich sie noch einmal kontaktiert, um sie in Freiburg, wo sie inzwischen auch Medizin studierte, zu besuchen. Mein Gott, war ich aufgeregt, als ich an ihrer Tür klingelte. Und dann erzählte sie mir, dass es ihr in dieser „magischen Nacht" in Kanada gefühlsmäßig nicht anders, als mir gegangen sei und sie noch lange Zeit gehofft habe, dass ich ihr schreiben würde. Der Junge in Kanada sei gar nicht ihr Freund gewesen. Jetzt aber sei sie in einer festen Beziehung.

„By, by", singt der Rapper mit der Pandamaske (Cro),den ich gerne abends auf meinem MP3 Player höre, in dem Song, bei dem er in der Straßenbahn neben seiner Traumfrau sitzt, sich aber nicht traut, sie anzusprechen, obwohl sie sich nichts mehr, als das wünscht: „Du kannst Dir zweimal im Leben begegnen, aber vielleicht ist es beim zweiten Mal zu spät".

Auch auf meiner diesjährigen Wanderung habe ich mich zur Erheiterung in der Einsamkeit mit humorigen Gedichten von Joachim Ringelnatz, Heinz Erhardt und Eugen Roth präpariert. Später lese ich ein Gedicht von Eugen Roth, das recht passend zu unserer Thematik ist. Es heißt „Kleine Ursachen":

Ein Mensch – und das geschieht nicht oft –
Bekommt Besuch, ganz unverhofft
Von einem jungen Frauenzimmer
Das grad, aus welchen Gründen immer –
Vielleicht aus ziemlich hintergründigen –
Bereit ist, diese Nacht zu sündigen.
Der Mensch müßt nur die Arme breiten
Dann würde sie in diese gleiten.
Der Mensch jedoch den Mut verliert,
Denn leider ist er unrasiert.
Ein Mann mit schlecht geschabtem Kinn
Verfehlt der Stunde Glücksgewinn,
und wird er später doch noch zärtlich
wird er´s zu spät und auch zu bärtlich.
Infolge schwacher Reizentfaltung
Gewinnt die Dame wieder Haltung
Und lässt den Menschen rauh von Stoppeln,
vergeblich seine Müh verdoppeln.
Des Menschen Kinn ist seitdem glatt
Doch findet kein Besuch mehr statt.

Welches Thema wir auch immer anreißen - Beziehungen, Bücher, Geschichte, Religion und Ethik oder Sport - bei Jerry und mir stimmt die Chemie. Mit seinen markanten Gesichtszügen, seinem dürren, aber drahtigen Körperbau erinnert er mich an Crocodile Dundee. Er läuft ausschließlich mit Sandalen auf dem Camino. Unter der Dusche in Zamora war mir bereits das Tigerfellmuster seines Fußrückens aufgefallen.

Um 14 Uhr erreichen wir noch relativ frisch Santa Croya de Tera. Es waren ja auch nur knapp 24 Kilometer, die wir heute hinter uns gebracht haben. Durch die spannende Unterhaltung und die recht abwechslungsreiche Streckenführung mit moderaten Steigungen verging die Zeit wie im Flug. Unser Ziel ist die Casa Anita am Ortsende, eine der besten Herbergen am Weg. Die Herbergsbetreiber sind ehemalige Gastarbeiter in Deutschland. Wir werden herzlich von der Tochter des Hauses begrüßt, tragen uns für das Abendessen ein und relaxen in dem wunderschön begrünten Innenhof der Herberge.

Am Nachmittag schaue ich mir den Ort an und finde Jerry in einer Bar. Wir trinken einen Caffe Americano zusammen und setzen unser Gespräch fort. Ich teile ihm meine aufrichtige Anerkennung für seine profunden geschichtlichen Kenntnisse mit. In Folge einschlägiger Erfahrungen habe er gelernt, in der Schule aufzupassen und eifrig zu sein. Vor der Lateinstunde habe der Lehrer alle an die Wand gestellt und Vokabeln abgefragt. Wer sie wusste, durfte sich hinsetzen, wer nicht, bekam den Rohrstock auf die Finger.

Jerry und ich überqueren den Fluss Tera unmittelbar hinter der Herberge, um uns in dem Nachbardorf Santa Marta de Tera die gleichnamige romanische Kirche aus dem 11. Jahrhundert anzuschauen. Die nette Dame am Eingang - vielleicht so etwas wie eine Küsterin – führt uns durch das Kirchenschiff und macht uns auf alle Besonderheiten und Sehenswürdigkeiten der Kirche aufmerksam. Im Mittelalter, zur Zeit des größten Pilgerstroms, fungierte sie auch als Kloster und Pilgerherberge. Das bedeutendste Detail ist eine Jakobusstatue aus dem 11. Jahrhundert, die einen pilgernden Jakobus (Santiago Peregrino) darstellt und noch sehr gut erhalten ist. Sie wird als die älteste noch vorhandene Steinskulptur des Apostels angesehen. Einen kleinen Obolus für die interessante Führung lehnt die Dame ab. Stattdessen bittet sie uns, das Geld in eine Spendendose zu werfen.

Das Ende der Spargelzeit scheint hier in Kastilien später als bei uns terminiert zu sein. Wir dürfen das köstliche Gemüse heute Abend noch einmal in dem schönen Innenhof der Herberge genießen. Anschließend diskutieren wir über die aktuelle Weltpolitik und wie es weitergehen könnte. Jerry ist der festen Ansicht, dass es – die Geschichte lehre es – einen Krieg gegen China geben werde, der von den USA ausgehen würde. Hoffen wir mal, dass sein historisches Verständnis ihm in diesem Fall nicht recht gibt.

Kapitel 11
Santa Croya de Tera – Rionegro del Puente
Samstag, 27. Juni 2015

Wir müssen mal wieder früh raus, denn es soll heute sehr heiß werden und die 28 Kilometer nach Rionegro del Puente wollen erst einmal geschafft werden. Aber zwanzig nach fünf, liebe Elly, das muss doch nicht sein! Elly übernachtet in dem Bett neben mir und so kann ich ihren Wecker, der mich aus allen unvollendeten Träumen reißt, nicht überhören. Bis wir dann endlich aus der Herberge sind, ist es schon halb sieben und fast hell.

Elly zeigt mir zuvor noch besorgt eine kleine rote Stelle an ihrem Fuß, wahrscheinlich ein Insektenstich. Sie fragt, wie wahrscheinlich es ist, dass sich daraus eine Blutvergiftung entwickelt. Mit dem Weiterleben ist zu rechnen – denke ich – sage es ihr natürlich etwas einfühlsamer.

Über eine Brücke passieren wir den Río Tera und gelangen hinter dem Dorfplatz von Santa Marta de Tera auf einen von Pappelplantagen und üppigem Buschwerk gesäumten Weg entlang dem Río Tera. In kleinen, von wenigen, auf Grund von Landflucht wohl überwiegend älteren Menschen bewohnten Ortschaften, sind noch die alten fragilen Lehmziegelhäuser zu sehen. Die Zeit scheint hier – zumindest teilweise - stehengeblieben zu sein.

Claudia setzt sich etwas von uns ab, möchte offensichtlich ein paar Stunden für sich allein sein. So ergibt es sich, dass ich mit Rebecca, der scheinbar immer fröhlichen, sehr ausgeglichenen, zierlichen, schwarzgelockten Frau, Mitte fünfzig, ins Gespräch komme. 1999 bekam sie Brustkrebs, den sie überstand. Angeregt durch das Buch von Shirley MacLaine über ihren Jakobsweg ging sie 2004 den Camino Francés. In den folgenden Jahren habe sie sich immer wieder Zeit für einen neuen Camino genommen, auch mit Familienmitgliedern. 2009 lief sie den Caminho Português mit ihrem anfangs caminokritischen Ehemann, den sie schließlich von seiner Skepsis befreite. Im Jahre 2013 erhielt sie erneut die Diagnose Brustkrebs. Durch Operation, Chemotherapie und Bestrahlung hat sie ihn auch dieses Mal bis zum heutigen Tag erfolgreich bekämpft. Rebecca spricht in einem ruhigen Ton und in gut verständlichem Englisch. Sie wirkt zufrieden mit sich und der Welt und strahlt das aus, was man als innere Gelassenheit bezeichnen könnte, einen Zustand, den schon der römische Philosophenkaiser Marc Aurel für jeden Menschen als erstrebenswert erachtete. Rebecca erlebt das, was mit Menschen zuweilen passiert, wenn sie ein schweres schicksalhaftes Ereignis überstanden haben: sie sind fortan für jeden Tag, den sie geschenkt bekommen, dankbar.

15 Kilometer hinter der Kirche Nuestra Señora de Agavanzal, ca. eine halbe Stunde nach der Ortschaft Olleros de Tera, müssen wir uns entscheiden: Entweder weiterlaufen über die asphaltierte Straße bis zu dem Stausee Embalse de Nuestra Señora de Agavanzal oder eine Abkürzung durch einen dschungelähnlichen Wald. Ich bin für den Dschungel, die Mädels sind eher skeptisch, haben Angst vor Ungeziefer. Nur wenn ich vorginge, würden sie mir folgen. „Don´t worry, I`ll be your leader", sage ich etwas großspurig. In der Tat fühle ich mich in dem unwegsamen Dickicht von flechtenbehangenen, teilweise umgefallenen Eichen ein wenig wie Indiana Jones. Der Weg durch den Urwald kommt ganz nah an den grünlich- schlammigen Río Tera heran. So wie es aussieht, muss ich die Ladies gleich noch vor den aus dem Fluss kriechenden Alligatoren beschützen. Wenn ich ehrlich sein soll: Bei Dauerregen wäre ich hier wahrscheinlich nicht so mutig.

Zwanzig Minuten dauert das Abenteuer, dann sind wir wieder auf dem geteerten landwirtschaftlichen Weg. Vorteil unserer Aktion durch den Dschungel war, dass wir ca. ein, zwei Kilometer gegenüber der „normalen" Alternative gespart haben. Zu unserer Überraschung treffen wir auch wieder auf Claudia, die uns ein wenig vorausgelaufen war. Wir überqueren die Staumauer und wandern mit reizenden Aussichten am hübschen Ufer des Stausees entlang. Blauer Himmel, strahlende Sonne und Temperaturen um 30 Grad animieren, eine kleine Pause mit Abkühlung an einer der Sandbuchten einzulegen.

Wir verzichten am Ende doch auf die Pause und kehren stattdessen am Ortsausgang von Villar de Farfon in eines dieser Lehmziegelhäuser ein. Diese kleine Oase wird von einem südafrikanischen Pärchen geführt, das den hinteren Teil mit modernen Materialien zu einer wunderschönen Unterkunft für vier Personen umgebaut hat. „Wie habt ihr diesen phantastischen Platz gefunden?", will ich wissen. „We prayed for it", kommt spontan und ernst die Antwort. Ich denke zunächst, ich hätte etwas falsch verstanden, als die beiden dann aber erklären, sie hätten als Missionare in Afrika gearbeitet, ergibt ihre Aussage einen Sinn. Es macht den Anschein, als hätten sie mit ihren Kindern in dieser von viel Natur umgebenen Location ihr kleines Paradies gefunden. David berichtet, er habe gestern ein Wolfspärchen beobachten können.

Claudia und ich wandern das letzte Stück bis Rionegro zusammen. Sie bemerkt erstmalig meinen kleinen Schutzengel an meinem Rucksack. Ich erkläre ihr seine Herkunft und an welchen Stellen er mir schon zum Glück verholfen hat. Durch einen kleinen Flusspark des Río Negro gelangen wir über die Brücke, die dem Dorf den Namen gab, ins Zentrum der kleinen Ortschaft.

Die saubere, im Entree mit alten englischen Möbeln stimmungsvoll eingerichtete Herberge befindet sich unübersehbar mitten im Ort in einem renovierten Bau des historischen Pilgerhospitals. Bei zwei großen Schlafräumen mit jeweils 14 Betten haben wir ausreichend Auswahl, uns ein passendes Bett auszusuchen.

Mittlerweile ist es jetzt gegen 16.00 Uhr über 38 Grad heiß geworden. Schön, dass es links und rechts der Herberge jeweils eine Bar mit frisch gezapftem kühlem Bier gibt. Einen besseren Durstlöscher kann ich mir im Moment nicht vorstellen. Jerry ist inzwischen auch angekommen. Mit John, einem amerikanischen Lehrer aus Chicago und seinem Sohn genießen wir die Erfrischung gemeinsam.

Der Kanadier glänzt mal wieder mit geschichtlichem Wissen. „Who is the most famous roman from Spain?" Hadrian vielleicht? - Er hatte doch die Römische Siedlung in Sevilla aufgebaut. „Nein noch berühmter" meint er. Keiner kommt drauf. Es ist Pontius Pilatus.

Abends besucht Jerry die Messe in der gegenüberliegenden Kirche Santuario de Nuestra Señora de la Carballeda (die Eichen-Jungfrau). Die Señora ist die Schutzpatronin der Region. Der Legende nach soll sie im Mittelalter einer Pilgergruppe durch eine Wundertat über den reißenden Fluss Río Negro geholfen haben. Wie viele Iren scheint Jerry ein gläubiger Mensch und immer noch sehr verwachsen mit der katholischen Kirche zu sein.

Statt andächtig die heilige Messe zu feiern, sitzen wir anderen in der Gaststätte und lassen uns mal wieder fein bekochen. Zu uns gestoßen ist Marc aus Nottingham, ein total durchgeknallter Typ, vielleicht Mitte Vierzig. Mit seinen Freunden hat er eine Wette um 50 Cent gemacht, dass man die Vía de la Plata in einer bestimmten Zeit schaffen kann. So läuft er etwa 50 Kilometer am Tag, wirkt aber nicht müde und erschöpft, sondern lustig, eloquent und trinkfest. Seit fünf Jahren wohnt er in Barcelona, wo er in der Computerbrache tätig ist. In jüngeren Jahren habe er als Comedian im Fernsehen und als Stuntman bei Filmproduktionen gearbeitet. In dieser Funktion hätte er Ende der achtziger Jahre beinahe den Ausbruch des dritten Weltkrieges ausgelöst, als er kurz vor der Wiedervereinigung an der Grenze zur DDR in Hessen mit einem Auto in die Grenzanlage gerast sei.

Kapitel 12
Rionegro del Puente – Puebla de Sanabria
Sonntag, 28. Juni 2015

Eigentlich hatte ich vor, ca. 30 Kilometer von hieraus zu wandern und dann für die letzten zehn Kilometer einen Bus oder ein Taxi zu nehmen, da mir vierzig Kilometer für die letzte Etappe nach Puebla de Sanabria zu viel sind. Elly hat dann die Idee, es umgekehrt zu machen und so lassen wir - Elly, Rebekka, Claudia und ich - uns um 6.30 Uhr von einem Taxi abholen, bevor wir unsere Wanderung kurz hinter Mombuey fortsetzen. Im Nachhinein war Ellys Vorschlag goldrichtig, denn wie sich herausstellt, ist der zweite Teil der Etappe bergauf und bergab über grüne Hügel wesentlich abwechslungsreicher.

In Palacios de Sanabria, etwa 12 Kilometer vor Puebla de Sanabria gönnen wir uns in einer netten Bar eine längere Pause mit mehreren Kaffees. Alle sind wohlauf. Wir freuen uns über den schönen Tag mit strahlendem Sonnenschein und besten Wanderbedingungen.

Weiter geht es durch einen Wald malerischer knorriger Kastanien bis Remesal. Es ist ein historischer Ort, an den eine große Gedenktafel neben einer Skulptur erinnert. Hier in der kleinen Kapelle von Remesal traf sich 1506, Fernando, der Katholische mit seinem Schwiegersohn Felipe I, el Hermoso (Phillip der Schöne), um die durch den Tod seiner Frau Isabel ausgebrochenen Erbfolgestreitigkeiten zu schlichten. Statt an Isabels Tochter Juana, aufgrund der Anzeichen von Wahnsinn „La Loca", (die Wahnsinnige) genannt, ging die Krone an Felipe. Ganz so friedlich und einvernehmlich, wie das hier dargestellt wird, ist es dann aber wohl doch nicht abgelaufen. In einem Geschichtsbuch lese ich später, dass der schöne Phillip seinen Schwiegervater mit seinen angereisten Truppen gehörig unter Druck gesetzt hat.

Noch drei Kilometer bis Puebla de Sanabria. Kurz hinter dem pituresken, fast ausgestorben erscheinenden Örtchen Triufe bricht Elly fast zusammen und meint, sie halte ihre bereits zuvor immer mal wieder geäußerten Bauchschmerzen nicht mehr aus. Im Mittelalter gab es hier ein Pilgerhospiz, das wir jetzt gut gebrauchen könnten, auf das wir heute aber leider nicht mehr zurückgreifen können. Elly muss es sehr schlecht gehen, denn obwohl sie besser Spanisch spricht als ich, bittet sie mich, an dem Haus, vor dem wir stehen, zu fragen, ob man ihr ein Taxi oder einen Krankenwagen in die Stadt bestellen könne. Kleine Kinder öffnen die Tür, sie holen ihren Opa, der wiederum holt seine Tochter. Die Dame ist sehr freundlich, erfasst die dramatische Situation schnell, packt Elly und Rebekka in ihren PKW und bringt sie ins städtische Krankenhaus.

Claudia und ich machen uns allein auf die letzten Meter nach Puebla de Sanabria. Ruhigen Schrittes bewegen wir uns Richtung Puebla de Sanabria, sehen in der Ferne bereits die Stadt im Tal. Leichte Wehmut befällt uns, als wir realisieren, dass sich unsere Wege morgen trennen werden. Irgendwie sind wir vier schon wie eine kleine Familie zusammengewachsen. „Wir werden dich vermissen", sagt Claudia. Wie es wohl mit Elly weitergehen wird? Beide haben wir eher die Vermutung, dass sie bereits in der Herberge sein wird, wenn wir ankommen.

Und genauso ist es dann auch. Es geht ihr schon viel besser, nachdem man sie untersucht und ihr ein paar Tabletten mitgegeben hat.

Wir beziehen unsere Schlafsäle, nehmen eine warme Dusche in der sauberen Herberge und quälen uns schweißtreibend über mehr als 150 Stufen rauf zum Castillo des los condes de Benavente. Die Burg dominiert die historische Altstadt und wurde im 15. Jahrhundert von Don Alfonso de Pimentel erbaut, um den Vormarsch der Araber abzuwehren. 1506 logierten darin die besagten Juana la Loca (die Wahnsinnige) und Felipe I el Hermoso (Phillip, der Schöne). Im Innern der Burg gibt es ein Museum, in dem man sich Helme und Rüstung anziehen und sich so ein wenig ins Mittelalter versetzen kann. Die Mädels lassen sich den Spaß nicht nehmen.

In einem netten Lokal unterhalb der Burg wollen wir gemeinsam sanabresische Spezialitäten probieren. Plötzlich bricht Elly in Tränen aus. Sie hat Angst, sterben zu müssen, da sie zu viel Ibuprofen und andere Analgetika gegen ihre Schmerzen eingenommen hat. Zum Glück kann ich ihre Befürchtungen schnell entkräften. Ich glaube, sie ahnt, dass ihr auf Dauer eine Therapie mit Worten eher helfen wird, als eine Behandlung mit Tabletten. Man muss bei der Familienanamnese kein Psychoanalytiker sein, um die Ursache ihrer psychosomatischen Beschwerden zu erahnen.

Wir verbringen noch einen harmonischen letzten Abend zusammen, bevor es für die drei morgen in die Berge der Sierra Cabrera geht und ich wieder zurück an die Arbeit nach Bocholt muss. Dreißig Kilometer nördlich von Puebla de Sanabria endet Castilla y León und es beginnt die Comunidad Autonoma de Galicia, zu der auch Santiago de Compostela gehört. Rebecca ermahnt mich noch einmal eindringlich, daran zu denken, das nächste Mal meine Tochter mitzunehmen. Mach ich Rebecca – wenn Lara will.

Abends in der Herberge treffe ich Marc noch auf ein Gläschen Wein. Seine Kondition muss wirklich gigantisch sein. Heute habe er nur 40 Kilometer geschafft, aber dafür, dass er gestern Abend mit den Spaniern in der Bar noch bis vier Uhr in der Nacht Karten gezockt und Wein getrunken habe, sei er recht gut und zeitig hier in Puebla de Sanabria angekommen.

Kapitel 13
Puebla de Sanabria – Madrid – Bocholt
Montag, 29. Juni 2015

Heute Morgen habe ich reichlich Zeit, da mein Bus nach Madrid erst um 12.00 Uhr startet. Der letzte, der außer mir noch in der Herberge verweilt, ist Heinz aus Ehingen, 62, leicht untersetzt, Wanderhut auf seinem lichten Haupt – ich hätte fast gesagt ein netter älterer Herr.

Heinz ist ein Phänomen. Er schwetzt einfach alle Leute auf schwäbisch an, egal ob sie amerikanischer, spanischer oder welcher Provenienz auch immer sind. Ich bewundere seine Gelassenheit. Irgendwie kommt er damit durch, obwohl er so gut wie keine fremdsprachlichen Kenntnisse hat. Als er zur Schule ging, sagt er, stand zwar Englisch auf dem Lehrplan, es sei aber immer ausgefallen. „Ihr bleibet ja doch uf de schwäbsche Alp. Was brauchet Ihr da andere Sprachen", habe es damals geheißen. Nie kam mir der Werbespruch „Wir können alles außer Hochdeutsch" realistischer vor.

Heinz gefällt mir. Wir beschließen, in der Bar gegenüber zusammen ein Frühstück einzunehmen. Er hat vor drei Jahren seine Frau verloren. Jahrelang habe sie ihn getrietzt und ihm dann auch noch angetan, aus dem Leben zu scheiden. Im letzten Jahr ist er in Sevilla gestartet und bis Salamanca gekommen. An seinem Wanderhut hängt eine silberne Brosche mit dem Symbol der Jakobsmuschel. Die habe er sich in der Heimat anfertigen lassen. Sie muss ein Vermögen gekostet haben. „Über den Preis spreche ich besser nicht", sagt er. Heinz lässt es gemütlich angehen. Für heute hat er sich nur 14 Kilometer vorgenommen. Am Ende lädt er mich zu einer Wanderung auf die schwäbsche Alp ein, wo er Wanderführer ist. Mal schauen, welchen Prioritätenplatz sie in meiner Liste der noch zu erledigenden Dinge einnimmt.

Um elf Uhr mache ich mich auf zu der ca. zwei Kilometer entfernten Busstation. Ein letzter kleiner Spaziergang mit Rucksack auf dem Rücken für die nächste Zeit. Sehr rechtzeitig komme ich an der Busstation an und kann als erster am Schalter mein Ticket lösen. Die Verkäuferin fragt mich nach meinem Ausweis. Sind das neue Gesetze? Zum ersten Mal muss ich beim Kauf eines Bustickets meinen Ausweis vorlegen. „Sie erhalten 25 % Ermäßigung", sagt die Verkäuferin lächelnd. So richtige Freude kommt bei mir gerade nicht auf. Willkommen im Club! Seniorenrabatt nennt man das wohl.

Als ich dann in den Bus steige und dem Busfahrer meinen Fahrschein vorzeige, fragt der mich, wie ich dazu komme, ihm ein reduziertes Ticket zu präsentieren. Die Dame hinter mir, ruft ihm zu, es habe alles seine Richtigkeit. Sie habe gesehen, dass ich meinen Ausweis vorgelegt habe. Da könne ja jeder kommen, sagt er und fordert mich auf, ihm den Ausweis zu zeigen – was ich dann schmunzelnd und voller Genugtuung mache. Puh - das ist ja gerade nochmal gut gegangen.

Auf der dreieinhalb Stunden langen Busfahrt nach Madrid lasse ich die Wanderung noch einmal Revue passieren und bin gedanklich schon bei der Fortführung im nächsten Jahr. Von Puebla de Sanabria sind es noch 250 Kilometer bis Santiago. Die müssten im kommenden Jahr gut zu schaffen sein. Eines ist für mich auch heute sicher:

Nach dem Jakobsweg ist vor dem Jakobsweg.

Carlos Betrachtungen

Zunächst einmal muss ich sagen, dass ich ziemlich lange gebraucht habe, um diese Reise richtig in Worte zu fassen. Rückblickend bedanke ich mich noch einmal bei meinem Vater, denn hätte er mich nicht gefragt, ob ich ihn auf dem Jakobsweg begleite, wäre mir eine sehr spektakuläre und beeindruckende Wanderung entgangen.

Kurz vor der Reise durchströmte mich eine Nervosität, wie ich sie nie zuvor verspürt hatte. Zugegeben – ich bin nicht der Gelassenste im Umgang mit Druck, aber so aufgeregt war ich schon lange nicht mehr. Bin ich körperlich fit genug und kann ich mit meinem Vater mithalten? Natürlich hatte er mir gesagt, dass ich mir keine Sorgen machen müsse, dass wir uns auf einander einstellen und ein gemeinsames Tempo laufen würden. In Köln angelangt wurde meine Anspannung eher noch heftiger. Schuldgefühle plagten mich, da ich Pilgerausweis und Reisepass in Bocholt vergessen hatte und mein Vater bereits Pläne für einen Entspannungsurlaub auf Langeoog schmiedete. So gerne ich dort bin - aber das war es nicht, worauf ich seit Monaten hin fieberte. Wenn man etwas zu verlieren scheint, weiß man es umso mehr zu schätzen. „Sobald wir im Bus nach Salamanca sind, bin ich wieder entspannt", sagte Papa, als wir zurück nach Bocholt fuhren, um meine Dokumente zu holen. Meine Erleichterung war unbeschreiblich, als wir doch noch im Flieger nach Madrid saßen, meine Euphorie war riesig, als wir dann am nächsten Tag loswandern konnten.

Nach den ersten Schritten auf dem Jakobsweg in Calzada de Bejár war meine Nervosität verschwunden. Stattdessen stellte sich ein Gefühl der Neugierde ein. Ich wollte jetzt endlich wissen, wie sich das anfühlt, wovon mein Vater in den letzten Jahren immer geschwärmt hatte. Wahrscheinlich war ich etwas übermotiviert, denn ich legte ein Tempo vor, das selbst meinen Vater verwunderte und mir am Ende der Etappe, als die Kräfte schwanden, fast zum Verhängnis wurde. Ich war jedenfalls heilfroh, in der Herberge ein Bett zu bekommen, was ich unverzüglich nach der Ankunft für ein Nickerchen nutzte.

Was mich wunderte, war, dass wir die einzigen Fußpilger in der Herberge waren. Papa hatte doch immer von so vielen interessanten Begegnungen gesprochen. Am Frühstückstisch leistete uns dann doch noch ein älteres Paar aus Polen Gesellschaft, das mit dem Fahrrad unterwegs war. Sehr beeindruckend fand ich die Freundlichkeit und Warmherzigkeit der Herbergsväter, die uns sogar noch Obst für die nächste Etappe mitgaben.

Am Ende der zweiten Etappe, die mit über 30 Kilometern die längste war, habe ich meine Knochen gespürt, wie noch nie in meinem Leben. Hier wurde der konditionelle Unterschied bei mir und meinem Vater sehr deutlich. Während der gesamten Wanderung fand sich kein Zeichen von Zivilisation; kein Mensch, kein Haus, kein Geschäft, indem man etwas zu trinken kaufen konnte. Zum Glück waren wir gut vorbereitet und hatten ausreichend Proviant mitgenommen. Wir durchstreiften atemberaubende Landschaften. Besonders schön war es, morgens zu laufen, wenn die Weidefelder mit Nebel bedeckt waren und wir der Sonne in die Arme liefen.

Wie soll ich den Augenblick beschreiben, als Luca plötzlich in Salamanca auftauchte? „Überraschung" ist zu milde ausgedrückt. Ich bin fast vom Stuhl gefallen. „Wo ist hier die versteckte Kamera?", habe ich immer wieder gedacht. Ein paar Stunden zuvor hatte ich noch mit meinem Vater darüber gesprochen, welche Herausforderung es für mich ist, alleine nach Hause zu fahren beziehungsweise zu fliegen. Einerseits fand ich es ein wenig Schade, diese Erfahrung jetzt nicht machen zu können, andererseits gebe ich gerne zu, dass es mich sehr beruhigt hat, Luca an meiner Seite auf der Rückreise zu haben.

Zusammenfassend möchte ich sagen, dass mich diese Reise geprägt hat und immer etwas Besonderes bleiben wird. Irgendwie habe ich die Schmerzen auf der Wanderung sogar genossen, denn ich habe mich noch nie so sehr gespürt, wie in diesen Momenten. Und: Am Ende hat das Essen dann doppelt so gut geschmeckt. Ich bin durchgekommen und stolz auf mich!

Buch 5

Von Puebla de Sanabria nach Santiago

Noch ein Engel auf der Vía de la Plata

Für die Familie

Kapitel 1
Bocholt – Madrid
Sonntag, 12. Juni 2016

„Vergiss nicht, deine Tochter zu fragen, ob sie dich auf dem Camino begleiten möchte", ermahnte mich Rebekka eindringlich bei unserer Verabschiedung in Puebla de Sanabria". Die Amerikanerin aus Seattle hatte mir mit ihrer Tochter Elly und Claudia aus der Bretagne bis hierhin auf meiner letztjährigen Pilgerreise Gesellschaft geleistet, bevor sie ihre Wanderung nach Santiago fortsetzte und ich nach Deutschland zurückkehrte – fast exakt vor einem Jahr.

In diesem Jahr möchte ich meine 2014 in Cáceres begonnene Pilgerreise auf der Vía de la Plata in Santiago abschließen. Die Frage, ob Lara Lust hatte, mich nach Santiago zu begleiten, war schnell geklärt. Ich hatte meine Bitte noch nicht ausformuliert, als sie mir klar zu verstehen gab, dass sie sich sehr freuen würde, mit mir auf dem Camino zu wandern. Von ihren Geschwistern hatte sie ja schon einiges über das Pilgern auf spanischen Jakobswegen erfahren; offensichtlich nicht allzu viel Schlechtes.

Meine ursprüngliche Absicht, zunächst allein von Puebla de Sanabria nach Ourense zu laufen und dann Lara nach Ourense nachkommen zu lassen, gebe ich schnell wieder auf. Nein, ich möchte Lara nicht allein losreisen lassen, ich möchte das Abenteuer mit ihr zusammen starten. Da sie aber nur eine Woche Urlaub in ihrer Ausbildung zur Physiotherapeutin einplanen kann, beschließe ich, im Juni die 140 km bis Ourense allein zu wandern, dann von Madrid aus nach Deutschland zurückzukehren und schließlich im Juli nochmal mit ihr nach Spanien zu fliegen.
Der Termin für den letzten Teil meiner Vía de la Plata – Wanderung steht schon lange. Dieses Mal muss ich außergewöhnlich gut getaktet sein, um ihn noch zwischen die sonstigen Planungen zu schieben. Als ich vor einem dreiviertel Jahr die Flüge gebucht habe, konnte ich jedoch noch nicht ahnen, dass uns ganz besondere lebensverändernde Maßnahmen buchstäblich ins Haus stehen. Nach fünf Jahren Beziehungs - Erprobung hatten Kerstin und ich Anfang des Jahres beschlossen, zusammenzuziehen. Das Leben hat uns beiden eine zweite Chance gegeben; diese wollen wir nutzen. Da Luca, Lara, Johanna, Carlo, Juliane und Niki aber alle in einem Alter sind, in dem sie noch zu Hause wohnen, beziehungsweise gerne nach Hause kommen wollen und auch sollen, sind einige Umbaumaßnahmen erforderlich. Die heiße Bauphase fällt nun ausgerechnet in die Zeit der geplanten Jakobswege.

Strömender Regen auf dem Weg nach Köln. Luca bringt mich zum Köln/Bonner Flughafen. Es gibt zwei Schlangen für die Flugpassagiere. „Warum die lange nehmen, wenn man in der kurzen vermeintlich schneller ans Ziel kommt?", denke ich mir. Tatsächlich geht es hier flott voran, während auf der anderen Seite Stillsand zu sein scheint. Als ich dann mein Ticket vorlege, fehlt leider ein spezieller Zusatz, der Voraussetzung für die Nutzung der kurzen Schlange ist: „Priority". Eigentlich müsste ich noch einmal zurück und mich in die lange Schlange stellen, aber die nette Flugbegleiterin lässt Gnade vor Recht ergehen und winkt mich durch. Es kommt mir sehr entgegen, denn die einstündige Verspätung brauche ich dank ihrer christlichen Nächstenliebe nicht in der Schlange zu verbringen, sondern kann es mir stattdessen in einem abgetrennten Bereich auf einem Sessel gemütlich machen.

Schnell komme ich im Flieger mit meinem Nachbarn ins Gespräch. Danilo ist Spanier und fliegt für ein deutsches Recycling Unternehmen zur Messe nach Madrid. Dafür, dass er erst seit einem Jahr in Köln lebt, spricht er hervorragend Deutsch. Vor zwei Jahren hat er seine deutsche Freundin auf Gran Canaria kennen gelernt, wo er in der Lobby eines Ferienhotels jobbte. Seit einem halben Jahr ist sie seine Frau. Stolz zeigt er mir seinen Ehering.

Mit einer Stunde Verspätung landen wir in Madrid. Die Beschreibung zum Ibis Hotel in der Nähe der zentralen Busstation ist schwierig. Ich hatte es gebucht, um morgens schnell den Bus nach Puebla de la Sanabria zu bekommen. Ein freundlicher U-Bahn - Angestellter nennt mir die nächste Metrostation zum Hotel; an der Ausgangpforte kann mir jedoch keiner den Weg zum Hotel erklären. Ich werde in die falsche Richtung geschickt und sehe an den offenen Lokalen auf den Bildschirmen Jogi Löw nägelkauend auf der Trainer - Bank sitzen. Zehn Minuten vor Schluss steht es im ersten Spiel der deutschen Mannschaft bei der Fußballeuropameisterschaft 1: 0 für Deutschland. Das Spiel ist nicht so wichtig, ich will endlich mein Hotel finden. Um 22.00 Uhr sind es hier immer noch über 30 Grad Celsius. Ich überlege mir gerade, ein Taxi zu bestellen, als mir ein Mann in Begleitung seines Labradors anbietet, mich dort hinzuführen. Es stellt sich heraus, dass sich das Ibis Hotel vielleicht 200 Meter von der Ausstiegstelle der Metro entfernt befindet.

Kapitel 2
Madrid - Puebla de Sanabria - Requejo
Montag, 13. Juni 2016

Nicht abgesprochen wirft mich eine WhatsApp von Kerstin aus dem Bett. Um sieben Uhr verlasse ich das Hotel, um die zwei Stationen mit der Metro zur Busstation Sur Mendez Alvaro zu fahren. Fast alle Menschen in den überfüllten Waggons und auf den Gängen haben einen Stöpsel im Ohr und den Blick auf das Mobiltelefon gerichtet. Da wird in den nächsten Jahren noch eine Menge Arbeit auf die Orthopäden zukommen. Nach meinen Erfahrungen im letzten Jahr habe ich hier und heute keine Scham, den Seniorentarif zu nutzen. Für schlappe 22 Euro erhalte ich das Ticket zum vier Stunden entfernten Puebla de Sanabria. Endstation meines gebuchten Busses ist Pontevedra. Da werden Erinnerungen an den Caminho Português wach, den ich 2011 und 2012 in zwei Phasen gelaufen bin:
Die Wanderung von Porto nach Valenca an die portugiesisch – spanische Grenze ist für mich so bedeutungsvoll, da ich sie immer mit Kerstin in Verbindung bringen werde. Einen Tag vor dem Flug nach Porto Ende August 2011 hatte ich meine erste persönliche Begegnung außerhalb der Praxis mit ihr. Ein Anfall mutiger Unbekümmertheit brachte eine schicksalhafte Wende in mein Leben. Obwohl ich nichts Genaues über ihren Beziehungsstatus wusste, fasste ich die Gelegenheit beim Schopfe, sie zum Kaffee einzuladen, als sie mich wegen einer medizinischen Frage telefonisch kontaktierte. Ich folgte einer intuitiven Eingebung. Noch nie zuvor in meinem langjährigen Praxisdasein hatte ich mir so eine Dreistigkeit erlaubt. Aber was ist an einer höflichen Einladung zum Kaffee schon verwerflich? Jeder hat auch das Recht, sie abzulehnen. Das tat sie aber nicht. Das Treffen hinterließ einen so nachhaltigen Eindruck, dass ich am nächsten Morgen vergaß, meinen Schlafsack in den Rucksack zu packen und sie mich Tag für Tag gedanklich auf meiner Wanderung von Porto nach Valenca begleitete.

Den zweiten Teil von Valenca nach Santiago bin ich im Juli 2012 mit Luca gewandert. Damals waren wir nach anstrengenden 35 km an der Herberge in Pontevedra angekommen, um dann festzustellen, dass es keinen Platz für uns gab und wir weiterlaufen mussten bis zu einer Notunterkunft. Trotz des Frustes habe ich die pittoreske Altstadt lebendig und attraktiv in Erinnerung.

Der Bus startet pünktlich um 8.00 Uhr. Busfahren ist ein Vergnügen in Spanien. Alles ist gut organisiert. Man bekommt einen Platz mit reichlich Beinfreiheit zugewiesen und kann es sich mit Lesen, Videos oder Musikhören gemütlich machen. Mit zuverlässiger Zeitplanung entkommt der Busfahrer dem Verkehrschaos in Madrid und gleitet danach leise über die wenig befahrene ländliche Autobahn. Mein Blick aus dem Fenster schweift auf die Konturen von Avila, das ich vor drei Jahren mit Kerstin besichtigt habe.

Von der Busstation am Rande von Puebla de Sanabria laufe ich meine ersten Schritte Richtung Castello. Beim Passieren der Herberge klingelt plötzlich mein Handy und zeigt mir aktuelle noch nicht geöffnete WhatsApp- Nachrichten an. Es hat scheinbar immer noch die Wifi Nummer der Herberge aus dem letzten Jahr gespeichert. Normalerweise schalte ich das Handy während der Wanderung aus, was ich offensichtlich heute Morgen vergessen hatte. An der Burg angelangt beginnen die ersten Probleme. Ich folge der Beschreibung meines Wegführers von Raimund Joos (Auflage 2011) und lande am Friedhof vorbei auf einem Acker im Nirwana. Der Reiseführer von Cordula Rabe lenkt mich auf die wenig befahrene B 525, von der ich nach ca. zweitausend Meter an einer deutlich erkennbaren Markierung links in einen Feldweg abbiegen darf. An einem Bach entlang führt der gut ausgeschilderte Weg nach einigen Kilometern wieder auf die B 525, von der es steil hinauf rechts in einen Waldweg geht. Dieser bringt mich zu der einsam gelegenen kleinen romanischen Iglesia de Santiago de Terroso aus dem 12. Jahrhundert, in der schon Päpste und Könige auf ihren Pilgerreisen nach Santiago Zuflucht gefunden haben sollen. Durch einen nur mäßig befestigten Waldweg gelange ich schließlich nach gut 15 Kilometern zu meinem ersten Zwischenziel.

Um halb vier komme ich in Requejo gerade rechtzeitig an, um noch die zweite Halbzeit des Spiels Spanien gegen Tschechien in der ersten Bar am Platze zu sehen. Ich wundere mich, dass ich mit der jungen Dame hinter dem Tresen allein in der Kneipe bin. Sie flippt regelrecht aus, da die Spanier beim Stande von 0:0 eine Chance nach der anderen auslassen. „Mach dir keine Sorgen, sie gewinnen 1:0 in der 90. Minute", sage ich. „Niemals, das glaube ich nicht", ereifert sie sich. Am Ende behält sie recht. Das 1: 0 für Spanien fällt nicht in der 90., sondern bereits in der 87. Minute.

Nach dem Spiel suche ich die Herberge auf. An der Tür zum Schlafsaal sitzt eine ca. 45 Jahre alte schlanke Frau mit hochgesteckten dunkelblonden Haaren, die mir einen freien Schlafplatz zuweist. Rachel kommt aus Auckland/Neuseeland und pilgert von Sevilla aus auf der Vía de la Plata mit ihren 11, 13 und 14 Jahre alten Töchtern und ihrem 15-jährigen Sohn. Insgesamt soll sie acht Kinder haben. Wie das halt so ist bei neuen Bekanntschaften – man klärt zunächst einmal seine Herkunft. Ich erzähle ihr, dass ich an der holländischen Grenze wohne. „Von den Niederlanden kenne ich nur einen kleinen Ort – und der heißt Dinxperlo", sagt sie. „What??? Did you say Dinxperlo?", brülle ich sie fast an. Ich kann`s nicht glauben. Das ist zwölf

Kilometer von unserem Haus entfernt. Es ist das Städtchen, in das wir Carlo acht Jahre lang jeden Morgen zur Schule gebracht haben.

Kapitel 3
Requejo – Lubián
Dienstag, 14. Juni 2016

Nach einem Café con Leche im Ort bin ich um sieben Uhr auf dem Camino. Zunächst geht es ein, zwei Kilometer über einen schönen Waldweg, bevor ich steil aufwärts über die B 525 laufen muss. Außer ein paar Fahrradfahrern gibt es so gut wie keinen Verkehr, da die Autos wohl eher die parallel verlaufende Autobahn benutzen. Nach drei Kilometern führt mich der Weg nach links auf einen Trampelpfad mit grandiosem Blick auf mehrere nebeneinander liegende Bergspitzen. Vor mir wandert gemächlichen Schrittes ein kleiner Mann mit Sombrero und Wanderstock, etwa so alt wie ich. John stammt aus Melbourne und ist die Vía de la Plata ab ihrem Beginn in Sevilla gelaufen.

An irgendeine Gebirgsformation in Australien erinnert mich der Blick in die Ferne. Ja, richtig, jetzt fällt es mir wieder ein, es sind die „Three Sisters" in den Blue Mountains, westlich von Sydney. Natürlich hat John sie auch schon mehrfach erklommen. Stolz erzählt er mir, er habe vor einigen Minuten einen Wolf beobachtet, wie er sich an einem Rehkadaver zu schaffen machte. Mit seinem Stock, den er wie ein Gewehr auf ihn richtete, sei es ihm gelungen, ihn in die Flucht zu schlagen. John meint, ich könne ruhig voraus laufen, er selbst müsse es heute etwas langsamer angehen, da er noch eine Fischvergiftung in den Knochen oder besser gesagt in der Magendarmgegend spüre. Diese habe er sich vor zwei Tagen in einem Restaurant in Puebla de Sanabria zugezogen. Ich mache ihm klar, dass ich froh bin, Gesellschaft gefunden zu haben und mich gerne seinem Tempo anpasse.

John fragt mich, ob ich derjenige gewesen bin, der gestern vor dem Restaurant die kleine Slapstickeinlage gegeben hat. „Ja, aber eher unfreiwillig", entgegne ich. Ich hatte gerade meinen vorzüglichen Sauerbraten aufgetischt bekommen, als mein Pass von einem Windstoß durch die Luft gewirbelt wurde. Mit einem Hechtsprung wollte ich ihn wieder einfangen, stolperte aber über den Stuhl und schlug mir das Knie auf. Das Personal eilte aus dem Restaurant, um mir behilflich zu sein. Zum Glück sah es schlimmer aus, als es tatsächlich war.

Ständig bergauflaufend durch eine menschenleere spröde Gegend kehren wir nach zwei Stunden in Padernelo in eine Bar in ein, um einen Café con Leche zu bestellen. Wir befinden uns hier an der mit gut 1.350 Meter höchsten Erhebung der Vía de la Plata. Rachel trifft auch gerade mit ihren Kindern ein. Was so ein Hut doch ausmachen kann! Als John den Sombrero abnimmt, kommt ein ganz anderer Kopf zum Vorschein. Das Haupthaar besteht aus einem spärlichen Kranz. Ich glaube, ohne Hut hätte ich ihn nicht wiedererkannt.

Der Himmel zieht sich immer mehr zu. Mittlerweile ist es auch ziemlich kalt geworden hier oben. Wir blicken auf das 300 Meter tiefer gelegene Tal von Lubián, das wir um 12 Uhr erreichen. Lubián ist mit seinen 100 Einwohnern der letzte Ort in Kastilien, bevor es noch gut 200 km durch die Comunidad Autonoma de Galicia auf der Vía de la Plata bis Santiago de Compostela geht. Eigentlich hatte ich mir für heute mehr vorgenommen, aber die zunehmend dunkleren Grautöne am Horizont und die Aussage Rachels, dass die avisierte Albergue im zehn km entfernten Vilavella geschlossen sein soll, lassen mich zweifeln. So entscheide ich kurzfristig, das kleine Steinhaus am Anfang des Dorfes, aufzusuchen. In ihm befindet sich die Herberge, in der ich mich zusammen mit John niederlasse.

Um 14.00 Uhr ist auch das letzte der 16 Betten belegt. Jetzt bin ich froh, noch rechtzeitig eine Bleibe gefunden zu haben, zumal es mittlerweile kübelweise regnet. Einige checken die mehr als trüben Wetteraussichten für die nächsten drei Tage. Der Trend geht dahin, morgen besser die Straße und nicht die vom Schlamm aufgeweichten Naturpfade zu wählen. Was mich mehr als der Regen beunruhigt, ist, dass auch Gewitter angekündigt sind. Beunruhigt ist fast zu harmlos ausgedrückt, es deprimiert mich eher. Der Gewitterschock vor zwei Jahren in Carcaboso sitzt tief. „Wo ist denn der Spanier geblieben, der vorhin noch in der Küche saß", frage ich Rachel. „Juan ist kein Spanier, er ist Baske" klärt sie mich auf. „Wenn du ihn Spanier nennst, ist das so als würde ich zu dir frenchman sagen." Kann ganz schön streng sein, die „Kiwi – Mama"! Auf dem Weg zur Tienda (Lebensmittelgeschäft) treffe ich ihn unter einer offenen Wellblechhütte sitzend. Hier will er heute übernachten. Eigentlich müsste er nicht draußen schlafen, denn die Hospitaliera hatte angeboten, überschüssige Pilger gegen einen kleinen Aufpreis woanders unterzubringen. Aber Basken haben bekanntlich ihren auf Unabhängigkeit programmierten eigenen Kopf. Juan ist von Alicante aus gelaufen, eine Pilgerstrecke, die nur sehr wenig erschlossen ist. Vermutlich hat er schon öfter im Freien geschlafen. Da ich es genau wissen möchte, zeichnet er mir die Route auf einem Stück Papier auf. Juan ist berentet und hat nicht den Ehrgeiz, möglichst schnell in Santiago anzukommen. „Was hast du früher gemacht?", frage ich ihn. "Ich habe im Straßenbau gearbeitet", antwortet er. „Also als Ingenieur?" „Nein, als einfacher Arbeiter", korrigiert er mich. Wo ich schon mal die Möglichkeit habe, einen Basken zu befragen, nutze ich die Gelegenheit. Es stellt sich heraus, dass Juan ein exzellenter Kenner der Geschichte seines Volkes ist.

Juan ist stolz, dass er von den 2,7 Millionen Basken zu den 800.000 Menschen in der Welt gehört, die noch die baskische Sprache beherrschen, eine Sprache, die so gar nichts mit dem kastilianischen Klang gemeinsam hat. Kein Wunder, denn das Baskenland, bestehend aus der Autonomen Gemeinschaft Baskenland, der Provinz Navarra und dem französischen Department Pyrénées – Atlantiques wurde – wie Juan mich aufklärt - von einer Bevölkerung bewohnt, die die baskische Sprache benutzte, bevor sich die indogermanischen Sprachen im dritten Jahrhundert vor Christus in Europa ausbreiteten. Er selbst komme aus der im sechsten Jahrhundert von den Westgoten gegründete Hauptstadt Vitoria – Gasteiz. Mit den Unabhängigkeitsbestrebungen der 1959 gegründeten ETA identifiziere er sich, nicht jedoch mit ihren radikalen Sabotage- und Terrorakten, die 1973 ihren ersten negativen Höhepunkt in der Ermordung des spanischen Ministerpräsidenten Blanco hatten.

Der Regen prasselt, als ich am Nachmittag mit John eine Bar im Ort aufsuche. Beim Bier reden wir über die politische Situation in unseren Ländern. Ich bin erstaunt, dass es auch in Australien Flüchtlingsdiskussionen gibt. Die meisten Refugees kommen dort aus Bangladesch. John war in der Nähe von Melbourne in der Chemieindustrie berufstätig und ist seit drei Jahren berentet. Ich kann es kaum glauben, als er mir sagt, er werde nächstes Jahr siebzig. Vom Alter, von der schlanken Figur und seiner Gelassenheit her erinnert er mich an Jean-Michel, mit dem ich im letzten Jahr einige Etappen bis Plasencia unterwegs war. Was John von Jean-Michel unterscheidet, ist sein trockener, aufheiternder Humor, der mich in den nächsten Tagen immer wieder zum Lachen bringt. In das Bocadillo con Jamon, das wir bestellen, beißt John nur zwei Mal, dann verlässt er fluchtartig das Lokal. Die Fischvergiftung hat noch ihre Nachwirkung.

Um 21.00 wird der Schlafraum der Herberge komplett abgedunkelt. Die neuseeländischen Kinder müssen schlafen. Somit kann ich dann auch mein Buch vergessen. Ich erinnere mich nicht, jemals um neun Uhr abends eingeschlafen zu sein. Im Übrigen mache ich mir Sorgen wegen der prognostizierten Gewitter. Um mich etwas abzulenken und nicht vollends den Schnarchern ausgeliefert zu sein, bleibt mir nichts anderes übrig, als meinen Mp3 Player aus dem Rucksack zu holen und den Liedern und Texten zu lauschen, die Lara mir kurz vor meiner Abfahrt aufgenommen hat. Überrascht bin ich über die ausgewählte Prosa, hervorragend gesprochen von dem Schauspieler Walter Sittler. Was mich bei allen Unwägbarkeiten beruhigt, ist, dass sich John freut, morgen weiter mit mir gemeinsam den Camino zu bestreiten. Nun, vielleicht habe ich sogar schon einen neuen Freund gefunden. Das passende Gedicht dazu von Friedrich Schiller („Die Bürgschaft") höre ich mir mehrmals hintereinander fasziniert an. Es handelt von Phintias, der für seinen Freund Damon bürgend sich ans Kreuz hängen lässt und auf Geheiß des Tyrannen dem Tod durch den Henker entgegensieht, bevor ihn der Freund rettet:

Zu Dionys, dem Tyrannen, schlich
Damon, den Dolch im Gewande:
Ihn schlugen die Häscher in Bande,
„Was wolltest Du mit dem Dolche? sprich!"
Entgegnet ihm finster der Wüterich.
„Die Stadt vom Tyrannen befreien!"
„Das sollst Du am Kreuze bereuen."
. . . .

Und die Sonne geht unter, da steht er am
Tor,
Und sieht das Kreuz schon erhöhet,
das die Menge gaffend umstehet;
An dem Seile schon zieht man den Freund
Empor,
Da zertrennt er gewaltig den dichten Chor:
„Mich Henker", ruft er, „erwürget!
Da bin ich, für den er gebürget!"

Und Erstaunen ergreift das Volk umher,
In den Armen liegen sich beide
Und weinen vor Schmerzen und Freude.
Da sieht man kein Auge tränenleer,
Und zum Könige bringt man die
Wundermär';
Der fühlt ein menschliches Rühren,
Läßt schnell vor den Thron sie führen

Und blicket sie lange verwundert an.
Drauf spricht er: "Es ist Euch gelungen,
Ihr habt das Herz mir bezwungen;

Und die Treue, sie ist doch kein leerer
Wahn –
So nehmet auch mich zum Genossen an:
Ich sei, gewährt mir die Bitte,
In Eurem Bunde der Dritte!"

Kapitel 4
Lubián – A Gudina
Mittwoch, 15. Juni 2016

Una noche especial!

Die Schnarchmelodie des Nordiren Brian werde ich nie im Leben vergessen. Neben ein paar normalen Schnarchern ragte Brian von allen deutlich hervor. Er übertrifft alles, was ich bisher in dieser Kategorie kennen lernen durfte…oder musste. Brian grunzte wie ein Ferkel. Nein - das ist untertrieben – eher wie zehn ausgewachsene Schweine. John hatte mich noch gewarnt: „Hol dir Ohrstöpsel, ich kenne Brian aus der Herberge in Puebla de Sanabria". „Ich kann mich mit autogenem Training ablenken", antwortete ich selbstsicher und scheinbar gelassen. Aber ich war nicht der einzige, der unter Brian leiden musste. Nachdem ich dem Konzert eine Weile zugehört hatte, vernahm ich eine entschlossene Stimme im Raum: „I´gonna kill him". So, wie es aussah, stand er kurz vor der Exekution.

Dennoch fühle ich mich recht frisch und motiviert als John und ich nach einem kurzen Kaffeegenuss in der Küche die Herberge in der Morgendämmerung verlassen. Wir nehmen, wie die anderen Mitpilger, die bereits unterwegs sind, nicht den offiziellen, vermutlich völlig verschlammten Waldweg, sondern die Straße Richtung A Gudina. Kurz nach sieben sind es draußen vielleicht sechs Grad Celsius. Mitte Juni hatte ich nicht mehr mit solch einer Kälte gerechnet. Gut, dass ich im letzten Moment noch meine Fleecejacke in Bocholt eingepackt habe. Langgezogene Steigungen führen uns über den mit 1200 Metern zweithöchsten Punkt der Vía de la Plata. Das Laufen auf der Straße ist zwar leichter, aber nicht gerade die idyllische Variante. Regen, Nebel und Wind lassen die Schönheiten der Natur in der Umgebung nur erahnen. Nach drei Stunden sind wir froh, völlig durchnässt und halb erfroren ein geöffnetes Café in Villavela zu finden. Die Herberge ist tatsächlich geschlossen. Am Eingang des Ortes gibt es allerdings ein einfaches Hotel. John schafft es nicht mehr, mit seinen eiskalten Fingern seine Jacke zu öffnen, sodass ich ihm behilflich bin. Wir wärmen unsere Hände an der heißen Tasse Kaffee auf. Welch ein Glücksgefühl!!

Auf der Zuckertüte steht eine Sportfrage: Wer war der erste afrikanische Olympiasieger im Marathon? Ohne zu überlegen antwortet John wie aus der Pistole geschossen: Abele Bikila 1960 in Rom. Der Äthiopier war damals barfuß zum Rekord gelaufen. Vier Jahre später wiederholte er den Sieg mit Schuhen bei den olympischen Spielen in Tokio.

Nach weiteren vier Stunden durch Dauerregen erreichen wir unser heutiges Ziel A Gudina. Auf dem Weg dorthin bemitleiden uns in O Pereiro am Rande der Straße stehende Dorfbewohner ob des miserablen Wetters. Trotz der widrigen Bedingungen bin ich bestens gelaunt. Wovon hängt ein angenehmer Gemütszustand ab? Wenn man die Gegebenheiten erst einmal so angenommen hat, wie sie sind und nicht hadert, lässt sich vieles ertragen. Offensichtlich nur eine Einstellungssache! Trotzdem: In A Gudina angekommen sind wir sehr froh, ein Dach über den Kopf zu erhalten, auch wenn die Herberge alles andere als eine Luxusunterkunft zu sein scheint. Die Sanitäranlagen sind eher eine Zumutung: Nach den eisigen Temperaturen heute Morgen eine kalte Dusche – man kann sich Schöneres vorstellen. John meint, solche Zustände würden in einer öffentlichen Einrichtung in Australien zur Schließung durch das Gesundheitsamt führen.

Menschen sind unterschiedlich veranlagt. Neben meiner Koje beobachte ich einen Spanier, wie er sein Poloshirt auf seinem Etagenbett ausbreitet, das gute Stück ganz akkurat faltet, es danach vorsichtig in seinen Rucksack herabgleiten lässt und sich dann noch zwei Mal versichert, ob es richtig positioniert ist, um es schließlich mit Zeigefinger und Daumen nachzujustieren. Zugegeben – so viel Ordnungssinn ist mir nicht angeboren.
Nach der kalten Dusche wartet der nächste Schock auf mich. „Bad news, Thomas", ruft mir John zu. „Brian has arrived". Dieses Mal zögere ich nicht lange und gehe zielgerichtet in die nächste Apotheke, um mir Ohrstöpsel zu besorgen. Stolz präsentiere ich sie John. Der grinst mich nur lakonisch an: „Bist Du sicher, dass du das richtige gekauft hast?". Auf der Packung steht: „Tampones de oir". Ich denke, ich werde es heute Nacht merken.

Der Ort selbst ist auch nicht gerade eine Schönheit. Er war jedoch schon im Mittelalter mit seinen zahlreichen Gasthöfen nur klassische Durchgangsstation. Diesen Charakter hat er bis heute nicht verloren. Ich verbringe den Abend in der Pilgerbar auf der Hauptstraße bei einem Vino tinto und köstlichen Albondigas bis es dunkel ist. Die 24 Schlafplätze in der Herberge sind belegt. Auch Juan, der Baske, hat heute ein Bett ergattert. Die zwei Plätze neben meiner Koje sind allerdings wieder frei geworden. Offensichtlich haben die Mitpilger noch etwas Besseres gefunden.

Kapitel 5
A Gudina – Campobecceros
Donnerstag, 16. Juni 2016

Danke, ihr kleinen gelben Kautschuk – Wunderlinge! Danke für fast acht Stunden Schlaf!!

Um sieben Uhr sind John und ich die letzten, die die Herberge verlassen. Wir gönnen uns ein kleines Frühstück in der Pilgerbar. Dennoch - alle Verzögerungen nutzen nichts - der Regen hört nicht auf. John legt den Regenponcho an. Nach drei, vier Kilometern bergauf an der wenig befahrenen Landstraße mit Blick auf die Montes do Invernadeiro führt die Vía de la Plata nach links in einen Feldweg. Immer wieder treffen unsere Augen auf Schienen der alten Bahnlinie Sierra de la Culebra, die 182 Tunnel auf ihrer Strecke von Zamora bis A Coruña enthält und damit nach der Strecke Belgrad – Bar in Montenegro weltweit die meisten Tunnel hat.

Noch immer ist es recht kalt; entgegen den meteorologischen Voraussagen klart der Himmel jedoch auf. Wie aus dem Nichts taucht plötzlich die Embalse das Portas, ein Stausee, auf. Die asymetrische Struktur des Sees und das Nebeneinander von Licht und Schatten zeichnen ein fabelhaftes Bild. Rundherum sattes Grün in den unterschiedlichsten Schattierungen: hellgrünes Gras, dunkelgrüne Binsen, mittel-grüne Sträucher… So stellt man sich Galicien vor.

Wir verlassen die gepflasterte Straße und wandern auf einem Forstweg weiter, von dem wir immer wieder grandiose Aussichten auf das galicische Mittelgebirge haben. Um die Mittagszeit laufen wir eine - durch Umbauarbeiten bedingt - nicht gut befes-tigte Schotterpiste steil herunter und erreichen den Ortseingang von Campobecer-ros. Die private Herberge finden wir schnell. Schon beim Eintreten macht sie einen sehr sauberen, aufgeräumten Eindruck. Da wir die ersten sind, können wir uns eines der zwölf doppelstöckigen Betten aussuchen. Auf einem Tisch finden wir einen Sta-pel Teddydecken. Offensichtlich ist man hier in 1.000 m Höhe auf Kälte eingestellt.

Vor der Herberge kommt uns ein älteres Paar entgegen. Sie empfehlen uns ein kleines Restaurant im Dorf, in dem die Chefin vorzüglich einheimische Spezialitäten zubereiten soll. Als wir abends dort ankommen, haben die beiden in dem Lokal, das eher einer Wohnstube gleicht, bereits Platz genommen. Dieter und Renate sind sehr erfahrene Pilger mit über 7.000 Kilometer Jakobsweg auf dem Buckel. Dass sie aus Frankfurt stammen, können sie mit ihrem unverwechselbaren Dialekt nicht verheim-lichen. Sie waren es, die gestern noch die Herberge gegen ein einfaches Hotelzimmer eingetauscht hatten. Im Gegensatz zu Dieter (72) wirkt Renate (67) zwar auch sehr interessiert an der Kommunikation, aber irgendwie müde und abgeschlagen. Die Señora kommt zu uns, um die Bestellung aufzunehmen. Das heißt, eigentlich gibt es keine Wahl. Es wird gegessen, was auf den Tisch kommt, deutet sie mit grimmiger Miene an. Wo sind wir denn hier gelandet? Eigentlich aber auch nicht so übel, wenn man mal nicht überlegen muss, was einem in diesem Moment gerade am besten schmecken könnte!

Der Special Service setzt sich fort. Messer, Gabel, Löffel und Servietten werden nicht gedeckt, sondern einfach so auf den Tisch geknallt. Unsere Hoffnung auf ein schmackhaftes Mal schrumpft auf ein Minimum.

Wie man sich doch irren kann!! Der Vorspeisenteller mit Schinken, Wurst, Käse, Marinade, die gallegische Suppe, die Paella, der Salat, Fruta, Wein und Kaffee… alles vom Feinsten und unter zehn Euro pro Person. Kochen kann die strenge Señora, das steht fest. Warum sie so grenzwertig gelaunt ist, bekommen wir nicht heraus. John vermutet, dass es mit der besonderen Vermischung der Dorfgene zu tun hat.
Gesättigt suche ich die einzige Bar im Ort auf, während John sich bereits zur Ruhe legt. Nachdem ich das erste Deutschlandspiel verpasst habe freue ich mich jetzt auf das Match der Jogischüler gegen Polen. Die Bar ist gut gefüllt, aber statt Fußball läuft irgendeine Comedy. Am Nachbartisch unterhält sich Arne aus Dänemark angeregt gestikulierend mit zwei Spaniern, die den Camino mit ihren Pferden bewältigen – jeder in seiner eigenen Sprache wohlbemerkt!

Ich sehe keinen, der die Comedy am Fernseher verfolgt und so frage ich die Dame hinter der Theke einfach, ob es ihr etwas ausmachen würde, das Programm auf die Europameisterschaft in Frankreich umzuschalten. „Wo läuft denn Fußball?", will sie wissen. Natürlich hatte ich mich vorher informiert. „Auf Tele Cinco", antworte ich ihr. Sie schaltet um und so komme ich doch noch in den fragwürdigen Genuss eines langweiligen 0:0. Scheinbar interessieren sich die Spanier nur für Fußball, wenn ihre eigenen Mannschaften mitspielen.

Als ich nach dem Spiel zur Herberge zurücklaufe, ist es lausig kalt, immer noch prasselnder Regen. In der Herberge herrscht Ruhe. Außer John und mir haben sich nur noch Renate, Dieter und der Däne eingefunden. Frieren werde ich mit der kuscheligen Teddydecke jedenfalls nicht.

Kapitel 6
Campobecerros – Laza
Freitag, 17. Juni 2016

Das war heute ein schöner Spaziergang durch die Wolken.

Nach einer kurzen Steigung über zwei, drei Kilometer geht es von 1000 Metern aus nur noch bergab bis zu einer Höhe von 400 Meter und das entgegen der Vorhersagen ohne richtig nass zu werden. Wir genießen die bizarren Wolkenformationen und grandiose Aussichten auf das Grün der Fichten, Kiefern und Kastanien. Die Montes do Invernadeiro wurden 1981 durch einen verheerenden Waldbrand beinahe vollständig zerstört. Seit 1997 wurde das Gebiet auf Veranlassung der Galicischen Regierung ein Naturpark, wodurch sich Flora und Fauna erholten. Wölfen, Damwild, Wildschweinen, Gämsen, Murmeltieren, Adlern und Falken bietet es eine Heimat. John fragt mich, wann ich mal wieder nach Australien komme. Ich sei herzlich eingeladen mit meiner Partnerin. Alle sechs Kinder müsse ich ja nicht gleich mitbringen, aber zwei wären ok. Es ist wie immer, wenn man auf dem Camino einen Mitpilger gefunden hat. Eine Zeit lang unterhält man sich angeregt, dann ist man wieder für sich allein, jeder läuft sein Tempo.

Bei As Eiras, einer winzigen Häuseransammlung, passieren wir eine kleine Pilgeroase, wie man sie immer mal wieder auf den Jakobswegen findet. Wie auf einem Altar sind süße Leckereien wie Kuchen und Plätzchen, sowie einfache Getränke aufgetischt, an denen man sich -möglichst gegen eine kleine Spende- bedienen darf.

Bereits um 11.30 Uhr erreichen wir das 1500 Einwohner große Laza. Bei der Polizei holen wir uns den Schlüssel für die Pilgerherberge ab. Laza macht auf den ersten Blick einen ruhigen, aufgeräumten Eindruck. Gerne würde ich in der Dorfkirche dem Allmächtigen einen Besuch abstatten, um mich persönlich bei ihm für all die schönen Momente und spannenden Erlebnisse auf dem Camino zu bedanken, aber leider hat das Gotteshaus mal wieder seine Pforten geschlossen.

Die Wartezeit bis zum Einlass in die Albergue verbringen wir daher in der Zentralbar der Ortschaft. Wir nutzen dort die W-Lan-Verbindung und stärken uns mit einer vorzüglichen Lasagne. An der Wand des Lokals hängen Bilder von den alljährlichen wilden Karnevalsausschweifungen, die auf ein altes Brauchtum zurückgehen. Die sogenannten „Peliqueiros" erscheinen am Karnevalssonntag mit farbenfrohen Trachten, Holzmasken und einer Mitra - ähnlichen Kopfbedeckung und begrüßen das Volk, mit der traditionellen Bica (Bisquits). Von Montag bis Dienstag jedoch bewerfen sie das Publikum mit Asche, Mehl und einem Gemisch aus Erde und lebenden Ameisen, die zuvor angesichts erhöhter Bissfreudigkeit mit Essig „scharf" gemacht werden. Der Ursprung des Brauches soll auf eine Verballhornung früherer Steuereintreiber zurückgehen, die, ähnlich wie der Berufsstand der Henker, ihre wahre Identität hinter Masken verbargen.

Beim Verlassen der Bar treffen wir auf Dieter und Renate. Sie bestellen sich für morgen ein Taxi, um in Anbetracht der zu erwartenden Steigungen Renate mit ihren asthmatischen Beschwerden zu schonen. Auch die spanischen Caballeros sind angekommen. Ihre Santiago – Pferde haben sie an dem Platz vor der Bar angebunden.

Anne aus Melbourne, teilt einen Schlafraum mit uns. Abends verabreden wir uns zum gemeinsamen Essen in der Zentralbar. Als wir das Lokal betreten, kommt mir die Besitzerin entgegen, um mir ein paar Euro in die Hand zu drücken, die wir mittags angeblich zu viel für die Lasagne bezahlt hätten.

Im Gegensatz zu John, den ich manchmal mit seinem australischen Slang nur schlecht verstehe, spricht Anne ein klares, sauberes Englisch. Vielleicht liegt es daran, dass sie durch ihre Tätigkeit im Consulting Management großer internationaler Unternehmen beruflich viel in Europa unterwegs war. Sie dürfte so Anfang 50 sein. Arbeiten muss sie schon lange nicht mehr bei dem Geld, das in ihrer Brache verdient wird. Sie wirkt sehr selbstbewusst, aber nicht unsympathisch. Als John ihr klarmachen möchte, dass die Firmen das Geld, das sie erhielt, besser woanders anlegen könnten, ist sie gar nicht „amused" und redet mindestens zehn Minuten kein Wort mehr mit ihm. Sie hat bereits viele Länder auf unserem Kontinent – häufig auch wandernd - bereist, schwärmt von der europäischen Kultur, ist aber auch begeistert von der Größe und Weite ihres Heimatlandes.

Die Managerin präsentiert uns eine Karte von Australien und legt dann eine mit dem gleichen Maßstab von Europa darauf. In der Tat zeigt sich, dass da noch ganz viel Platz außerhalb der Grenzen von Europa ist.

Anne läuft nicht nur auf Jakobswegen. Sie ist auch fasziniert von ihren einzigartigen Wanderungen in Neuseeland. „Wie steht ihr zu den Neuseeländern?", will ich wissen. Fast synchron antwortet sie mit John: „Wir sind wie Geschwister". Ich frage mich gerade, ob die Kiwis das genauso sehen.

Kapitel 7
Laza – Xunqueria de Ambía
Samstag, 18. Juni 2016

Die Königsetappe steht an. Ca. 34 km müssen wir heute schaffen, damit ich noch rechtzeitig in Ourense ankomme. Ich freue mich, noch einmal richtig gefordert zu werden, denn die Strecke beinhaltet einige ordentliche Steigungen. Es scheint einen Wetterumschwung zu geben. Heute Morgen um sieben ist es bei klarem Himmel längst nicht mehr so kalt, wie in den letzten Tagen.

Durch kleine Wäldchen und Sträßchen gelangen wir nach gut einer Stunde nach Tamicelas. Ab hier erwartet uns in Form lang gezogener steiler Rampen eine neue körperliche Herausforderung. Nach einer halben Stunde durch Kiefernwälder und kahlgeschlagene Feuerschneisen haben wir sie angemessen schnaufend geschafft. Wir erreichen die Straße (OU 113), die uns nach weiteren 1,5 Kilometer in das Dörfchen Albergueria führt. Schon im Mittelalter gab es hier eine vom Malteserorden betreute Herberge. Dieser Ort ist jedoch in den letzten Jahren auch aus einem anderen Grund zu einer Kultstätte geworden. In der einzigen Dorf - Bar (Bar Rincon) bekommen Pilger von Luis eine Jakobsmuschel, auf der sie ihren Namen, Herkunft und Datum schreiben dürfen. Mit diesen Muscheln (Conchas) werden Wände und Deckenbalken verkleidet.

John und ich sind erstaunt, dass wir mit unserer Muschel noch einen angemessenen Platz an der Decke finden, obwohl schon seit Jahren mehr oder weniger alles voll sein soll. Bei Kaffee und Kuchen und kuscheliger Kaminwärme lassen wir die besondere Atmosphäre dieses Raumes auf uns wirken. Ich nutze die Gelegenheit, eine weitere unbeschriebene Muschel für Lara zu erwerben.

Nachdem wir das Dorf, das heute Morgen im Nebel wie eine Geisterstadt wirkt, passiert haben, gelangen wir über Feld- und Waldwege, sowie kleinere Straßen nach Vilar do Barrio. Vor der Zentralbar stillen wir unseren Hunger mit einem reichlich belegten Bocadillo, sodass wir gut gestärkt die letzten 13 Kilometer nach Xunqueira de Ambía angehen können. Der Weg über die Felder und durch kleine Häuseransammlungen ist geprägt durch die für Galicien typischen Getreidespeicher (Horreos).

Kurz bevor wir am Ende eines Waldes um halb vier die Herberge in Xunqueira de Ambía erreichen, haut John mal wieder einen originellen Spruch raus. "It`s beer o`clock", ruft er mir zu. Scheinbar träumen wir von der gleichen Belohnung für die

Mühen des Tages. Nach einer erfrischenden Dusche in den sauberen hygienischen Anlagen der Herberge machen wir uns auf, das Gebot der Stunde zu nutzen. Corey, der zwanzigjährige coole australische Student der Kriminologie, begleitet uns in die Pilgerbar im Zentrum des hübschen, sauberen Ortes. Was ich schon immer geahnt habe, bestätigt sich hier: Im Biertrinken sind die Aussies sehr früh geübt und gar nicht zimperlich. Ehe ich mich versehen habe, hat Corey die erste Runde geordert, dann kommt John und die nächsten zwei Runden gehen auf meinen Deckel. Bevor das Gelage ausufert, müssen wir zurück zur Herberge, um bei der Hospitaliera um acht Uhr unseren Beitrag für die Nacht zu bezahlen.

Draußen vor der Herberge sitzt ein Mann mit langem weißen Bart. Ich hatte ihn heute Morgen in der Bar in Laza beobachtet, wie er seine Rechnung für den Kaffee bezahlte. Als ich ihn in seiner Landessprache anrede, schaut er mich etwas verwundert an. „Wie kommt es, dass du Italienisch sprichst, bist du Schweizer?", fragt er mich. Ich erzähle ihm von meinem Studium in Turin und Bologna. Es stellt sich heraus, dass er auch in Bologna studiert hat, aber nicht Medizin, sondern Jura. Dann kam ihm vor einigen Jahren die Eingebung, ins Kloster zu gehen und so lebt er heute in einem Convent am Gardasee. Aus seinen Erzählungen entnehme ich, dass der Italiener so um die vierzig Jahre alt sein dürfte. Mit seinem nikolausähnlichen Bart könnte er auch für sechzig durchgehen. Dario ist sichtlich froh, Gesellschaft gefunden zu haben. Er wirkt etwas müde, ist im Mai in Sevilla gestartet. Wir verabreden uns locker für später in der Bar zum Essen.

John und ich haben schon einen Essplatz in der Bar gefunden, als Dario den Raum betritt und sich – offensichtlich aus Höflichkeit – an den Nachbartisch setzt. John zögert nicht lange und bittet ihn mit einer einladenden Handbewegung, uns Gesellschaft zu leisten. Das Angebot nimmt er gerne an. Schnell sind wir im Gespräch über sein Dasein im Kloster. Dario gehört dem Franziskanerorden an. Er klärt uns über die im 16. Jahrhundert entstandenen drei Richtungen des im Jahre 1210 ursprünglich durch Franziskus von Assisi gegründeten Bettelordens der Minderen Brüder auf: die Konventualen oder Minoriten, denen gemeinschaftlicher Besitz erlaubt ist und die an ihrem schwarzen Habit zu erkennen sind, die Observanten oder Franziskaner, die eine möglichst enge Befolgung der Franziskusregel (Armutsideal, Rückzug in Einsiedeleien) bestreben und ein braunes Gewand tragen und die Kapuziner, die ebenfalls braungekleidet sind, deren Kapuze aber direkt am Habit befestigt ist. Sie suchen einerseits Stille und Gebet, pflegen andererseits eine besondere Nähe zum einfachen Volk und den Armen, was sich zum Beispiel in der Obdachlosenarbeit zeigt. „Wie dir wahrscheinlich bekannt ist, Thomas, leitet sich von den Kapuzinern der Name unseres italienischen Milchkaffees ab", beendet Dario seine Ausführungen.

„Der Papst ist einer von Euch, das müsste doch eine große Genugtuung für Euch sein", sage ich. „Ja, schon", antwortet er, aber auch Benedetto, seinen Vorgänger verehre er insbesondere als Gelehrten sehr und zur Bestätigung fügt er hinzu: „Wenn Du die Auswahl hast zwischen einem Heiligen und einem Intelligenten hast, nimm den Intelligenten!"

Was ihn häufiger geplagt habe auf der Vía de la Plata, meint Dario, sei die Einsamkeit. „Das kann ich gut verstehen", bestätige ich, „Aber seid ihr Einsamkeit im Kloster nicht gewohnt?" „Bedenke, dass ich nicht zu den Patres (Geweihten), sondern zu den Fratres (Laien) gehöre", antwortet er. Ich erzähle ihm, wie ich in Zamora, als ich mich einsam fühlte, in meiner Verzweiflung mitten auf der Straße ein paar Mädels angesprochen habe, um sie zu bitten, die nächste Camino – Etappe mit mir gemeinsam zu bestreiten. „Würdest du mit dem Typen laufen, Dario?", fragt ihn John, der seit vier Tagen mit mir unterwegs ist, mit einem feisten Grinsen im Gesicht. Und an mich gewandt: „Haben die Ladies dich nicht angemacht?". „Sie haben es versucht", antworte ich augenzwinkernd nicht ganz wahrheitsgemäß.

Während John ein paar Bilder nach Down Under zu seiner Frau schickt, nehme ich den Dialog mit Dario wieder auf. Er erzählt mir, wie er in der Kultherberge in Fuenterroble für Don Blas und die Pilger Spaghetti Alio e Olio gekocht und mit Weißwein verfeinert hat. Mit seiner sanften Stimme und seinem angenehmen Sprachduktus strahlt er etwas sehr Vertrauenswürdiges aus.

Das Essen kommt. John und ich haben die Schweinshaxe gewählt, Dario die Calamares. Das Menü ist mal wieder reichhaltig und müsste genug Energie für die letzte Etappe morgen liefern. Genauer gesagt, für mich ist sie das vorläufige Zwischenziel, bevor ich in drei Wochen die Pilgerreise mit Lara vollenden werde, die anderen laufen durch bis Santiago.

Zwischen zehn und halb elf sind wir zurück in der Herberge. Jetzt hat es mich doch noch erwischt. Zum ersten Mal bekomme ich unten kein Bett mehr, muss also auf die obere Etage klettern. Macht nichts, es tut der Freude über diesen wunderbaren mit Leben gefüllten Tag keinen Abbruch.

Kapitel 8
Xunqueira de Ambía - Ourense
Sonntag, 19. Juni 2016

Die Nacht war kurz. Um zwei Uhr wache ich putzmunter auf und mir wird sofort klar: Der Tag war zu emotional, als dass ich ihn nur im Traum hätte verarbeiten können. Ich bin daher auch gar nicht verärgert, sondern freue mich auf die Reflektion der Erlebnisse. Neben die vielen schönen emotionalen Momente in dieser Woche mischt sich jedoch auch ein sehr trauriger Gedanke. Monika hatte gestern per WhatsApp geschrieben, dass ein langjähriger nur ein Jahr älterer Kollege, mit dem ich bereits vor über 20 Jahren im Bocholter Krankenhaus gearbeitet habe, an einem fortgeschrittenen metastasierendem Pankreas Carcinom erkrankt ist. Mich befällt fast ein schlechtes Gewissen, dass ich hier gesund und heiter den Jakobsweg laufen darf und er bald sterben wird.

Um drei Uhr bekomme ich mit, wie der alte Spanier neben mir mal wieder extrem zeitig seinen Rucksack packt und sich bereits im Dunkeln auf den Weg macht. Gestern hatte ich noch mit John diskutiert, was ihn bewegen mag, so früh loszulaufen. „Wahrscheinlich hat er eine Menge Sünden auf sich geladen", vermutete ich. „Dann müsste ich schon um ein Uhr aufstehen oder dürfte überhaupt nicht schlafen", grinste John. Zugegebenermaßen ist der Alte jedoch sehr rücksichtsvoll. Leise schleicht er sich aus dem Schlafraum. Da hab ich an anderer Stelle schon deutlich mehr Rascheln und grelles Taschenlampenlicht zu Unzeiten vernommen.

Wir gehen es heute Morgen betont langsam an. Blauer Himmel, kaum Steigungen und 24 Kilometer bis Ourense lassen einen relaxten Tag erwarten. Tatsächlich sind die ersten Kilometer im Morgentau über alte Brücken, über kaum befahrene Sträßchen und durch kleine Wälder ein Vergnügen. Je mehr wir uns Ourense nähern, verliert sich die Idylle allerdings. Esskulturell merken wir an den auf der Straße frisch zubereiteten Tintenfischen (Pulpos), dass wir uns in Galicien befinden.
Der Weg bis ins Zentrum zieht sich wie Kaugummi. Bis wir an den Stadtrand gelangen, müssen wir durch einige wenig attraktive industriell geprägte Vororte. An meinem in Bocholt vorgebuchten Hotel Zampallo angekommen, werde ich jedoch mehr als entschädigt. Nicht nur die absolut zentrale Lage, sondern auch der nette Empfang und das komfortable helle Zimmer mit Blick auf die sonnendurchflutete Altstadt (zu einem sehr moderaten Preis), führen zur Freisetzung von unzähligen Endomorphinen in meinem Hirn.

John hat ein anderes Hotel in der Nähe reserviert. Er legt einen Tag Pause in

Ourense ein, bevor er die letzten gut 100 km nach Santiago angeht. Natürlich verabreden wir uns noch zu einem Abschiedsdrink am Abend. Ich nutze die Zwischenzeit für einen Spaziergang zum Bahnhof, um mir mein Zugticket für morgen nach Madrid zu besorgen. Über die Puente Romana gelange ich auf die andere Seite des Río Mino, an dessen Ufer der Legende nach sich einst große Mengen an Gold fanden, die der Stadt ihren Namen gaben (lat. Aurum). Des Weiteren hat der Mino Bedeutung durch die drei heißen Quellen, die an seinem Flussufer austreten und an denen sich schon die Römer erfreuten.

Wo ich schon mal hier bin, suche ich Orientierung an der Stelle, an der die zwei Wegalternativen nach Cea abzweigen. In drei Wochen werde ich mich mit Lara hier entscheiden müssen, welchen der beiden Wege wir nehmen. Aus meinen Reiseführern werde ich nicht so recht schlau, welche die attraktivere Strecke ist. Ich brauche nicht lange zu verharren, bis ein einheimischer Bürger mir klar zu verstehen gibt, dass es die rechte Variante ist. Später, als ich mit Lara in Cea ankomme, fühle ich mich bestätigt.

Auf dem Weg zu unserem Treffpunkt im Zentrum streife ich einige der vielen historischen Schätze Ourenses. Vor der Kathedrale kommt mir noch einmal Dario freudestrahlend entgegen. Natürlich übernachtet er in der Herberge, die oberhalb der Stadt im ehemaligen Convento de San Francisco liegt. Seit dem 4. Jahrhundert ist Ourense bereits Bischofsitz. Der romanische Dom aus dem 12. Jahrhundert befindet sich mitten im Zentrum und ist ohne großen Vorplatz eng mit den umliegenden Gebäuden verbunden.

Da meine Verabredung mit John naht, habe ich nur kurz Zeit, einen Blick in das Innere der Kathedrale zu werfen. Mit der Messe, auf die mich Dario hingewiesen hat und die gleich beginnt, wird es dann wohl nichts mehr. Aber es ist mir auch wichtig, den letzten Abend mit meinem Wegbegleiter zu verbringen. Wir beschließen den Tag mit Tapas draußen in einem der urigen Lokale in der Altstadt in Gesellschaft von Renate und Dieter.

Mit großer Freude schaue ich voraus auf die Fortsetzung meines Weges in drei Wochen mit Lara.

2. Teil

Jetzt mit Lara auf dem Jakobsweg

Kapitel 9
Köln – Santiago de Compostela
Samstag, 9. Juli 2016

Die Vorfreude ist groß. Endlich ist der Tag gekommen, an dem ich mit Lara meine Reise antrete. Ich bin sicher: Auf Lara ist Verlass. Sie wird gut vorbereitet sein. Trotzdem erwartet uns an unserem Zwischenziel in Köln noch eine faustdicke Überraschung. Obwohl wir unsere Hotel – Unterkunft in der Nähe des Gürzenich bereits am Nachmittag bezahlt hatten, trauen wir unseren Augen nicht, als uns bei der Rückkehr von der Familienfeier in der Nacht beim Betreten des Zimmers wildfremde Menschen in unseren Betten angrinsen. Was hatte sich die Rezeption dabei gedacht? Waren die jungen Leute zum Anwärmen der Betten einbestellt worden? Ich habe schon viel erlebt auf meinen Reisen, so etwas ist mir bisher noch nicht passiert. Offensichtlich sind wir dem Kölner Frohsinn auf den Leim gegangen. Wie lautet nochmal das Kölsche Grundgesetz?

§1 Et es wie et es
§2 Et kütt wie et kütt
§3 Et hät noch immer jot jejange
§4 Wat fott es es fott
§5 Nix bliev wie et wor
§6 Kenne mer nit bruche mer nit, fott domet
§7 Wat wellste maache?
§8 Mach et jot ävver nit ze off
§9 Wat soll de Quatsch?
§10 Drinkste eene met?
§11 Do laachste dech kapott

Um 13 Uhr verlassen wir Köln in Richtung Flughafen Frankfurt Hahn. Abflug, Ankunft in Santiago und Transfer vom Flughafen verlaufen planmäßig. Wir kommen noch im Hellen um 22.30 Uhr am Bahnhof in Santiago an, der sogar noch personell besetzt ist. So können wir uns schnell die Tickets für die Zugfahrt nach Ourense für morgen früh um sechs Uhr besorgen, schlage ich Lara vor. Die Bahnbeamten verweisen uns jedoch auf den nächsten Tag, an dem auch in der Früh schon die Schalter besetzt sein sollen.

Also machen wir uns zu dem im Voraus gebuchten Hotel Mexico auf, das ganz in der Nähe des Bahnhofs liegt. Nein, der Versuchung, bereits heute ins historische Zentrum zu laufen, werden wir widerstehen! Dieses Highlight wollen wir uns für das

Finale aufheben.

Nach dem Einchecken brauchen wir noch eine Erfrischung, die wir uns in dem Lokal um die Ecke holen. Die Überlegungen, noch etwas Essbares zu bestellen, erledigen sich rasch, nachdem wir zur Cola und zum Bier einen gut gefüllten Tapas-Teller mit Käse, Schinken und Wurst erhalten. „Das wird wohl die kürzeste Nacht sein, die ich jemals in einem Hotel verbracht habe", sagt Lara, als wir um 24.00 Uhr unser Zimmer betreten. Da mag sie recht haben. Knapp fünf Stunden bleiben uns noch bis der Wecker klingelt.

Kapitel 10
Santiago – Ourense – Cea
Sonntag, 10. Juli 2016

Santiago scheint eine lebensfrohe Stadt zu sein. Als wir um halb sechs das Hotel verlassen, stehen noch etliche junge Leute vor den Diskos. Sehr pünktlich sind wir zehn Minuten später in der Bahnhofshalle, um unsere Tickets zu buchen. Wie befürchtet, sind die Schalter geschlossen. Dann müssen wir eben die Automaten bedienen. Nachdem diese mehrfach sowohl meine Kreditkarte, wie auch meine EC Karte nicht akzeptiert haben, ist es bereits fünf vor sechs. Langsam werde ich nervös. Unser Hochgeschwindigkeitszug nach Ourense steht bereits auf dem Gleis und soll in drei, vier Minuten abfahren. Ich glaube nicht, dass er solange warten wird, bis der Automat uns gnädigerweise irgendwann mal die Fahrkarten herauswirft. Daher spreche ich lieber den Schaffner auf dem Bahnsteig an, der mich zum Glück schnell versteht und uns in den Zug schiebt. Kurz danach ertönt das Abfahrtssignal.

Problemlos können wir die Tickets im Zug lösen und uns unsere Plätze suchen. Bei meiner Höhenangst kann ich froh sein, dass es noch dunkel ist und ich nicht mitbekomme, wie der Hochgeschwindigkeitszug über die Trassen der abenteuerlich tiefen Schluchten jagt. Ganze 35 Minuten braucht der Zug für die über 100 km lange Entfernung von Santiago nach Ourense. Vor drei Jahren ist auf dieser Strecke das schlimmste Zugunglück in der Geschichte Spaniens seit 40 Jahren passiert.

Am 24. Juli 2013 fuhr der Zug von Ourense kommend auf der Hochgeschwindigkeitsstrasse mit Tempo 199 km/h in Richtung Santiago. Während der Lokführer telefonierte, verpasste er kurz vor Santiago - an der Stelle, wo die Schnellfahrstrecke in die alte Strecke mündet - das Tempo auf 80 km/h zu reduzieren. So fuhr der

Zug unvermindert mit knapp 200 Stundenkilometer durch den vorletzten Tunnel, um danach zu entgleisen. 79 Menschen starben bei dem Unfall. Der 24. Juli ist nicht irgendein Tag, nein, es ist der Tag vor dem Namenstag des Heiligen Jakobus und so waren viele Insassen des Zuges extra aus diesem Anlass nach Santiago gereist. Mariano Rajoy, Spaniens Ministerpräsident, der selbst aus Santiago stammt, sollte die Festtagsrede halten.

In Ourense angekommen, laufen wir vom Bahnhof aus in Richtung Puente Romana. Kurz vor der Brücke müssen wir uns nun entscheiden, gehen wir links herum oder in die andere Richtung, denn von hieraus gibt es zwei etwa gleichlange Wanderwege nach Cea, unserem heutigen Etappenziel. Eigentlich habe ich die Entscheidung ja schon getroffen, denn vor drei Wochen, als ich hier in Ourense meine Reise vorübergehend beendet habe, fragte ich einen Einheimischen genau an dieser Stelle nach seiner Meinung. Er gab ein klares Statement für die rechte Variante, von der Brücke kommend, ab.

Es dauert nicht lange und wir sind aus der Stadt heraus auf einem ruhigen Feldweg. Die Wetterlage könnte nicht besser sein. Temperaturen um die 20 Grad um kurz nach sieben, blauer Himmel, der Sonne entgegenlaufend: „Miracle Morning" nennt der US-amerikanische Autor und Coach Hal Elrod das, was Glück, Erfolg, Zufriedenheit und Anerkennung enorm steigern lässt, wenn man es versteht, den Morgen so intensiv zu genießen. Ja, genau das können wir jetzt.

Nachdem wir eine Zeit lang über schmale, kaum befahrene Sträßchen steil nach oben gelaufen sind, haben wir immer wieder die Gelegenheit, mit herrlichen Aussichten auf die Stadt zu schauen. Absolut passend liegt nach zehn Kilometer Wanderung auf Wald- und Kieswegen die erste Bar. Mit einem Café con Leche genießen wir die traumhafte Stimmung an diesem Ort der Ruhe, bevor es in gleicher Weise ohne größere Hindernisse weitergeht. Wir passieren in einem Wäldchen eine alte Brücke und gelangen über schmale Feldwege an Ruinen vorbeilaufend in eine kleine Ortschaft.

An einem mit einem Spalt geöffneten großen Holztor will ich wissen, was sich dahinter verbirgt. Ich erschrecke mich fast zu Tode, als wie aus dem Nichts plötzlich unmittelbar hinter dem Tor eine Frau mit einem Bund von Gartengewächsen in ihrer Schürze vor mir steht. Die erwartete Abreibung unterbleibt. Stattdessen sagt sie, sie hätte zwar nichts zu verkaufen, aber wenn wir Wasser bräuchten, könnten wir mit ihr in ihr gegenüberliegendes Haus kommen. Dann folgt die übliche Aufzählung von Verwandten, die man in Hannover und sonst wo in Deutschland aufzubieten hat.

Um die Mittagszeit erreichen wir Cea. Lara und ich sind uns einig: die erste Etappe hätte kaum schöner sein können.

Nachdem wir uns in der stilvollen sehr sauberen Herberge aus Granitstein angemeldet haben, suchen wir für eine Erfrischung die Zentralbar des Ortes auf. Mittlerweile dürften es jetzt um 14.00 Uhr deutlich über 30 Grad sein. Ich wechsele ein paar Worte mit dem Mann hinter dem Tresen, der etwa mein Alter haben dürfte. Plötzlich sagt er, wir könnten auch italienisch reden. Offensichtlich hatte ich meinem spanischen Kauderwelsch mal wieder ein paar italienische Vokabeln untergemischt. Seine Familie stamme ursprünglich aus Siracusa in Sizilien, erzählt er. Das Stichwort gibt mir Veranlassung, die Schönheit seiner Heimat blumig auszumalen, denn vor einigen Wochen hatten wir traumhafte Tage mit Kerstin Carlo, Niki und Heike genau in dieser Region. „Si, Sicilia deve essere belissimo – ja, Sizilien soll sehr schön sein", sagt er. Er selbst habe das Land seiner Eltern jedoch nie kennengelernt, denn noch vor seiner Geburt seien sie nach Caracas in Venezuela ausgewandert und ihn habe es seinerseits vor 30 Jahren in dieses Dorf, der Heimat seiner Frau, verschlagen.

Man kündigt uns für den Abend das Dorffest mit allerlei kulinarischen Attraktionen und musikalischen Highlights an. Bis dahin machen wir es uns auf der Sonnenterrasse der Herberge bequem. Inzwischen sind noch sieben weitere Pilger angekommen. Wir unterhalten uns kurz mit Nadine aus Österreich, die mit ihrem 18jährigen Sohn Sebastian und ihrer Freundin ihren Jakobsweg in Valencia starteten, ihn aber nach drei Tagen wegen der miserablen Infrastruktur mit schlechter Kennzeichnung und mangelnder Herbergskultur abbrachen und nun ab Ourense auch auf der Vía de la Plata pilgern.

Die mit 45 Betten ausgestattete recht große Herberge bleibt damit wenig ausgelastet. Da nahezu jeder Pilger hier einkehrt, ist jetzt schon damit zu rechnen, dass bei gleichem Laufrhythmus wenig Betrieb auf diesem Abschnitt bis Santiago zu erwarten ist. Bei dem zeitweiligen Andrang in den Herbergen vor drei Wochen, war ich davon ausgegangen, dass es hier noch voller sein würde. Diesbezügliche Prognosen scheinen schwierig zu sein. Eines ist jedoch sicher: Wer es ruhiger haben möchte, läuft die Vía de la Plata. Die Pilgerfrequenz ist überhaupt nicht zu vergleichen mit der Anzahl der Pilger auf dem Camino Francés und auf dem spanischen Teil des Caminho Português.

Den Abend verbringen Lara und ich erneut in der Gaststätte vom Nachmittag, da wir beide noch etwas vom Endspiel der Fußballeuropameisterschaft mitbekommen möchten. Ich lasse mir dabei das Nationalgericht Galiciens – auf einem Holzteller servierten und mit Paprika scharf gewürzten Pulpo Gallego (Krake) - schmecken. Lara schreckt vor so viel Exotischem zurück und bevorzugt mit dem Chuleton (Rinderkotelett) eher bekannte Geschmacksrichtungen. Was die Sympathien hinsichtlich des Fußballspiels angeht, sind wir überrascht, dass hier an der Grenze zu Portugal alle Spanier die Daumen für ihr Nachbarland drücken. Die Rivalität, wie bei uns an der holländischen Grenze zu den Niederländern scheint es hier nicht in dieser Form zu geben. Das Ende der Partie erleben wir nicht mehr. Zu Beginn der Verlängerung fallen uns fast die Augen zu, so dass wir beschließen, uns lieber in unser Etagenbett zu legen, um gut ausgeschlafen für den nächsten Wandertag gerüstet zu sein.

Kapitel 11
Cea – Castro Dozón
Montag, 11. Juli 2016

Auch heute Morgen müssen wir uns zwischen zwei Wegvarianten entscheiden: Entweder wir nehmen die kürzere Strecke ins ca. 20 Kilometer entfernte Castro Dozón oder die Variante über das Kloster Monasterio de Oseira. Nach allem, was wir über das Kloster gelesen hatten, ist es keine Frage für uns. Ohne lange Überlegungen entscheiden wir uns für die zweite Alternative.

Kaum haben wir den Ort verlassen, befinden wir uns auf einem schmalen, mit alten Pflastersteinen ausgestatteten Waldweg, der seitlich von Natursteinen begrenzt ist. So in etwa stellt man sich die originalen Pilgerwege im Mittelalter vor. An Äckern, Weiden und Kohlfeldern vorbei geht es bei bestem Wanderwetter über zwei Stunden durch kleine Bauerndörfer auf und ab bis zu dem einsam und imposant in einem grünen Tal gelegenen Monasteirio de Santa María de Oseiro. Im Foyer des aus dem 12. Jahrhundert stammenden Zisterzienserklosters treffen wir Juan und Elena, die bereits die vorherige Nacht in der Herberge mit uns verbracht haben. Wir müssen uns sputen, denn in zwei Minuten beginnt die Führung durch das Kloster, die wir vier uns nicht entgehen lassen wollen.

Durch die Verknüpfung einzelner Teile des mächtigen Bauwerks über viele Jahre finden sich verschiedene Baustile wie Gotik, Barock und Renaissance in ihm vereint. 1835 wurde das Kloster mit seiner prachtvollen Ausstattung aufgrund staatlich verordneter Auflösung von den Mönchen verlassen. Plünderungen waren die Folge. So verfiel es, bis es durch eine Gruppe von Trappisten aus Notre – Dame – de Neiges 1929 wieder besetzt wurde. Diese begann eine aufwendige Renovierung, die schließlich zu dem ausgezeichneten Zustand führte, in dem sich das Kloster bei unserer heutigen Besichtigung befindet. 1989 erhielt es von der Europäischen Union den Preis „Europa Nostra".

Beeindruckt von der Pracht des Bauwerkes postieren Lara und ich uns vor dem Kloster an einem Brunnen und bitten Juan, ein Foto von uns zu machen. Juan erkennt sofort, dass der Brunnen jüngeren Datums sein muss, da er das Wappen der Falangisten enthält. Gut verständlich, dass er als Katalane angesichts dieses Bildhintergrundes etwas zögert. „El Tiempo pasó" - die Zeit ist vorbei - sagt er schließlich und drückt auf den Auslöser.

Lara und ich hatten eine Tasche mit einem alten Foto von der Familienfeier vor uns gehalten, auf dem meine Mutter mit ihren drei Geschwistern zu sehen ist. Elena möchte ganz genau wissen, was es mit den Personen auf dem Bild auf sich hat. Ich erkläre sie ihr der Reihe nach. „Guapa" – Wie hübsch – ruft sie, als ich ihr zeige, wer Mama auf dem Bild ist. Bei Kakao und Kaffee knabbern wir gemeinsam an dem Pan de Cea, einem rustikalen Holzofenbrot mit jahrhundertelanger Tradition, welches wir uns heute Morgen noch schnell als Wegzehrung besorgt hatten. Juan und Elena besuchen die Messe im Kloster, während Lara und ich unseren Weg fortsetzen.

Hinter dem Kloster geht es richtig steil, teilweise auch über unwegsame Trampelpfade, bergauf. Wir kommen ordentlich ins Schwitzen, obwohl sich die Sonne kaum blicken lässt. In dem Örtchen Vilarello stoßen wir wieder auf eine Straße. Angesichts des lebhaften Wochenmarktes bietet sich eine Pause an. Ich hätte schon Lust auf die frisch zubereiteten dampfenden Pulporinge, halte mich aber zurück, da ich mich noch gut daran erinnern kann, dass mein Magen – Darmtrakt gestern Abend nach dem Genuss der Kraken erhebliches zu bewältigen hatte und ja noch einige Kilometer bis Castro Dozón zu laufen sind.

Ein paar hundert Meter müssen wir entlang der N 525 wandern, dann haben wir unser Pensum für heute geschafft. In der sauberen, aber etwas sterilen Herberge am Rande des kleinen Ortes Casto Dozón beziehen wir in einem der großen Schlafsäle gemeinsam mit den „üblichen Verdächtigen" aus der letzten Übernachtungsstätte unsere Etagenbetten so wie gestern: Lara oben und ich unten. Es dauert nicht lange bis ich einen leicht säuselnden Ton von oben her vernehme. Während Lara erschöpft ein Nickerchen macht, widme ich mich meinem Tagebuch.

Kapitel 12
Castro Dozón – Sileda
Dienstag, 12. Juli 2016

Nach den ersten beiden eher kurzen Etappen von 20-25 Kilometer zum Eingewöhnen ist heute etwas mehr Kondition gefordert. Bis zu der avisierten Zwischenstation nach Sileda sind es etwa 30 Kilometer.

Eine Stunde bevor der Wecker klingelt, liege ich putzmunter in meinem Bett. Kein Hundegebell, keine Schnarcher, keine besonderen Aufregungen – dann muss es wohl die präsenile Bettflucht sein, die mich so früh erwachen lässt. Nebel liegt über den Feldern, als wir das Haus verlassen, mystisch anmutendes Licht am Horizont – noch ein Miracle Morning!

Wir packen die Croissants in den Rucksack, die Lara gestern Abend besorgt hatte, denn heute geht es aus Mangel an öffentlichen Angeboten ohne Frühstück los. Über schöne Wald und Wiesengeläufe durchqueren wir das Tal des Río Asneiro. Die erhofften Einkehrmöglichkeiten am Wegesrand bleiben leider aus.

In Laxe an der Herberge vorbei werden wir erneut auf die 525 geleitet. Kurz bevor wir nach links auf den Landweg abbiegen, nehmen wir die Gelegenheit wahr, in dem Restaurant an der Ecke unsere Energiespeicher zu füllen. Wir kommen mit Nadine und Sebastian ins Gespräch, die hier ebenfalls ein Päuschen einlegen. Lara und ich wundern uns, dass aus dem Trio ein Duo geworden ist. Die beiden berichten, dass ihre Mitpilgerin seit zwei Tagen nicht mehr mit ihnen sprechen würde. Nadine sagt, dass sie ihre Freundin von zu Hause her nicht so kenne. Nach allem, was ich bisher auf meinen Caminos erlebt habe, sind solche Veränderungen gar nicht selten. Warten wir`s mal ab…vielleicht finden sich die drei wieder! Bis nach Santiago sind es ja noch zwei Tage.

In einem Garten am Wegesrand hängt eine Frau Wäsche auf die Leine. Nichts Besonderes – plötzlich aber huscht ein winziges Kätzchen über die Wiese. Lara ist in ihrem Element. Zu ihrer und zur Freude der Señora fängt sie das Kätzchen ein und kuschelt es herzlich auf ihrem Arm. Was für ein lebensfroher, schöner Anblick!! Durch üppig bewachsene Wälder an dem Flüsschen Deza vorbei, über eine Römerbrücke mit einer prächtigen Aussicht bekommen wir noch einmal die ganze Vielfalt dieses Weges zu spüren. Dass Lara auf dem Jakobsweg angekommen ist, merke ich, als sie mir sagt, dass sie Natur und Stille noch nie so intensiv erlebt habe, wie hier und jetzt. Sie genieße es sogar, nicht von ihrem Handy abgelenkt zu werden und ganz bei sich selbst zu sein. Solch eine Aussage ist für eine Zwanzigjährige schon bemerkenswert.

Lara erlebt das, was man inhärente Faszination nennt. Forschungen haben ergeben, dass eine Naturkulisse uns ganz unaufdringlich beim Abschalten hilft, weil sie unsere Aufmerksamkeit ohne große Anstrengung an sich bindet.

Zu behaupten, die heutige Wanderung wäre ohne große Anstrengung von statten gegangen, würde den Kern aber nicht ganz treffen. Obwohl die Naturkulisse immer noch recht anschaulich ist, spürt Lara zumindest körperlich ihre Grenzen am Ende der Etappe. „Meine Beine wollen nicht mehr", ruft sie mir zu. Das Besondere ist, dass sie dabei kein leidendes Antlitz zum Ausdruck bringt, sondern sich immer noch mit einem Lächeln im Gesicht präsentiert.

Aber auch ich spüre mich heute körperlich mehr, als mir recht ist. Meine rechte Schulter ist dermaßen verspannt, dass ich kaum mehr meinen Rucksack tragen kann. Lara bietet mir ihren Mädchenrucksack im Tausch an. Es geht zwar etwas besser damit, jedoch auch nicht wirklich gut.

Kurz vor dem Ziel begegnen wir einem älteren Herrn, dem unsere etwas unrunden Bewegungen nicht entgangen sind. Aufmunternd ruft er uns zu: „Nur noch 40 Kilometer bis Sileda"… Scherzkeks! – wahrscheinlich meinte er Santiago!

Die öffentliche Herberge ist riesig. Zunächst haben wir Probleme, sie zu finden, denn sie ist in einen Schulkomplex integriert. 65 Pilger finden hier Platz, überwiegend in Vier – Bett – Zimmern. Außer unserem scheint nur noch ein Zimmer belegt zu sein. Es gibt hier in Sileda sogar noch eine zweite, private Herberge. Zu unserer Freude sind unsere Betten mit frischen Laken bezogen. Das Gebäude verbreitet ein wenig Schullandheim - Atmosphäre. Auf dem Weg zu den Waschräumen entdecken wir eine Massageliege. „Papa, leg dich da drauf, dann schau ich mal, ob ich deiner Schulter helfen kann", sagt Lara. Gerne nehme ich ihr Angebot an. Es kracht und knirscht in meinen alten Knochen. Bis zur Schmerzgrenze - und ein wenig darüber - knetet sie meine Muskulatur durch. Als ich mich wieder erhebe, frage ich mich für einen Moment, ob das Ganze eine gute Idee war. Hoffentlich muss ich morgen nicht mit dem Bus weiterpilgern.

Heute hat Kerstin Geburtstag. Ich muss – nein ich möchte - eine Ausnahme machen von meinem Prinzip, grundsätzlich während eines Caminos, nicht zu telefonieren. Außerdem bin ich neugierig, auf ihre Reaktion. Vor unserer Abfahrt hatte ich ihr einen in Geschenkpapier verhüllten Schuhkarton gefüllt mit Nüssen übergeben. Zwischen den Nüssen war ein ca. acht mal acht cm großes Kästchen versteckt. Aufgeregt wähle ich ihre Nummer und hoffe, dass ich durchkomme nach Langeoog, wo sie zurzeit mit ihrer Schwester die ersten Ferientage genießt. Große Freude, Glücksgefühle, Dankbarkeit…Überraschung gelungen!

Sileda gehört mit 8000 Einwohnern zu den eher größeren Pilgerorten. Es strahlt wenig Flair aus. Das Menü am Abend in der modernen Pilgergaststätte ist jedoch vorzüglich. Wir treffen Juan und Elena wieder und besprechen den weiteren Weg bis Santiago. Juan meint, um die letzte Herberge vor Santiago herum gäbe es nur „Vacas", also Kühe, womit er scheinbar ausdrücken möchte, dass die Gegend dort gottverlassen und eher langweilig zu sein scheint. Sie würden morgen in Ponte Ulla übernachten, wo man auf einfache Pensionen zurückgreifen könne.

Kapitel 13
Sileda – Ponte Ulla
Mittwoch, 13. Juli 2016

Lara ist ein Engel! Um ihre berufliche Zukunft muss ich mir keine Sorgen machen! Wie neu geboren, springe ich aus dem Bett, als hätte es nie Probleme mit meiner Schulter gegeben. Mit ihren „goldenen Händen" wird sie ihren Weg gehen, da bin ich mir sicher.

In der Bar neben der Schule erhalten wir zum Café con Leche als Beigabe eine Vitaminbombe in Form eines frisch gepressten Orangensaftes. Im Fernsehen laufen Berichte und Interviews zu den Vorbereitungen für das alljährliche verrückte Stierrennen in Pamplona. Nach kurzen Beratungen und Recherchen in unseren Wanderführern sind wir uns rasch einig, dass wir unsere letzte Station vor Santiago auch in Ponte Ulla statt in Outeiro (A Vedra) einlegen werden.

Völlig losgelöst und locker laufen wir mit der aufgehenden Sonne aus der Stadt heraus auf der Landstraße in Richtung Bandeira. In meiner Euphorie bin ich etwas unkonzentriert und schon ist es mal wieder passiert. Wir verpassen den Abzweig auf den schmalen Feldweg und bleiben stattdessen weiter stur auf der Straße. Als keine Wegweiser mehr zu sehen sind, erkennen wir unseren Irrtum zum Glück relativ schnell und korrigieren ihn.

Lara pflückt einen Strauß bunter Blumen vom Wegesrand und überreicht ihn der Bedienung hinter der Theke eines Café´s in Bandeira mit den Worten „ It´s for you". Zunächst etwas konsterniert bedankt sich die Dame herzlich für die freundliche Gabe und macht sich sodann auf die Suche nach einer geeigneten Vase. Passiert ihr vermutlich auch nicht täglich!

Bei Temperaturen um 25 Grad weiterhin über ruhige Feldwege wandernd sehen wir kurz vor A Carballeira links auf einer Anhöhe eine Ansammlung von Getreidespeichern, während sich auf der rechten Seite der offene Eingang zu einem Anwesen befindet, in dem wir ein Café vermuten. In der Tat verbirgt sich hinter dem Tor nicht nur eine modern eingerichtete Kaffeestube, sondern auch ein älteres Gemäuer, das offensichtlich zu einer kleinen privaten Herberge umgebaut wurde. Drumherum ein wilder Garten mit herrlichem Weitblick auf die Felder und Wiesen. Der etwa 40-jährige Betreiber der Anlage bittet uns zwar höflich herein und serviert uns auch einen Kaffee, irgendwie wirkt er aber mit seinem Buch in der Hand wie ein kauziger Einsiedler. Kurz nach uns treffen Nadine und Sebastian ein – zu unserer Überraschung mit der verlorengegangenen Freundin. Das Trio ist wieder komplett – locker und zugewandt miteinander kommunizierend!

Nachdem er festgestellt hat, dass wir aus Deutschland und Österreich kommen, konfrontiert uns der "Einsiedler" streng blickend mit der Frage, ob uns das Haavara - agreement bekannt sei. Als wir verneinen, lamentiert er über die bodenlose Ignoranz der meisten Pilger. Später bei der Ankunft in Ponte Ulla google ich das Geheimnis. Beim Haavara-Agreement, verrät mir Wikipedia, handelt es sich um ein Abkommen aus dem Jahre 1933 zwischen der zionistischen Vereinigung und dem deutschen Reichsministerium für Wirtschaft, das die Emigration zahlungskräftiger Juden nach Palästina erleichtern sollte.

Steil bergab gelangen wir von der Ortschaft Castro mit Blick auf die alte und imposante neue Eisenbahnbrücke herab ins Tal des Flüsschens Ulla. Über die alte Brücke, die der Ortschaft ihren Namen verleiht, erreichen wir Ponte Ulla. Am Ende des Dorfes an der N525 finden wir in einem kleinen einfachen Hotel unsere Unterkunft. Nach einem erquickenden Mittagsschläfchen begeben wir uns ins Rios, ein Lokal mit Übernachtungsmöglichkeit am Ufer der Ulla mit herrlichem Blick auf den Fluss und die beiden Eisenbahnbrücken im Hintergrund. Ich frage mich, warum wir uns nicht hier einquartiert haben. Wir verbringen einen wunderbaren Nachmittag und Abend in Gesellschaft der wenigen Begleiter unserer Wanderung: Elena und Juan, die Österreicher und der erfahrene Jakobspilger Alois aus Tiefenbach in Niederbayern mit seiner Frau. Als ich den groß angepriesenen Ochsenschwanz auf Alois´Teller sehe, läuft mir das Wasser im Mund zusammen. Ich bin fast sicher, dass ich im Hinblick auf die Menüwahl auf das falsche Pferd gesetzt habe. Aber auch der gigantische Salat und die Pasta, die Lara und ich bestellt haben, schmecken hervorragend. Zucchini, Feigen, Tomaten, Salat… die meisten Zutaten holt die Señora direkt aus dem eigenen Garten. Sie ist eine exzellente Köchin und spricht zudem noch auf Grund ihrer in Hessen gelebten Zeit sehr gut Deutsch.

Unsere Glykogenspeicher für morgen sind bestens gefüllt. Santiago kann kommen!!

Kapitel 14
Ponte Ulla – Santiago
Donnerstag, 14. Juli 2016

Noch 20 Kilometer bis Santiago. Steil nach oben geht es über einen Pflastersteinpfad und durch Waldwege zu der modernen Herberge in Outeiro, die sich in unmittelbarer Nähe der Kapelle Santiaguino befindet. Drumherum nichts als Kuhweiden, Juan hatte recht.

Wenige Kilometer vor Santiago müssen wir noch einmal für unsere Sünden büßen, als wir beide einen Wegweiser hinter einer Unterführung übersehen.

Fast gleitend an den Stadtrand von Santiago führt die Vía de la Plata bis zuletzt durch kleine Dörfer über ländliches Gebiet nach Santiago, keine hässlichen Vororte, kein lauter Verkehr, stattdessen besinnliches stimmungsvolles Einlaufen bei strahlendem Sonnenschein und Temperaturen um 30 Grad.

Über eine Brücke, an der Pilger ihre Schuhe, ihr „letztes Hemd", einen Brief oder andere persönliche Dinge abgelegt haben, wandern wir über den letzten Berg durch eine kleine Häuseransammlung und blicken bereits auf das nahliegende Santiago de Compostela – dorthin, wo nach der Entdeckung des Apostelgrabes im 9. Jahrhundert auf dem „Campo de Estrella" einst die Kathedrale erbaut wurde.

Vorbei an der 1501 gegründeten Universität gelangen wir auf die Praza do Obradoiro, den Platz der Kathedrale. Diese ist zurzeit leider mit einem Gerüst versehen. Gegenüber befindet sich der Pazo de Raxoi, Rathaus und Parlamentssitz der autonomen Regierung von Galicien. Wir laufen auf das Hospital de los Reyes Catolicos zu, das links von der Kathedrale steht. Ich erkläre Lara, dass es 1489 von König Fernando und Königin Isabell zur Aufnahme von Pilgern gegründet wurde und angeblich das älteste Hotel der Welt ist. Heute befindet sich in ihm ein Parador Nacional, also das Gebäude einer staatlichen Hotelkette. Noch immer besteht die Tradition, dass die jeweils ersten zehn Pilger eines Tages um neun Uhr zum Frühstück eingeladen werden. Um in diesen Genuss zu kommen, hätten wir heute Morgen allerdings etwas früher aufstehen müssen!

Hinter dem Parador führt der Weg zum Pilgerbüro, vor dem sich jetzt um 14 Uhr eine lange Schlange gebildet hat. Zu unserer Freude treffen wir noch einmal Juan und Elena. Mit unserer „Compostela", dem Nachweis, dass wir mindestens die letzten hundert Kilometer nach Santiago am Stück gelaufen sind, begeben wir uns zum anderen Ende der Altstadt in unser Hotel Mapuolo.

Nachdem wir am Nachmittag die lebhafte, wie stets mit Pilgern gefüllte Altstadt mit ihren vielen netten Cafés im Sonnenschein genossen haben, lade ich Lara fast traditionsgemäß abends ins „Manolo" zum Essen ein. Bei meiner ersten Ankunft in Santiago 2009 und drei Jahre später mit Luca habe ich hier in diesem einfachen, aber bei Pilgern sehr beliebten Lokal vorzüglich gegessen. Auch heute ist das Drei-Gänge-Menü wieder ein kulinarisches Highlight. Als ich dann die Rechnung bestelle, besteht Lara darauf, zu bezahlen. Wenigstens einmal wolle sie sich hiermit für diese unvergesslichen Tage bei mir bedanken. Ich bin sehr gerührt. Aber kann man ihr diesen Wunsch abstreiten? Ich glaube nicht.

Kapitel 15
Santiago
Freitag, 15. Juli 2016

Welch ein Vergnügen in einem geschmackvoll eingerichteten Zimmer mit wohlriechenden, frisch bezogenen Betten zu übernachten! Bestens gelaunt sitzen wir um neun Uhr am Kaffeetisch. Von der gegenüberliegenden Seite her spricht uns ein freundlicher, dicker Mann auf Englisch an. Vom Slang her schätze ich ihn zunächst als Amerikaner ein, als er höhnisch über die Briten anlässlich ihres Brexits lästert, wird schnell klar, dass er Ire ist. Die Deutschen mag er wegen solcher Typen, wie Bastian Schweinsteiger, der im WM – Finale mit blutverschmiertem Gesicht bis zum Ende des Spiels durchhielt. „Like a warrior", ereifert er sich. Ob wir schon von dem Terroranschlag in Nizza gehört hätten, der gestern während der Feierlichkeiten zum französischen Nationalfeiertag passiert sei, fragt er uns. Zu seiner großen Beruhigung habe gerade seine, an der Cote d'Azur verweilende Tochter, angerufen und ihm mitgeteilt, dass es ihr gut gehe.

Jim ist mit seiner Frau und seiner anderen Tochter von Ferrol am Atlantik nach Santiago den Camino Inglés gepilgert. Den hatte ich bisher noch gar nicht in meine weiteren Planungen einbezogen. Seine begeisternden Ausführungen und die unerwartet gute Infrastruktur inspirieren mich jedoch sehr. Das könnte mein nächster Jakobsweg sein.

Nach dem Frühstück entschuldige ich mich bei Lara, dass ich eine halbe Stunde in die Stadt muss, um etwas zu besorgen. Bevor sie mich genau befragen kann, bin ich schon weg. „Ich habe zwei Nachrichten, eine gute und eine schlechte", teile ich ihr mit, als ich zurückkomme. „Die schlechte Nachricht ist: Mit der Buchung des Hotels für eine weitere Nacht ist etwas schiefgelaufen, wir müssen leider heute hier raus; die gute ist, ich habe schon ein anderes Hotel gefunden und kann mir vorstellen, dass es Dir dort auch gefallen wird". Lara ist etwas enttäuscht, denn sie hatte sich doch so wohl gefühlt im Mapuolo.

Sei's drum, wir packen unsere Rucksäcke und machen uns auf den Weg in Richtung Kathedrale. Lara jammert nicht lange herum, sondern freut sich über die angenehme Stimmung im allmählich erwachenden historischen Zentrum von Santiago. Ich selbst kann es kaum mehr erwarten, ihr die große Überraschung zu präsentieren. Als wir auf dem Plaza do Obradoio stehen, zeige ich auf das Hospital de los Reyes und sage ihr: „Hiermit müssen wir uns heute Nacht begnügen, was anderes konnte ich nicht mehr bekommen". Natürlich hatte ich das Luxushotel schon vor Monaten in Deutschland gebucht. Laras Strahlen und ihre glänzenden Augen teilen mir mit: Die Überraschung ist gelungen.

Das Innere des historischen Komplexes bekommt man normalerweise nur im Rahmen einer organisierten Führung zu sehen. Wir dürfen uns frei bewegen und nutzen das auch reichlich aus. Aus unserem Zimmer blicken wir über einen der Atrien auf die Kathedrale. Die antiken Möbel geben unserem Schlafgemach einen würdevollen Charakter.

Am frühen Abend besuchen wir die Pilgermesse. Erneut darf ich erleben, wie das 60 kg schwere Weihrauchfass (Botafumeiro) von den Patres durch das Kirchenschiff geschwenkt wird. Auch wenn es mittlerweile zu einer touristischen Attraktion geworden ist - es bleibt ein erhabener Moment. Ich empfinde Demut und Dankbarkeit dafür, dass ich mit meinen drei Kindern jeweils ein Stück des Jakobsweges gehen durfte – Wie soll man das Glück, eine solch intensive Zeit miteinander verbringen zu dürfen, nennen? Für mich ist es ein Geschenk!

Lara´s Eindrücke

Vor der Reise:

Nun hatte auch ich die Ehre, als Letzte von uns drei Geschwistern den Jakobsweg mit meinem Vater gehen zu dürfen. Entgegen seiner eigenen Wahrnehmung habe ich ein wenig gezögert, als Papa mich fragte, ob ich ihn auf dem Camino begleiten möchte. Irgendwie konnte ich mir nie etwas Konkretes unter dem Jakobsweg vorstellen. Ich verband damit hauptsächlich Blasen an den Füßen, schlaflose Nächte bedingt durch alte schnarchende Menschen und jede Menge Gebetsstunden mit frommen Leuten. Aber irgendetwas musste meinen Vater ja reizen, diesen Weg immer wieder zu bestreiten. Als Papa uns dann an Weihnachten mit in die Verfilmung von Hape Kerkelings Buch „Ich bin dann mal weg" nahm, packte mich die Neugierde noch mehr.

Endlich war der Tag gekommen. Mein schöner roter Rucksack stand bereit. Wie beschränke ich mich auf das Nötigste? Darin bestand meine erste Herausforderung. Ich hab´s geschafft – und es war gar nicht so schwierig! Blasenpflaster und Oropax durften natürlich nicht fehlen!

Nach dem Camino:

Nach der Reise kann ich sagen, dass sich meine Befürchtungen und Ängste keineswegs bestätigt haben. Es war eine tolle Erfahrung, Land und Kultur Spaniens auf diese Weise kennenzulernen. Wir haben nette, hilfsbereite Menschen auf dem Weg und in den Dörfern getroffen. Das Essen war fast immer vorzüglich und ganz besonders habe ich es genossen, morgens mit dem Sonnenaufgang loszulaufen. Noch nie habe ich die Natur so intensiv wahrgenommen. Die körperlichen Belastungen machten mich so müde und erschöpft, dass ich nachts problemlos schlafen konnte. Oropax und Blasenpflaster habe ich nie gebraucht. Den Einzigen, den ich schnarchend wahrgenommen habe, war mein Vater – aber das hatte ja auch etwas Vertrautes.

Santiago de Compostela ist eine wunderschöne, lebendige Stadt, in der Menschen aus aller Welt es genießen, nach all den Strapazen ihr Ziel erreicht zu haben. Dass ich am Ende noch im ältesten Hotel der Welt an der Praza do Obradoiro übernachten durfte, war eine besondere Überraschung und ein traumhafter Abschluss meiner ersten Pilgerreise.

Ich werde immer gerne an unseren gemeinsamen Camino zurückdenken und kann mir vorstellen, ihn irgendwann noch einmal zu gehen.

Buch 6

Von Ferrol nach Santiago

Hermanos auf dem Camino Inglés

Für Stefan

Prolog

Jetzt auch noch Stefan. Nachdem ich Luca, Lara und Carlo bereits vom Camino überzeugt hatte, wurde auch mein „kleiner Bruder" Stefan neugierig. Ich war etwas überrascht, zugleich aber auch sehr erfreut, als er mich vor einem halben Jahr fragte, ob ich ihn mitnehmen würde auf meinem nächsten Jakobsweg. Insgeheim war es das erhoffte und erlösende Signal für mich. Endlich gab es ein passendes Argument, auch dieses Jahr für einen neuen Camino zu nutzen. Nun hatte ich einen Auftrag, konnte ich Stefan doch nicht einfach in der Luft hängen lassen. Einen triftigen, persönlichen Grund würde er schon haben, diesen Weg laufen zu wollen. Das war es, was meinem guten Gewissen noch fehlte. Kerstin und ich hatten uns nämlich eigentlich darauf geeinigt, dass ich in diesem Jahr nach unserem Costa Rica – Trip eine Caminopause einlegen würde.

Welcher Weg sollte es dieses Mal sein? Eine Woche oder ein bisschen mehr konnte ich frei schaufeln.

Drei Optionen schwebten mir vor: Der erste Abschnitt des Küstenweges von Irun nach Bilbao, der zweite Abschnitt des Mozarabischen Weges von Cordoba nach Mérida – quasi auf den Spuren meines letztjährigen australischen Begleiters John, der den ganzen Weg von Grenada nach Mérida im Mai diesen Jahres gelaufen ist - oder der Englische Weg vom Atlantik nach Santiago de Compostela.

Folgende Gründe sprachen schließlich für den Camino Inglés:
Erstens scheint er sich hinsichtlich der Kennzeichnung und Infrastruktur so entwickelt zu haben, dass man sich auf ihm gut orientieren kann und auch einige Herbergen zu finden sein sollten. Zweitens dürfte er noch ziemlich ruhig und nicht überlaufen sein. Und drittens würden wir am Ende eines kompletten Weges in Santiago ankommen, eine Erfahrung, die ich Stefan nicht vorenthalten möchte.

Die therapeutische Dimension des Jakobsweges oder einer Wanderung ganz allgemein wurde mir noch einmal in unserem Urlaub in Costa Rica vor einigen Wochen bewusst. Ich las dort die 2015 erschienene Biographie Alexander Humboldts („Alexander Humboldt oder die Erfindung der Natur"). Andrea Wulf beschreibt in ihrem Meisterwerk die Begegnung Humboldts 1805 in Rom mit Simon Bolivar, dem venezolanischen Revolutionär und späteren Befreier Lateinamerikas von den spanischen Eroberern: „Im Winter, als die Tage kalt waren und ein grauer Himmel über Paris alles Licht dämpfte, war Bolivar in düstere Stimmung versunken. Simon Rodriguez, sein alter Lehrer aus Caracas, der sich ebenfalls in Paris befand, hatte deshalb eine Wanderung vorgeschlagen. Im April waren sie mit der Postkutsche nach Lyon gefahren und hatten dort ihre Wanderung begonnen. Sie gingen über Felder, durchquerten Wälder und genossen die ländliche Umgebung. Allmählich erholte sich Bolivar von den Ausschweifungen der letzten Monate. Er hatte das Leben im Freien schon immer geliebt und jetzt spürte er, wie ihm die körperliche Betätigung, frische Luft und Natur neue Kräfte verliehen….Er dachte viel über sein Land nach, überquerte die Alpen und legte den ganzen Weg bis Rom zu Fuß zurück."

Der Englische Weg besteht aus zwei Varianten. Man kann ihn entweder von A Coruña oder von Ferrol nach Santiago pilgern. Da die Strecke von A Coruña nach Santiago nur gut 73 km misst, erhält der Pilger am Ende seiner Wanderung keine Compostela, also keine offizielle Urkunde in Santiago. Diese gibt es erst ab einer durchgehenden Wanderung von mindestens 100 km. Wir entscheiden uns für den 118 km langen Weg von Ferrol. Die Bezeichnung Englischer Weg bezieht ihren Ursprung aus der Tatsache, dass die meisten englischen Pilger im fortgeschrittenen Mittelalter mit ihren Schiffen am Hafen von Ferrol ankamen, um von hieraus nach Santiago zu gelangen. Die zerklüftete Küste erinnert beim Blick auf die Karte an die Fjordlandschaft in Norwegen. Die Ria de Ferrol ist eine von vielen Rias, wie die Fjorde hier genannt werden. Meinem Reiseführer von Raimund Joos entnehme ich, dass im Gegensatz zu den Fjorden, die Rias nicht durch Gletscher entstanden, sondern durch die Überflutung von Tälern mit Meereswasser im Zuge der Gezeiten.

Kapitel 1
Köln – Frankfurt Hahn – Santiago
Samstag, 9. September 2017

Als ich mich gestern von Mama verabschiedete, gab sie mir noch eine etwas außergewöhnliche Geschichte mit auf den Weg. In dem Haus, in dem sie wohnt, erzählte sie einer Mitbewohnerin von unserer geplanten Pilgerreise nach Santiago. Sie antwortete ihr mit einer netten Anekdote. Ein Bekannter von ihr sei den Jakobsweg gegangen. Dort habe man ihn bestohlen und alles sei weg gewesen, Geld, Ausweise und Klamotten. Eine Frau habe ihm geholfen, Identitätsnachweis und so viel Geld zu bekommen, dass er zurück nach Deutschland konnte. Daraufhin habe er sie geheiratet. Ratzfatz.
Donnerwetter, das ist mal eine kreative und zugleich originelle Art, sich für eine Gefälligkeit zu bedanken!

Stefan und ich begeben uns früh auf den Weg zum Flughafen Frankfurt Hahn. Da wir noch sehr viel Luft haben bis zum Abflug um 19.00 Uhr, versuchen wir in einer der kleinen Ortschaften mit so klangvollen Namen wie Emmelshausen, Brodenbach oder Hungenroth eine Sky Kneipe zu finden, um uns mit Bundesligafußball die Zeit bis dahin zu vertreiben. Vergeblich.

Alles wirkt wie ausgestorben am heutigen Samstagnachmittag. „Wie scheibt man Hunsrück?" fragt mich Stefan, „mit d wie Hund?" „Nein ohne", antworte ich ihm. Passender wäre jedoch mit d wie Hund, denn selbiger scheint hier begraben zu sein.

Stefan hat sich gut vorbereitet auf seinen ersten Camino: Neue Wanderschuhe, neuer Schlafsack, neuer Deuter - Rucksack, aktuelles Modell 40 plus. Ein paar Tage vor unserer Abreise rief er mich an. „Da passt aber nicht viel rein in so einen Rucksack", meinte er. Noch keinen Schritt hatte er auf dem Jakobsweg getan, da erfolgte bereits die erste Lektion: Ballast abwerfen! Es war deutlich zu merken, wie es in ihm brodelte und er begann, darüber nachzudenken, ob es im tieferen Sinne nicht auch Dinge gab, von denen er sich lösen sollte. Ich bin sicher, wenn er nicht bereits eine Woche vor unserem Abflug die Kündigung bei seiner Firma in Berlin eingereicht hätte – spätestens bei unserer Ankunft in Santiago wäre es soweit gewesen.

…und täglich grüßt das Murmeltier. Auch heute Abend suche ich mit Stefan, wie vor gut einem Jahr mit Lara, nach unserer Ankunft in Santiago das Hotel Mexico in der Nähe des Bahnhofs auf. Wir erhalten sogar exakt dasselbe Zimmer. Eines kann ich jedoch schon vorwegnehmen: Am Ende unserer Wanderung werden wir nicht wie im letzten Jahr im Hostal de los Reyes auf der Plaza do Obradoio übernachten. Dieses besondere Erlebnis lässt sich nicht so einfach wiederholen und soll auch einzigartig bleiben. Mit köstlichen Tapas und einem weichen, sehr runden Ribeira del Duero beschließen wir den Abend in der Kneipe neben dem Hotel. Auch dieses Mal werden wir uns die Pointe, nämlich die Altstadt von Santiago, für den Abschluss der Reise aufbewahren.

Kapitel 2
Santiago – A Coruña – Ferrol – Xubia de Neda
Sonntag, 10. September 2017

Gut ausgeschlafen nach angenehmer Bettschwere durch den wunderbaren Ribeiro del Duero starten wir um 8.30 von der Estación Ferrocaril de Santiago. Anders, als noch vor ein paar Tagen prognostiziert, zeigt sich hinter den Nebelschwaden beim Blick aus dem Fenster die Sonne. Nach nur gut einer halben Stunde erreichen wir A Coruña.

Vom Bahnhof aus laufen wir ins Zentrum, das weiter ist, als erwartet. Bei klarem Himmel mit angenehmen Lichtverhältnissen wirkt die immerhin 250.000 Einwohner zählende Stadt verbaut. Zwischen bunten Hochhäusern im 70er Jahre Stil verlieren sich vereinzelt herausgeputzte Schönheiten aus der Gründerzeit. Wir schlendern mit unseren Rucksäcken entlang der Promenade des Stadtstrandes, der am heutigen Sonntagmorgen sehr ordentlich saubergefegt ist. Kein Fitzelchen Papier, keine Zigarettenkippe oder sonstiger Unrat ist auf dem gelben Sand zu sehen. In der Ferne am Rande des Strandes entdecken wir das Stadion von Deportivo La Coruña – eine außergewöhnliche, aber durchaus attraktive Lage für den Fußballtempel eines Erstligisten. Bis zum Herkulesturm am nördlichen Ende der Stadt schaffen wir es nicht mehr, da unser Zug nach Ferrol bereits um 10.50 Uhr startet.

Der 68 Meter hohe Torre de Hercules ist das Wahrzeichen der Stadt. Er wurde im Jahre 110 n. Chr. von den Römern erbaut. Der Legende nach kämpfte Herkules hier drei Tage und Nächte mit dem Riesen Geryon, bis er ihn schließlich besiegte. Anschließend begrub er dessen Überreste auf dem Felsen, auf dem später aus Dankbarkeit für den Muskelprotz der Herkulesturm errichtet wurde.

Historische Bedeutung haben die Häfen von A Coruña und Ferrol durch die Konquistadoren. Von hieraus brachen sie Ende des 15. bzw. Anfang des 16. Jahrhunderts in die Neue Welt auf. 300 Jahre später startete auch der junge Naturforscher Alexander von Humboldt im Juni 1799 seine Reise nach Südamerika von A Coruña. Mit der `Pizarro`, einer Fregatte des spanischen Königs erreichte er nach 41 Tagen die Küste Neuandalusiens, dem heutigen Venezuela. Wenn der spanische König geahnt hätte, dass der weltweit anerkannte und berühmte Wissenschaftler zu einem der größten Kritiker der Unterdrückung von Inkas und Mayas durch die spanischen Eroberer wurde, hätte er es sich vermutlich anders überlegt.

Ferrol, das bereits im ersten Jahrhundert n. Chr. unter dem Namen Adobrica erwähnt wird, ist attraktiver, als vermutet. Im Stadtteil A Magdalena, das im Schachbrettmuster angelegt ist, finden sich etliche schöne Häuser aus der Jugendstilzeit mit schmiedeeisernen Balkonen. Allerdings hat die Stadt lange Zeit einen sehr fraglichen Ruhm gepflegt. Etliche Jahre noch, nachdem die Diktatur in Spanien beendet war, behielt sie den Beinamen El Gaudillo. Der Grund ist nahliegend. General Franco, El Gaudillo – der Führer – ist hier geboren.

Gut, dass wir noch zum Hafen gelaufen sind. Ich hatte eigentlich nicht damit gerechnet, dass die Touristeninfo am heutigen Sonntag geöffnet ist. So erhalten wir durch die sympathische junge Dame im Reisebüro noch einige wichtige Informationen, nämlich, dass hier auf dem Englischen Weg nur die Richtung des Pfeiles maßgeblich für den Verlauf der Strecke ist und nicht die Strahlen der Sonne und dass man mindestens zwei Stempel pro Tag im Pilgerausweis haben sollte, wenn man in den Genuss der Compostela, also der Urkunde, am Ende in Santiago kommen möchte.

Der Weg aus der Stadt durch Industriegebiete und Hochhaussiedlungen ist, wie üblich, wenn man aus größeren Städten herausläuft, wenig attraktiv. Alle paar Meter befindet sich am Wegesrand ein Monolith mit einem Pfeil. „Hier muss man schon blöd sein, wenn man sich verläuft", denken wir beide laut. 20 Minuten später ist es passiert. Das Sprichwort vom Hochmut drängt sich auf. Hoffen wir mal, dass der Fall nicht allzu brutal wird. Im Gegensatz zur Vía de la Plata, wo die Wegausschilderung wirklich manchmal problematisch ist, liegt es diesmal nur an mir selbst, da ich, im Tunnel meiner Gedankenwelt verweilend, nicht aufgepasst habe. Wir stoßen jedenfalls auf eine vielbefahrene Straße, an der es nur nach rechts oder links gehen kann, aber keine Pfeile zu sehen sind.

Eine kleine schlanke Spanierin mit Nickelbrille, vielleicht Mitte Vierzig, sieht, wie wir hilflos in unserem Reiseführer nach Orientierung suchen. Sie steigt von ihrem Fahrrad ab und bietet an, uns zu der etwa zwei km entfernten Gabelung zurückzuführen, an der wir es verpasst haben, abzubiegen. Es erscheint uns ein bisschen viel Aufwand für die nette Dame, aber sie besteht darauf und begleitet uns ihr Fahrrad schiebend den Weg zurück. Welche Motive wir hätten, den Jakobsweg zu laufen, möchte sie wissen. Ich kann nur für mich sprechen und antworte ihr: Reflektion, Sport, ein wenig Religion und das Kennenlernen von neuen schönen Landschaften. Nach einer kurzen Denkpause füge ich einen weiteren Grund hinzu: Die Lebensart der Südländer, die ich bereits während meines Studiums in Turin und Bologna lieben gelernt hatte, geprägt von Gelassenheit, Offenheit und Fröhlichkeit, verbunden mit kulinarischen Genüssen wie der mediterranen Küche im Allgemeinen und Tapas im Besonderen. Ich frage sie meinerseits, was sie sonst so macht, wenn sie nicht gerade verwirrte Pilger auf den rechten Weg führt. Richtig arbeiten würde sie nicht, sie sei Professora, also Lehrerin.

An der Stelle, an der sie uns verlässt, wäre es möglich, die zu viel gelaufenen Kilometer wieder einzusparen, wenn wir die 1,1 km lange Brücke an das andere Ufer der Ria überqueren würden, eine Abkürzung von immerhin zehn Kilometern. Machen wir als anständige Pilger natürlich nicht! Wir nehmen selbstverständlich den originalen Jakobsweg entlang der Ria. Eine Dame, die uns entgegenkommt, weist uns auf das gelbe Gebäude am anderen Ufer der Ria hin, in welchem sich die Herberge befindet. Wir passieren die letzte Brücke am Ende der Ria und kommen um 17.00 Uhr in der Herberge in Xubia de Neda an.

Beim obligatorischen Bier in der nahegelegenen Kneipe erfahre ich, dass die erste Etappe unter einem sehr guten Stern steht. Bayern hat verloren und Bochum beim Tabellenführer in Darmstadt gewonnen. Wann hat es das zuletzt gegeben, ich kann mich nicht erinnern. Vielleicht als der VfL noch in der Bundesliga spielte und gegen Bayern siegte. Bei solch einer glücklichen Konstellation darf man sich dann auch ein zweites Bierchen gönnen. Nach den später gereichten Tapas und dem guten Rioja treten wir, bereit für die erste Herbergsnacht, den Rückzug an. Wir befinden uns in Gesellschaft von 22 Mitpilgern in einem großen Saal. Abgesehen von der Tatsache, dass die Albergue unmittelbar an der Ria liegt, versprüht sie keinen besonderen Charme.

Kapitel 3
Neda – Pontedeume
Montag, 11. September 2017

„Du hast gewonnen", flüstert mir Stefan ins Ohr, als ich um 8.40 Uhr die Augen öffne. „Wieso?", antworte ich noch etwas verschlafen und benebelt. „Ich hab doch gar nicht mitgespielt."
„Nein, heute Nacht den Schnarch-Wettbewerb, meine ich, Du warst eindeutig der lauteste, herzlichen Glückwunsch!"
„Danke."
Wir nehmen ein Frühstück in der nahegelegenen Bar ein, die auch passable Unterkünfte anbietet. Das jedenfalls wird uns von den Pilgern im Frühstücksraum vermittelt. Somit wäre diese Unterkunft sicherlich eine geeignete Alternative zur Herberge gewesen. Auch wenn ich die Preise nicht erfragt habe – bei einem Frühstückspreis

von 2,70 Euro dürfte das Preis-Leistungs-Verhältnis für die Übernachtung stimmen. Um kurz nach 10.00 Uhr starten wir unsere zweite Etappe. Die schlappen 15 km nach Pontedeume sollten wohl locker zu schaffen sein. Ein Gemisch aus Sonne und Wolken bei angenehmen 20 Grad macht es uns einfach. Ein paar Steigungen sind dabei, kombiniert mit schönen Aussichten auf den Hafen von Ferrol und die Rias. Insgesamt gibt es keine größeren Probleme und ausreichend Gelegenheiten für eine Café con Leche – Pause.

Um kurz vor 14.00 Uhr überqueren wir die Brücke von Pontedeume, die der Stadt den Namen verliehen hat und folgen den Hinweisschildern zur Albergue. Als Holz-brücke wurde sie zunächst von den Römern errichtet, im 14. Jahrhundert entstand die heute 500 Meter lange Steinbrücke. Von weitem sehen wir ein langgezogenes eineinhalbgeschossiges Natursteingebäude in der Nähe der Passeo Maritimo, also unmittelbar an der Ria Eume. „Ein Traum, wenn das die Herberge wäre", sagen wir beide fast unisono. Tatsächlich, sie ist es. Auch innerhalb alles picobello. Fußboden-parkett, Holzbalken aus hellem Buchenholz an der Decke, sauber und geräumig. Einziger Wermutstropfen, nur zwei Duschen für 20 Betten.

Direkt nebenan ist ein kleines Geschäft, in dem wir unser halbwegs verdientes Bier bekommen. Aber nicht nur das – die Señora macht einen Teller mit verschiedenen Salamisorten und Chips fertig. Das gibt's dazu. So ist das in Spanien. Eine wun-derbare kulturelle Errungenschaft! Damit hätten wir das Mittagessen so nebenbei auch erledigt. Panagiotis, ein knapp dreißigjähriger Grieche leistet uns Gesellschaft. Begeistert erzählt er uns welche Route er mit dem Fahrrad bereits hinter sich hat und was er noch vorhat. Über das ionische Meer und die Adria hat er nach Ancona übergesetzt und ist dann weiter über Bologna, Florenz, Korsika, Cinque Terre, an der französischen Riviera entlang bis zur Atlantikküste nach Biarritz gefahren, um von dort aus dem Camino de la Costa bis nach Ferrol zu folgen. Nach Santiago will er dann seine Tour über die Vía de la Plata bis nach Marokko fortsetzen.

Steil den Berg hinauf laufen wir zur Santiago - Kirche, die wie so oft in Spanien, jetzt um vier geschlossen ist. Mein Rütteln an der Pforte, so wie einst Gerhard Schröders am Zaun des Kanzleramtes, bringt eine alte Señora auf den Plan. „Abre a las cinco y media", ruft sie uns mit finsterer Miene und gestrengem Tonfall zu, als ob ich ihre im spanischen Barock erbaute Parochia aus den Angeln heben wollte. Später gehen wir noch mal hoch und ich kann endlich meine erste Kerze wie versprochen für Lara anzünden. Was heißt „anzünden"? Wie überall in spanischen Kirchen leuchtet eine elektrische Kerze auf, wenn man 50 Cent in den dafür vorgesehenen Schlitz geworfen hat.

Draußen über dem Portal ist Santiago, der Maurentöter eingemeißelt. Eigentlich sollte das im aufgeklärten Europa nicht mehr zeitgemäß sein. Was beschweren wir uns heute über die Brutalität des sogenannten Islamischen Staates, wenn wir immer noch ein solch martialisches Symbol verehren, das die Vernichtung Andersgläubiger verherrlicht.

Jakobus, der Ältere, nach dem der Camino benannt ist, heißt hier in Spanien Santiago (San Tiago). Der Legende nach erschien er den christlichen Kämpfern im Jahre 844 im Gebiet der heutigen Provinz Rioja mit Schwert und weißem Gewand auf einem Pferd, um ihnen eine fast verlorene Schlacht gegen die Mauren zu retten. Er tötete dabei etliche Gegner. 700 Jahre später noch diente der Schlachtruf „Santiago" den spanischen Heeren als Anfeuerung bei der Ermordung und Ausbeutung der indigenen Bevölkerung in Lateinamerika.

Beim Bummeln durch die romantischen Gassen der attraktiven Stadt bekommen wir allmählich Hunger. Aber auch das ist Spanien: Bis fast acht Uhr müssen wir ausharren, um endlich unsere geliebten Tapas in der Abendsonne mit Blick auf die Ria Eume genießen zu können.

Wir liegen gerade um zehn Uhr im Bett, da geht die Party richtig los. Lautes Gedudel in der Stadt, die ein lokales Fest feiert. Ausgang wäre heute kein Problem gewesen. Die Hospitaliera hatte uns einen Schlüssel angeboten. Angenehm erschöpft bevorzugen wir jedoch die Horizontale. Der Lärm in der Stadt hält uns nicht vom Schlafen ab.

Kapitel 4
Pontedeume – Betanzos
Dienstag, 12. September 2017

Als ich um halb sieben aufwache, haben schon einige der 24 Pilger die ausgebuchte Herberge verlassen, die anderen sind dabei, ihre Sachen zu packen, obwohl lautes Regenprasseln auf dem Dach zu vernehmen ist. Nur Stefan und ich, sowie zwei junge Spanier machen keine Anstalten, aus dem kuscheligen, warmen Schlafsack zu kriechen. Wie schon auf meinen vorherigen Touren bemerkt, will es im Westen Spaniens mal wieder nicht hell werden. Erst nach 8.00 Uhr löst sich die Nachtdämmerung langsam auf. Das ist unsere Zeit des Aufbruchs, immerhin zwei

Stunden früher, als gestern. Zum Glück ist Stefan auch kein Frühaufsteher. Andererseits haben wir heute fünf km mehr bis Betanzos zu absolvieren.

Schon bald nach dem Start sucht heute Morgen jeder seinen eigenen Rhythmus, sodass ich eine Zeit lang alleine laufe. Stefan, der Marathonläufer hat Waden- und Gelenkschmerzen. Es zeigt sich mal wieder, dass die Belastung beim Joggen und Wandern unterschiedlich ist und es einer gewissen Eingewöhnung bedarf. Einige ordentliche Steigungen sind zu schaffen, die erste gleich aus dem Ort heraus.

Das Alleinsein ist kein Problem. Es ist einer der Gründe, warum ich immer wieder hierherkomme – um zu mir selbst zu finden. Der Unterschied liegt in der Einsamkeit. Hier und da gab es auch mal auf dem Camino Momente der Einsamkeit, z. B, als ich in Zamorra mitten auf der Straße drei Mädels angequatscht hatte, weil ich endlich mal wieder Gesellschaft brauchte. Viel gravierender und langanhaltender musste ich sie zu Hause erleben. Monika und ich wohnten zwar noch unter einem Dach, waren also nicht allein, aber trotzdem einsam. Nach den glücklichen Jahren, als Luca, Lara und Carlo geboren wurden, war uns plötzlich die (unerträgliche) Leichtigkeit des Seins abhandengekommen. Plötzlich? Nein, bei Lichte betrachtet war es eher ein schleichender Prozess gewesen. Wir hatten uns über Jahre hinaus verloren, unsere Zweisamkeit nicht mehr gepflegt. Es folgten etliche untaugliche Versuche, das Blatt noch einmal zu wenden. Vergeblich. Auch mit zeitlichem Abstand lassen sich unsere schweren Jahre nicht schönreden.

„Gib mir die Gelassenheit, Dinge zu akzeptieren, die ich nicht ändern kann, gib mir die Kraft, Dinge zu ändern, die ich verändern kann und gib mir die Weisheit, beides voneinander zu unterscheiden", heißt es in dem Gebet des amerikanischen Predigers Reinhold Niebuhrs.
Es hat lange gedauert, bis diese Weisheit vom limbischen System meines Gehirns zum präfrontalen Cortex gedrungen ist. Manchmal braucht es halt Zeit, bis die Ratio die Kontrolle über das emotionale Chaos gewinnt. Kennt man ja aus der Pubertät!

In der Tat: Erst, als Monika und ich verstanden hatten, was wir nicht mehr ändern konnten und bereit waren, uns loszulassen, wurden wir wieder glücklich. Jeder für sich. Monika auf Langeoog und ich in Bocholt.
„Glücklich geschieden", schrieb Monika in die WhatsApp Gruppe der Familie, als wir vor einigen Wochen auch den offiziellen Teil unserer Trennung hinter uns hatten und danach mit Jo, unserem gemeinsamen Rechtsbeistand, zum Mittagessen in der Stadt waren.

Metaphorisch beschreibt der Naturforscher Emmerson den Unterschied zwischen Alleinsein und Einsamkeit sehr zutreffend. Die oben genannte Autorin Andrea Wulf zitiert ihn in ihrer Humboldt Biographie. Emmerson warnt seinen Kollegen Muir, der sich nach der Wildnis sehnt, mit den Worten: „Einsamkeit ist eine wunderbare Geliebte, aber eine unerträgliche Ehefrau."

Wir überholen Simone aus Cesenatico mit seinem überdimensionalen Rucksack, der Anlass zu Überlegungen gibt, ob der junge Italiener einiges an Sünden abzuarbeiten hat. Simone läuft nicht ganz rund. Er meint, er habe es gestern mit der Einstiegsetappe von 30 km etwas übertrieben.

Um kurz nach 11.00 Uhr erreichen wir Mino bei bedecktem Himmel. Auch bei Sonnenschein dürfte die Stadt nicht wesentlich attraktiver wirken. Aber für einen vorzüglichen Café con Leche ist der Aufenthalt hier allemal lohnenswert.

Entlang dem Río Mandeo bewegen wir uns aus der Stadt. Über eine alte originale Camino - Brücke gelangen wir in ein Waldstück, in dem es auf und ab geht, bis uns nach etwa fünf km eine langgezogene Rampe herausfordert. Ich habe mich gerade warmgelaufen und gehe sie sportlich an. Stefan scheint etwas müde zu sein, aber unser Ziel ist es ja auch nicht, permanent nebeneinander herzugehen. So lässt er sich zurückfallen, während ich spüre, wie mir der Schweiß das Gesicht und den Nacken herunterrinnt. Dabei überhole ich mindestens zwanzig Pilger, darunter eine größere Gruppe Amerikaner. Das Ende der Rampe mündet in einen schönen Feldweg mit einem Naturbrunnen am Wegesrand. Eigentlich wäre dies hier eine geeignete Stelle, um auf Stefan zu warten. Die vielen Pilgerbrüder und -schwestern beunruhigen mich jedoch ein wenig im Hinblick auf den avisierten Platz in der Herberge. Also ziehe ich die letzten drei Kilometer mein Tempo durch bis zu der Brücke, die über den Río Mandeo und dahinter durch das mittelalterliche Stadttor ins Zentrum von Betanzos führt. Noch einmal eine steile Seitengasse herauf und ich befinde mich schließlich auf der Plaza de la Constitucion, von wo es nur noch ein paar Meter zur Casa de Pescaderia sind, in der sich seit 2013 die Herberge befindet.

Ich schreibe mich in der Albergue ein und bitte die Hospitaliera auch für Stefan einen Platz zu reservieren. Dabei versichere ich ihr, dass er in 10 Minuten hier sein werde. Da ich sofort für uns beide bezahle, dürfte nichts mehr schiefgehen. Stefan kommt jedoch weder nach zehn, noch nach zwanzig Minuten. Als er nach 40 Minuten immer noch nicht da ist, rufe ich ihn an.

„Ich sitze hier auf einer Bank, bin total kaputt und bewege mich nicht mehr von der

Stelle", stöhnt er ins Telefon. Als er mir erklären will, wo in etwa er seine Zelte aufgeschlagen hat, ist der Saft auf meinem Handy aufgebraucht. Nach zehn Minuten Aufladen rufe ich ihn erneut an. Er hat sich auf der Praza de Garcia niedergelassen, nicht allzu weit von der Herberge entfernt. Ich hole ihn dort ab. Auf dem Weg zur Albergue erzählt er mir, dass er anhand der Karte in unserem Reiseführer einer Spanierin an dem Zeitungskiosk auf Englisch erklärte, wohin er möchte. „Da willst Du nicht wirklich hin", habe sie ihm zu verstehen gegeben. Der Arme wusste gar nicht mehr, was er tun sollte, hat wahrscheinlich gemeint, die Herberge würde im Rotlichtviertel von Betanzos liegen. Vermutlich hat er die Dame aber einfach nicht richtig verstanden – oder sie ihn nicht.

Als wir die Herberge betreten, wird gerade das letzte der 32 Betten vergeben. Die Betten sind zwar recht eng gestellt, aber es gibt mehrere mit modernen Sitzmöbeln schön eingerichtete Aufenthaltsräume in alten Natursteingemäuern. Durch meine relativ frühe Ankunft konnte ich uns sogar noch einen Fensterplatz ergattern.

Bevor Stefan und ich uns am Ufer des Río Mandeo in einem Lokal niederlassen, besichtigen wir die gut erhaltene mittelalterliche Altstadt. Betanzos, das heute etwa 13.000 Einwohner zählt, beherbergt einige sehenswerte Kirchen im Zentrum, wie die Santiagokirche auf der Plaza de la Constitucion, die Iglesia de San Franzisco und die Iglesia de Azogue. Die Stadt war im Mittelalter Hauptstadt einer eigenen Provinz und Stammsitz bedeutender Adelsfamilien. Sie war als Stadt der Ritter bekannt. 1465 wurden ihr durch Heinrich von Kastilien die Stadtrechte verliehen.

Auch heute wird es schwierig vor acht Uhr eine geöffnete Tapasbar in der Kneipenmeile zu finden. In der Abendsonne lässt es sich auf der Praza de Garcia an den Arcaden, wo sich Alt und Jung treffen, nett verweilen und die Zeit bis dahin gut überbrücken. Von unserem Platz aus beobachten wir fünf betagte Senioren, wie sie mit Blick auf die Plaza das Treiben begutachten. Wahrscheinlich sitzen sie jeden Abend hier – eine Szene, wie sie so oder so ähnlich auch in Italien oder Griechenland stattfinden könnte.

Die Tapas sind wieder einmal gelungen. Während des Essens dürfen wir Barca gegen Juve sehen. Fußball läuft hier in den spanischen Kneipen und Bars immer so nebenbei. Der 140 Millionen Mann Dembélé spielt keine große Rolle. Die Dortmunder wird´s freuen.

Kapitel 5
Betanzos - Hospital de Bruma
Mittwoch, 13. September 2017

In meinem Kalender steht: Nicht vergessen, Hanna wird heute 21. Seit einem Jahr leben wir jetzt unter einem Dach; Kerstin, Johanna, Carlo, Niklas und ich. In unregelmäßigen Abständen treffen noch Luca, Lara und Juliane ein. Langeweile kommt da selten auf. Ich habe Freude an dem lebendigen und äußerst abwechslungsreichen Zusammensein.

Jetzt gerade genieße ich es, mit Stefan zu laufen. Nachdem er heute Morgen auf den ersten zwei Kilometern allmählich erwacht ist, finden wir einen gemeinsamen Rhythmus, der nicht trödelig ist, uns aber noch so viel Luft lässt, einige Themen aus unserem Leben anzusprechen. Wir erinnern uns an meinen Aufenthalt in Plasencia auf der Vía de la Plata, als ich aufgeben wollte und wir abends noch lange über WhatsApp kommunizierten. Stefan hatte mir geschrieben, dass Papa im Sterben läge.

Wem wir es zu verdanken haben, dass wir uns so prächtig verstehen, wissen wir beide nur zu gut. Mama hat dafür gesorgt, dass wir vier Brüder nicht nur auf dem Papier und zufällig verwandt sind, sondern so etwas wie `ziemlich beste Freunde` wurden. Der schöne und ruhige Weg, macht es uns auch leicht, bei optimalen Wandertemperaturen gut gelaunt nebeneinander zu laufen. Mittlerweile hat sich Stefan vom Marathonmodus auf den Wandermodus eingestellt.

Bei der gestern mit 32 Pilgern komplett gefüllten Herberge, hatte ich heute eher mit einer gewissen Völkerbewegung gerechnet. Aber nein, über Stunden, teils durch idyllische Wald- und Wiesenwege, teils auch an einer wenig befahrenen Landstraße entlang pilgernd, begegnen wir kaum einer Menschenseele. Auch heute sind ein paar Steigungen dabei, die aber nicht mit den Rampen von gestern zu vergleichen sind. So richtig können wir die Bedenken Raymund Joos` in seinem Reiseführer nicht nachvollziehen, die gesamte Etappe könne eventuell zu lang oder zu schwer sein. Vielleicht liegt es an unserer inzwischen besseren Kondition, unserer optimalen Motivation und guten Laune.

Weit abseits des Verkehrs entdecken wir einer Oase gleichend ein Café, das noch nicht im Reiseführer erwähnt ist. Gemälde mit knalligen Farben und etwas düster dreinblickenden Personen zieren den Aufenthalts - und Essraum. Er selbst habe die Bilder gemalt, erklärt uns der Chef auf Nachfrage. Café und Bocadillo sind hervorragend. Übernachtungsmöglichkeiten gibt es hier (noch) nicht, obwohl es sich perfekt für ein kultiges Herbergsterrain eignen würde. Bevor wir weiterziehen, versenke ich einen Euro in dem Gartenbrunnen, in der Hoffnung, er möge Lara Glück bringen bei ihren anstehenden Prüfungen.

Drei Kilometer vor Hospital de Bruma legen wir noch eine Pause in der Café Bar Casa Julia ein, die an einer Landstraße liegt. Bisher hatten wir lediglich eine Deutsche aus Idar-Oberstein kennengelernt. Die drei Typen aus Hamburg, die wir hier treffen, möchten wir allerdings möglichst schnell wieder loswerden. Der Anführer hat vermutlich gerade seine Krawatte abgelegt. Im schnieken Businesshemd will er uns die Welt erklären. Ich bekomme mit, wie er zu seinen Kumpel sagt, er bekomme von den beiden noch 387 Euro für die letzten zwei Übernachtungen. Auch, wenn sich das Wort Luxuspilger aufdrängt – wir üben uns in Toleranz. Trotzdem spreche ich lieber mit Amelia, der netten Bar - Señora, die uns bei der Suche nach einer Pension in der Nähe behilflich ist. Ich melde uns telefonisch im Meson Novo an, das nur eineinhalb Kilometer von der vermutlich ausgebuchten Herberge entfernt liegt.

Stefan merkt, dass ich erleichtert bin, eine Unterkunft ergattert zu haben. „Irgendetwas findet sich immer" sagt er cool. In diesem Punkt scheint er gelassener zu sein, als ich, sonst wäre ich gestern nicht zur Herberge gerast, als würde ich von einem ausgehungerten Löwen verfolgt werden.

Um kurz nach drei treffen wir in der Pension ein. Luxus pur: 20 Euro pro Person für ein frisch bezogenes, wohlriechendes Nachtgemach in einem Zwei-Bett-Zimmer mit Blick in die grüne galicische Landschaft.

In diesem Familienbetrieb ist alles bestens organisiert. Der Chef trägt das übliche Outfit eines älteren Senors in Spanien. Was nicht ganz dazu passt, ist die Brille mit dem modernen Gestell aus schwarzem Horn. Er besteht darauf, dass man Englisch spricht. Auf Nachfrage erklärt er, dass er vor vielen Jahren in England gelebt habe. Während der Alte noch am Telefon ist, um die Reservierung neuer Gäste anzunehmen, sitzt sein Sohn schon in den Startlöchern, um die Pilger mit dem Auto abzuholen. Die Frau des Alten tischt für die drei smarten Australierinnen auf, mit denen wir gerade einen Willkommensdrink an der Theke eingenommen haben. Was da auf den Tisch kommt, sieht frisch und köstlich aus. Gerne würden wir die Señora auch bemühen, aber Wimpy, Selma und Mary haben das Dinner wahrscheinlich schon in Sydney geordert. Wir müssen leider im gegenüberliegenden Hotel speisen.

Als gegen 20.40 Uhr die Campions League – Hymne ertönt, tippelt der Alte zu seinem Stuhl vor dem überdimensionalen Fernseher an der Wand, neben dem die CL Trophäe in Originalgröße steht. Der Pokal hat sich für den ersten CL Spieltag der Saison fein herausgeputzt. Er trägt einen blütenweißen Schal mit dem Emblem der Königlichen um seinen dicken Bauch. Direkt vor uns sitzend überprüft der Alte noch einmal die Zeit auf seiner Armbanduhr, dann kann´s losgehen.

Wir würden gern noch ein Glas Wein trinken.

„Perdon"… keine Antwort

„Disculpe"… keine Antwort

Dann versuchen wir es mal auf Englisch: Excuse me… immer noch keine Reaktion. Der Alte ist im Real – Tunnel. Kurz nachdem der Kommentator das 1:0 durch Ronaldo gegen Apoel Nicosia mit einem langgezogenen Goooooooool angemessen gewürdigt hat, stellt er uns die ganze Flasche Wein auf den Tisch und deutet an, dass Störungen in den nächsten eineinhalb Stunden unerwünscht sind.

Mitten in der Nacht wache ich auf. Es liegt nicht an der Matratze (die ist neu und hat den optimalen Härtegrad). Der einzige Schnarcher ist Stefan und auch die Geräuschkulisse draußen ist sehr maßvoll. Nein, dieses Phänomen ist caminospezifisch. Ich kenne es von meinen früheren Wanderungen: Zu viele Gedanken und Wahrnehmungen, die verarbeitet werden wollen. Ich lasse es zu, es belastet mich nicht. Das, was wirklich schwer im Magen liegt, ist das Abendessen im gegenüberliegenden Hotel. Neben uns saß ein amerikanisches Paar mittleren Alters. Das Wort „delicious" fiel. Nun ja, wenn man ansonsten nur in Pappe eingelegtes Hackfleisch zu futtern bekommt – vielleicht.

Ich freue mich auf das äußerst spannende und sehr humorvoll geschriebene Buch vom Camino Francés, das ich hierhin mitgenommen habe und heute Nacht zu Ende lesen werde. („Wie ich einmal vom Weg abkam um nicht auf der Strecke zu bleiben"). Mein Entschluss steht fest: Ich werde mich bei dem Autor Eduard Freundlinger persönlich via E-Mail für die kurzweiligen Stunden mit seiner Lektüre bedanken.

Zunächst einmal aber schicke ich meiner Lieblingstochter Lara eine ausführliche Whats App Nachricht. Monika hatte mir gestern geschrieben, dass Lara im Hinblick auf den Prüfungsstress nervlich am Ende sei und sie auch nicht mehr wisse, wie sie Lara helfen könne. 14 Examina in 6 Wochen sind ja auch keine Kleinigkeit. Ich erinnere Lara an unsere wunderbaren gemeinsamen Tage auf dem Camino und daran, wie oft ich selbst in Prüfungssituationen noch einmal davon gekommen bin.

Kapitel 6
Hospital de Bruma - Sigüeiro
Donnerstag, 14. September 2017

Wieder einmal starten wir nach dem Frühstück in der Pension bei optimalen Wanderbedingungen unsere vorletzte Etappe nach Sigüeiro. Wie eine transparente Decke legt die Sonne ihr warmes Licht auf die Baumkronen. Vögel heißen den Tag mit ihrem fröhlichen Gezwitscher willkommen. Die unverbrauchte Morgenluft gibt einem das Gefühl von gesunder Frische. Erneut erleben wir ein Festival der Sinne.

Bereits nach fünf km ist uns ein erster Café con Leche vergönnt. Wir kommen schnell in einen angenehmen Flow und erreichen irgendwann einen Kreisverkehr, an dem wir keine Kennzeichnung mehr sehen. Es folgt uns ein junges englisches Pärchen. Wir sind scheinbar nicht die einzigen, die geträumt haben. Der Engländer hat ein paar Zettel in der Hand, die ihm eindeutig zeigen, dass wir quer Feld ein wieder auf dem Camino landen werden. Nun gut, wir schließen uns an und stoßen nach eineinhalb km auf eine Schnellstraße, an der die Autos im Formel 1 - Tempo an uns vorbeirasen. Nein Danke, dann lieber wieder zurück. Ein Motorradfahrer will uns wieder in die englische Richtung schicken. Irgendetwas stimmt hier nicht, vielleicht handelt es sich um eine spanische Version von „Verstehen Sie Spaß?".

Mehr durch einen Zufall erkennen wir dann, dass man die alten Wegsteine entfernt, ein Loch gelassen, aber sie noch nicht durch neue ersetzt hat. Das ist Gelassenheit alla España. Die Siesta dauert im Normalfall ein paar Stunden, kann sich aber auch mal über ein paar Tage oder Wochen hinziehen. Das Gleiche passiert uns später noch einmal, als eine freundliche Dame mit ihrem Opel Corsa auf einem Feldweg anhält und uns wieder zurückschickt. So kann eine moderate Etappe mal schnell zur Königsetappe werden. Am Ende sind wir statt 24,3 km mehr als 30 km bis Sigüeiro gelaufen.

In einem Café zehn km vor Sigüeiro wird uns eine besondere Ehre zuteil. Eine Gruppe junger spanischer Frauen, der wir immer wieder begegnen, bittet darum, dass wir uns auf ihren Wanderstöcken mit einem Stift verewigen. Machen wir natürlich gerne.

Bis wir in die kleine Stadt einlaufen, müssen wir noch durch eine langgezogene schnurgerade Waldschneise über sechs, sieben km. Ich fühle mich in ihrer Eintönigkeit an die Mesetta in Kastilien erinnert, nur dass Weizenfelder durch Bäume ersetzt sind.

Am Ortseingang angekommen, fragen wir zwei etwa Anfang dreißigjährige Spanier nach dem Weg zur Albergue, er mit Gitarre in der Hand, sie mit einer Tasche über der Schulter. Sie haben vor drei Jahren für einige Zeit in Hamburg Altona gelebt, ca. zwei km von Stefans Haus entfernt. Dort sind sie mit ihren Songs in Bars aufgetreten. Wir führen ein lockeres Gespräch mit den freundlichen jungen Leuten, an dessen Ende ich Ihnen eine CD ihrer Musik abkaufe. Beinahe hätte ich mich mit „Pura Vida" verabschiedet. Das ist zwar Spanisch und heißt wörtlich übersetzt: „Das reine Leben" – was nicht annähernd so klangvoll ist, wie die spanische Version. Pura Vida aber ist eine gängige Begrüßungs - und Abschiedsformel in Costa Rica. Vor einigen Wochen, als Kerstin und ich dort unseren Urlaub verbracht haben, bekamen wir es täglich mehrmals zu hören.

Pura Vida…. Zwei Worte nur und trotzdem sagen sie so viel aus über die Lebenseinstellung der freundlichen Ticos und Ticas, also der Bewohner Costa Ricas. „Genieße Dein Leben – genieße den Tag – Schau auf die schönen Dinge des Lebens, nimm sie bewusst wahr – sei dankbar für eine nette Begegnung"…und vieles mehr, was man in diese sympathische Anrede hineininterpretieren könnte.

Ein Beispiel für das costaricanische Lebensgefühl: Als wir uns im zentralen Hochland in einem Bus auf dem Weg zu den Kaffeeplantagen befanden, lief der Sommerhit des Jahres im Radio. Mit einer hemmungslosen Selbstverständlichkeit ließen die Einheimischen ihrer Fröhlichkeit freien Lauf und sangen textsicher und vielstimmig im Chor den Refrain des erotischen Liedes mit: Depacito - Queiro desnudarte a besos despacito – Firmar las paredes de tu labyrinto – Y hacer a tu cuerpo un manuscrito – sube, sube, sube…
Ich bekomme jetzt noch beim Schreiben eine Gänsehaut, wenn ich an diesen Moment denke.

In Sigüeiro habe ich uns bereits von zu Hause aus für 16 Euro pro Person in der Hospedaxe Miras angemeldet. Die private Herberge war über Booking - Com. reservierbar, eine öffentliche gibt es hier noch nicht. Wir beziehen ein Vier Bett Zimmer mit frischer Bettwäsche, das wir allein bewohnen dürfen. Die modernen Duschräume sind großzügig und sehr gepflegt. Auch das Menü in der Bar ist ausgezeichnet. Das Highlight des Abends ist jedoch die WhatsApp Nachricht von Lara: „Deine übersinnlichen Kräfte haben geholfen, Papa. Die heutige Klausur ist sehr gut gelaufen."

Kapitel 7
Sigüeiro – Santiago
Freitag, 15. September 2017

Der Camino hält immer wieder Überraschungen bereit. Zum Frühstück in der Herberge bekomme ich eine sehr freundliche E-Mail von meinem Studienkollegen Jörg, von dem ich Jahre nichts mehr gehört hatte. Er ist in seine Heimatstadt und unsere gemeinsame Universitätsstätte Berlin zurückgezogen, um dort seinen Ruhestand anzutreten. Jörg lädt uns in sein umgebautes Elternhaus ein und möchte mir Mut machen: „Wenn es bei Dir einmal so weit ist – Mach Dir keine Sorgen, es fühlt sich sehr gut an".
Ruhestand! Wie sich das anhört! Ich kann es mir beim besten Willen nicht vorstellen. Bei uns zuhause herrscht bei den vielen Personen im Haushalt eher der Unruhezustand… und das ist auch gut so.

Jörgs Worte und Wünsche sind nett gemeint, aber nein – meine berufliche Tätigkeit erfüllt mich noch immer mit viel Freude, ich bin dankbar dafür, dass ich mich um die Sorgen und Nöte meiner kleinen Patienten und ihrer Eltern kümmern darf und dass sie mir noch immer das Vertrauen schenken. OK, es müssen nicht mehr 50 oder 60 Stunden in der Woche sein. Dafür habe ich mir Entlastung besorgt.
Ebenso betrachte ich es als ein Privileg, an dem Leben von sechs Kindern teilhaben zu können und ihnen, wenn es erwünscht ist, mit Rat und Tat beizustehen. Auch wenn es manchmal anstrengend ist, ich möchte es nicht missen (noch nicht).

Kurz nachdem wir über die Brücke aus der Stadt herausgelaufen sind, habe ich noch einmal eine Gelegenheit, in einem Kirchlein eine Kerze für Lara anzustecken. Das Besondere ist: Es handelt sich um eine echte Wachskerze, die die Señora für mich anzündet. Bergauf, bergab verläuft der Camino gut zehn Kilometer weitgehend über schöne breite Waldwege, bis wir fünf, sechs Kilometer vor dem Ziel in den Vororten von Santiago auf asphaltierte Straßen gelangen.

Einige km vor unserem Ziel erspähen wir vor uns laufend die auch heute sehr adrett gekleideten Jungs von der Waterkant. Ganz unchristlich denken wir uns Strategien aus, wie wir die drei ein wenig ärgern könnten… und das eine halbe Stunde vor dem Einmarsch nach Santiago! Da wird es für uns wahrscheinlich schwierig werden mit der Absolution aller unserer Sünden in der Kathedrale.

„Hey", ruft eine Frau aus dem Fenster ihrer Wohnung im dritten Stock und deutet mit dem Finger in eine andere Laufrichtung, um uns zu zeigen, dass es mit der Ankunft in Santiago heute nichts mehr wird, wenn wir weiter so vor uns hinträumen.

Bald schon sehen wir auf einer Anhöhe zum ersten Mal die Spitze der Kathedrale. Ein majestätischer Anblick! Jedenfalls deutlich spektakulärer als der viel gepriesene erste Ausblick auf dem Camino Francés vom Monte Gozo auf Santiago. Um 14.00 Uhr erreichen wir schließlich die Praza do Obradoio. Noch immer ist die Hauptfassade der Kathedrale mit einem Gerüst verhüllt. Wir beschließen, zunächst zum Pilgerbüro hinter dem Hostal de los Reyes Catolicos zu gehen, um uns die Compostela abzuholen. Als wir die Schlange dort sehen, sind wir uns schnell einig, dass wir unser Vorhaben noch einmal verschieben und uns stattdessen vor der gegenüberliegenden Bar das traditionelle Ankunftsbier gönnen.

In einer Pension an der Plaza de Galicia beziehen wir unser einfaches, aber sauberes Zimmer. Ich hatte gezielt an dieser Stelle eine Unterkunft gebucht, da von hieraus der Flughafenbus halbstündlich abfährt.

In der Abendmesse herrscht wie immer ein buntes Sprachengewirr. Pilger aus vieler Herren Länder können es kaum abwarten, ein paar Scheine im Klingelbeutel loszuwerden. Leider ist es uns heute nicht vergönnt, den Botafumeiro, also das schwere Weihrauchfass, durch das Kirchenschiff schwenkend zu bestaunen. Stefan will nach dem Gottesdienst schon wieder die Kathedrale verlassen, als ich ihn daran erinnere, dass wir traditionell noch eine Pflichtaufgabe zu erledigen haben, nämlich die Umarmung der Jakobusbüste.

In den romantischen Gassen der Altstadt treffen wir immer wieder auf vertraute Gesichter. Mit Wimpy, Selma und Mary aus Sydney trinken wir noch ein Gläschen Wein zusammen. Spät abends haben wir das Glück, bei stimmungsvoller Beleuchtung unter den Arcaden des Palacio Rajoy auf der Praza Obradoio die in Galicien sehr angesagte Gruppe ,Tuna de Derecho de Santiago de Compostela' mit bekannten und weniger bekannten schwungvollen Volksweisen zu erleben. Die Männer in ihren bunten Kostümen verstehen es, ihr Publikum in den Bann zu ziehen. Dieses Bild von Santiago nehme ich mit nach Hause…und natürlich eine CD der Gruppe.

Kapitel 8
Santiago
Samstag, 16. September 2017

Als Stefan sich in die Schlange des Pilgerbüros stellt, um sich seine Compostela abzuholen, stöbere ich in einem der gefühlt 1000 Souvenirläden Santiagos nach einem Mitbringsel für die Lieben zu Hause. Alles, was irgendwie mit dem Camino zu tun hat, wird hier vermarktet. Was ich dann entdecke, überfordert meine Vorstellungen. Unappetitliche Phantasien ebnen sich ihren Weg ins Bewusstsein.
Ein Eau de Toilette vom Camino de Santiago! Welche wundervolle Geruchsmischung soll das denn wohl sein? Eine Melange aus qualmenden Socken, übelriechendem Schweiß und güllegetränktem Ackerboden? Nein Danke, das muss es nicht sein!

Ich werde später noch in meinem bewährten Schmuckladen an der Plaza da Quintana fündig. Stefan meldet sich auch nach fast einer Stunde nicht. Also gehe ich zurück zum Pilgerbüro und schaue, wie weit er gekommen ist. Er hat es in der Schlange noch nicht einmal in den Vorgarten geschafft. Wenn er hier ausharrt bis zum Schluss, werden wir mit Sicherheit unseren Rückflug verpassen. Stefan sieht es gelassen und ich muss meinen drei Compostelas nicht unbedingt noch eine vierte hinzufügen.

Auf dem Weg zur Flughafenbushaltestelle an der Plaza de Galicia können wir nicht widerstehen, uns noch ein letztes Mal ein paar feine Tapas zu gönnen. Vor dem Einstieg in den Bus beobachte ich ein Pärchen, das sich inniglich umarmend und küssend kaum voneinander zu lösen vermag. Ihre vom Abschiedsschmerz verzerrten Gesichter lassen vermuten, dass sie sich so bald nicht wiedersehen werden. Wenn er in Sydney und sie in London wohnt, wird´s eng mit einer Wochenendbeziehung.

In Lavacolla, kurz vor der Ankunft am Flughafen werden wir Zeugen einer Völkerwanderung. Jetzt verstehe ich die nette Julia, die wir gestern auf der Praza do Obradoio kennengelernt haben, als sie meinte, auf den letzten 100 km von Sarria nach Santiago habe sie zuweilen Platzangst bekommen. Julia war exakt die gleiche Strecke wie ich vor acht Jahren bei meinem ersten Jakobsweg von León nach Santiago gelaufen.

Solche Menschenmassen hatten wir nicht auf dem Englischen Weg. Ich war zwar überrascht, dass die ersten drei Herbergen so gut gefüllt waren, überwiegend sind wir jedoch fast immer allein ohne andere Pilger in Sichtweite gewandert. Die Strecke war abwechslungsreich, allerdings landschaftlich nicht so spektakulär wie der galicische Teil des Camino Francés und der Vía de la Plata. Bis auf wenige Ausnahmen waren die Wege gut ausgeschildert. Kulinarisch sind wir fast immer auf unsere Kosten gekommen.

Ich konnte die gemeinsame Zeit mit Stefan sehr genießen. Der Gedankenfluss ist hier anders als zu Hause. Das hat auch Stefan schnell gemerkt. Ich habe sogar das Gefühl, Begeisterung bei ihm für einen neuen Camino entfacht zu haben. Auch mir selbst schweben schon weitere Projekte im Kopf herum. Noch ahne ich nicht, dass unsere Reise mit einer Überraschung endet.

Marcus hat uns und ein paar Freunde aus Anlass seines Geburtstages für heute Abend ins „Da Siro" in Köln Sülz eingeladen. Ich freue mich zwar sehr darauf, bei italienischen Köstlichkeiten auf das Wohl meines Bruders anzustoßen, werde aber Kerstin vermissen, die in Bocholt auf mich wartet. Die berühmte Stecknadel im Heuhaufen ist mal wieder nichts gegen die nicht auffindbare Parklücke in den Seitenstraßen von Sülz. Schon längst könnten wir vor den Penne arrabiata und dem Nero d'Avola sitzen. Als wir dann endlich das Lokal mit unseren Rucksäcken betreten, falle ich aus allen Wolken. Die Überraschung sitzt neben dem Geburtstagskind und strahlt mich mit ihren funkelnden blauen Augen an. Einen schöneren Abschluss dieser Pilgerreise hätte ich mir nicht ausdenken können!

Stefan´s Sicht

Mein erster Camino

Nun war es soweit: Mein erster Camino stand mit meinem Bruder Thomas an. Vor fast acht Jahren im April 2010 bin ich meinen ersten Marathon gelaufen. Wenige Tage später habe ich meinen Job in Berlin beim Berliner Verlag angetreten. Für mich war der Marathon ein einschneidendes Erlebnis, vor dem ich höchsten Respekt hatte und mich monatelang lehrbuchmäßig extrem aufwendig vorbereitet hatte. Ich wusste bis zum Schluss nicht, wo und wie das Ganze für mich endet. Es war eine Herausforderung, die mich an mein Limit brachte, aber genau das hat es so spannend gemacht. Und es war ein unbeschreibliches Glücksgefühl, bei diesem ersten Marathon durch das Ziel zu laufen.

Fast acht Jahre später nun mein erster Camino. Die Duplizität der beiden Ereignisse lag auch darin, dass ich kurz vor dem Camino meinen Job in Berlin gekündigt hatte, da ich dringend noch einmal, insbesondere beruflich, eine Luftveränderung, also einen Neuanfang brauchte. Da kam der Camino ja wie gerufen. Auch vor dem Camino war mein Respekt riesig, ich konnte die Strapazen schwer einschätzen und es sollten schließlich am Ende weit über 130 km werden, die wir beide pilgerten. Es fing schon bei der Vorbereitung an: Der richtige Rucksack musste her. Bloß keinen unnötigen Ballast mitnehmen, das war die erste Herausforderung. Endlich in Galizien angekommen hat "mich" dann der Rucksack durch La Coruña getragen, denn ich fühlte mich bei dem ersten fünf km langen Marsch durch die Stadt wie auf einer emotionalen Wolke. Es war Sonntag früh, die Stadt schlief noch außer ein paar sich warmlaufenden Marathonis. Der Blick auf den Stadtstrand und das direkt an diesem gelegenen Champion League Stadion von La Coruña war für mich als glühenden Fußballfan das erste große Highlight. Zeit zum Träumen: Wird unser VfL auch einmal die Ehre erfahren in dieser Arena zu spielen? Wenn ja, sollten die Jungs aus Dankbarkeit zurück nach Bochum pilgern...

Dann ging es zum Startpunkt unseres Caminos nach Ferrol und von dort schließlich auf die erste Etappe bis wir nach 18 km unsere erste Herberge erreichten. Wie sagte ich noch so schön auf dem Weg "in jedem Anfang wohnt ein Zauber" ein platter, aber sehr treffender Spruch. Welchen Zauber hatte jetzt die erste Herberge in Neda fragte ich mich? Um es kurz zu machen: Es sollte die schmuddeligste der Herbergen sein, die wir auf unserem Weg hatten, ein herber Dämpfer also. Da nicht, wie sonst üblich, Einweg- Bettwäsche vorhanden war, musste ich mit meinem neuen Schlafsack und dem mit einem Shirt notdürftig abgedeckten Kopfkissen die erste Nacht in dem von Thomas favorisierten unteren Teil des völlig abgewrackten Hochbettes mit Blick auf den über mir liegenden Schimmel des Lattenrostes verbringen. Da es in dieser Gegend einen fantastischen Ribeira del Duero gab, musste ich dringend und sofort mit Thomas los in die nächste und einzige Tapas Bar vor Ort. Wir haben den Ribeira in vollen Zügen genossen und ich durfte feststellen, dass man sich auch Herbergen schöntrinken kann...

Wer weiß wofür es gut war, denn danach ging es nur noch aufwärts. Die nächste Herberge in Pontedeume war ein Traum. Sie erwartete uns nagelneu mit warmer Holzeinrichtung und Parkettfußboden direkt am Fluss gelegen.
.
Die guten Gespräche, wunderbare Landschaften, die Bekanntschaften, die Dörfer, das Klima, die Tapas, der Vino, das "Draft Beer" etc.., viel Freude und dabei einfach man selbst sein, ohne irgendwelche Zwänge. Genau das, was in letzter Zeit viel zu kurz gekommen war. Das war eine herausragende Woche, eine Bereicherung, die

noch lange nachwirken wird. Und dann noch zu diesem, für mich wegweisenden Zeitpunkt, der ja auch ein Neuanfang war und ist.

Thomas, dir Danke für die Idee, dass du mir diesen Trip ermöglicht hast und die erstklassige Organisation der Reise. Wenn ich drüber nachdenke, könnte ich sofort wieder loslaufen. Ich kann daher auch nur sagen: "Nach dem Camino ist vor dem Camino"...

Stefan, Hamburg, 2. Advent 2017

Endstation Praza do Obradoiro

Anhang

Jakobswege in Spanien und Portugal

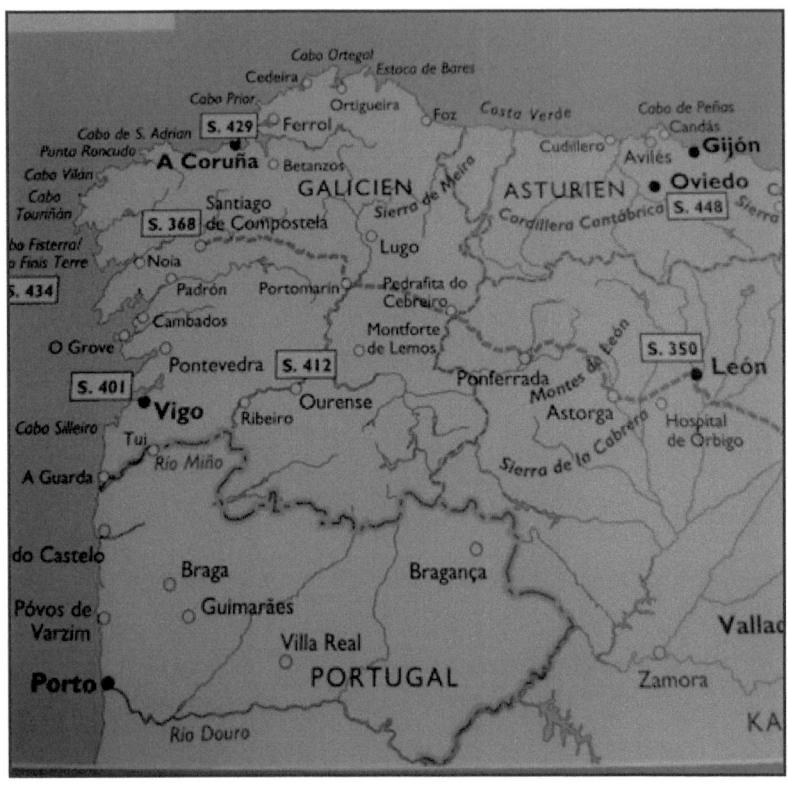

Camino Francés (von León nach Santiago)

Camino Português (von Porto nach Santiago)

Camino Inglés (von Ferrol nach Santiago)

Camino Inglés

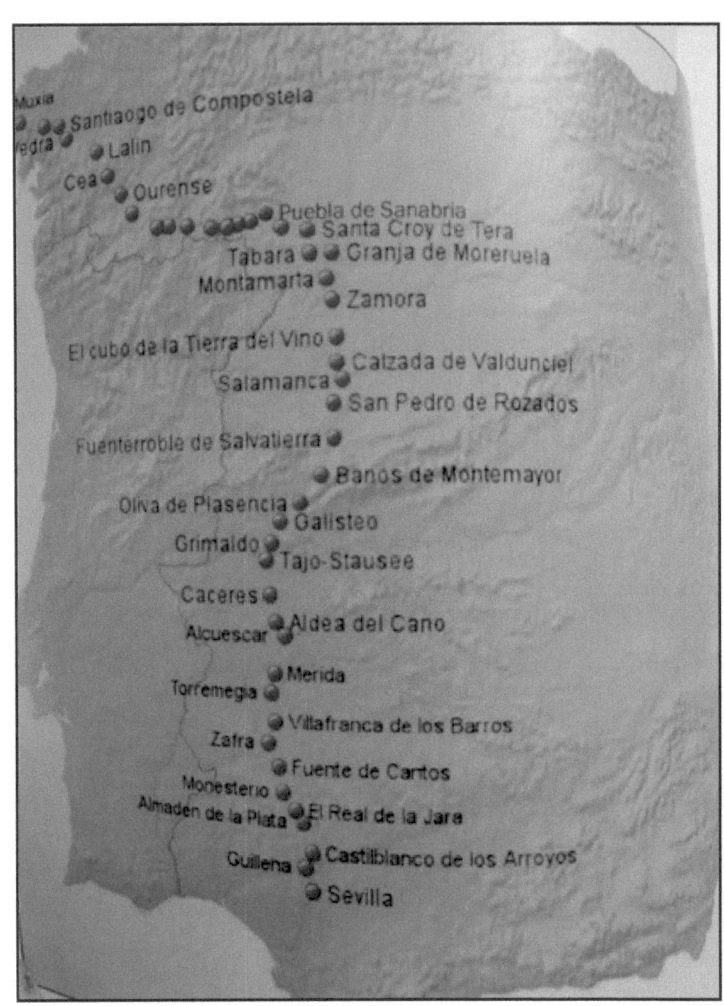

Vía de la Plata

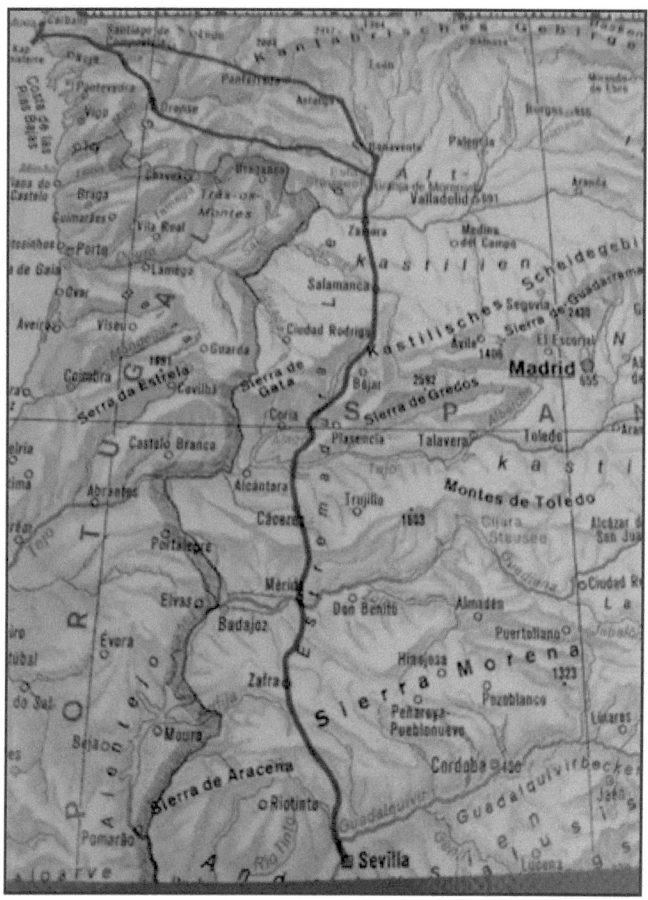

Vía de la Plata

Camino
Portugués

Santiago de Compostela

Padrón
Caldas de Rei
Pontevedra
Ourense
Redondela

Camino Portugués
en España
(Distancias en kilómetros)

Vila Nova
de Cerveira
Tui
Valença
Braga
Ponte de Lima
Caminha
Barcelos
Rates
Braga
Chave

Santiago de Compostela (0)
5
O Milladoiro (5)
12
A Esclavitude (17)
5
Padrón (22)
4
Valga (26)
12
Caldas de Rei (38)
11
Barro (47)
13
Pontevedra (60)
10
Arcade (70)
4
Cesantes (74)
4
Redondela (78)
10
Mos (88)
5
Porriño (93)
14
Tui (107)

Viana
do Castelo
Guimarães
Póvoa de Varzin
Porto
Lamego
Viseu
Agueda
Gua
Coimbra
Figueiró
dos vinhos
Batalha
Casteio
Branco
Tomar
Caldas
da Rainha
Nisa
Caste
de Vi
Gólega
Alter
do Chão
Sintra
Santarém

Literaturverzeichnis

Buch 1

Auf dem Jakobsweg, Coelho, Paulo Diogenes,1999
Jakobsweg, Camino Francés, Joos, Raimund Conrad Stein Verlag, 2008
Ich bin dann mal weg, Hape Kerkeling, Piperverlag München, 2006
Außer Dienst, Helmut Schmidt, Randon House Audio, 2008
God´s `Playground, Norman Davies,Revised Edition, 2003
Tausend strahlende Sonnen, Khaled Hosseini, S. Fischer Verlag, 2008
Drachenläufer, Khaled Hosseini, Berliner Taschenbuchverlag, 2004
Die Erfindung des Lebens, Hanns Ortheil, Luchterhand, 2009

Buch 2

Santiago liegt gleich um die Ecke, Gütersloher Verlagshaus, 2012
Mann und Frau, Zeruya Shalev, Berlin Verlag, 2001
Und Nietzsche weinte, Irvin D.Yalom, btb, 2008
Resturlaub, Tommy Jaud, Fischer Verlag, 2007
African Queen, H.Timmerberg, Rohwohlt Berlin, 2012
Leben im Jetzt, Eckhart Tolle, Random House, 2002
Die Schopenhauer – Kur, Irvin D. Yalom, btb, 2006
Das Günther – Prinzip S.Frädrich, GABAL, 2001
Faustinas Küsse, Hanns Josef Ortheil, btb, 2000

Buch 3

Abenteuer Jakobsweg, Höhen und Tiefen einer langen Reise, Meik Eichert, CSJPP, 2013
Dem eigenen Leben auf der Spur, Felix Bernhard, Fischer, 2008
Vía de la Plata, Cordula Rabe, Rother Wanderführer, 2011
Vía de la Plata, Raimund Joos u. Michael Kasper, Conrad Stein Verlag, 2011
Weisheit des Pilgerns, Anselm von Grün, Gütersloher Verlag, 2008
Weltgeschichte, Manfred Mai, Hanser Verlag, 2002
Extremadura, L.Hohenberger u. J.Strohmeier, Du Mont, 2011

Ines meines Herzens, Isabel Allende, Suhkamp, 2012
Nachtzug nach Lissabon, Pascal Mercier, btb, 2004
Selbstbetrachtungen, Marc Aurel, Aura Books, 2012

Buch 4

Don Quijote de la Mancha, Miguel de Cervantes, dtv, 2006
Die kurzen und die langen Jahre, Thommie Bayer, Piper, 2015
Was ich noch sagen wollte, Helmut Schmidt, C.H. Beck, 2015

Buch 5

Miracle Morning, Hal Elrod, IRISIANA, 2016

Buch 6

Camino Inglés, Raimund Joos, 2014, Conrad Stein Verlag
Alexander von Humboldt und die Erfindung der Natur, Andrea Wulf, C. Bertelsmann Verlag, 2016
Wie ich einmal vom Weg abkam, um nicht auf der Strecke zu bleiben, Eduard Freundlinger, Allitera Verlag, 2016